無所不在的
演  化

如何以廣義的演化論建立真正科學的世界

THE EVOLUTION OF EVERYTHING

HOW SMALL CHANGES TRANSFORM OUR WORLD

演化的觀念不只發生在生物學中，
它能解釋人類世界與自然世界的種種變化，
影響力無遠弗屆，超乎你的想像！

《23對染色體》、《天性與教養》、《世界，沒你想的那麼糟！》
暢銷科普作家

Matt Ridley
馬特．瑞德利 著

王惟芬 譯

國立成功大學醫學院微生物暨免疫學研究所教
台灣科技與社會學會理事
楊倍

專文推

商周出版

專文推薦

「廣義演化論」之台灣在地議論

楊倍昌

演化論扭轉了近代生物學的視野，對人類社會影響極為深遠。當年達爾文討論演化論的書《物種起源》（*On the Origin of Species by Means of Natural Selection*），就超過五百頁，內容豐富而複雜。達爾文自己說它是「一篇綿長的論證」（one long argument）。

要講述這麼綿長的論證，理應不簡單，需要絞盡腦汁。奇怪的是，十幾年來，我覺得在台灣的學校課堂上教授演化論，實際上很好教，也很悶。很好教的原因是：只需要很淺薄的事件陳述就足夠了。不管是高中生或是大學生，對於達爾文演化論的理解與期待，除了隨著小獵犬號船出海旅遊的軼事外，大概只剩下八個字：優勝劣敗、適者生存。很悶的原因是：演化論被當成是生物「事實」，幾乎沒有可以討論的空間，也帶不出有意思的討論。

學校內的教學情況如此，一般大眾對於演化論的認知也好不到哪裡去。在黃臺珠針對台灣公民科學素養概況的調查研究中，就「人類是由遠古的動物演化而來的」這樣的命題，二〇〇八至二〇一五年間，台灣民眾的答「對」率皆大於八五％，高於美國（四八％／二〇一二年）、歐盟（七〇％／二〇〇五年）、日本（七六％／二〇一一年）、俄羅斯（四四％／二〇〇三年）等國家。針對台灣人這麼高的答「對」率，這麼斬釘截鐵的心態，真不知道該如何解讀它的意涵。也許是善良台灣民眾的潛意識裡都被十九世紀時社會達爾文主義者的冷酷無情嚇壞了，乾脆把達爾文從文化、社會議題中抹去。因此，不只將演化論限縮在生物現象中，還將它當作與自身無關的「事實」，供奉在書架上。

如果，把演化論供奉在書架上當作是膽子小的象徵，馬特．瑞德利用「達爾文的天擇最棒的地方在於其所能解釋的，比任何設計師所能動用的力量都來得強大」的態度，在《無所不在的演化》中，透過細緻的鋪陳，討論宇宙、道德、生命、基因、文化、經濟、技術、心智、人格、教育、人口、領導、政府、宗教、錢、網際網路等等當代切身的議題，真是大膽到讓人心臟都要跳出來了。

厲害的是，討論這麼多元的議題，瑞德利的立場可以始終維持一致。他天真、而且坦白地說：「偶然的，毫無規畫的，是浮現出來而且逐漸在演化的事物。順利進展的事情在很大程度上都不是有意而為，但搞砸的事情往往都是刻意要去做的。」這個立場，當然只是早期很素樸的達爾文演化論中，生命自己會找出出路的新聞述，看起來略去了世局變動的過程中，生命還必須付出高額的代價。

光說瑞德利只是個很會講故事的作家，但是太天真，只顧自己的想像而不反省，其實是不公平的。他不只擅長寫故事，在歡樂的事件上讓人會心一笑，在省視沉痛的歷史時，連轉述聽來的故事也展現出了拳擊手的力道。他轉述賈克伯．布洛夫斯基站在奧斯威辛集中營的池塘旁，彎下身，撿起一把泥土，說：「在這個池塘裏，大概沖進了約四百萬人的骨灰。這不是毒氣造成的，是由傲慢造成的，是因為教條造成的，也是因為無知。當人們相信他們有絕對的知識，卻沒在現實中測試，這就是他們所採取的行動。」這一拳，足足有重量級拳擊手揮出直拳的力道。

我同意，達爾文主義曾經是極端資本主義與保守主義的一般藉口，讓被殖民的國家遭受諸多苦難，讓人嫌惡。但是，我也確信，如果我們只是閉著眼睛，輕率地下結論，而不仔細討論，發生過的悲劇想必還是會重演的。

對於台灣的讀者來說，如果厭倦了只剩下「優勝劣敗、適者生存」這八個字的演化論，如果想要擺脫保守而貧乏的死知識，瑞德利寫的《無所不在的演化》這一本書，絕對是一劑清涼有勁的大補帖。

（本文作者為國立成功大學醫學院微生物暨免疫學研究所教授、台灣科技與社會學會理事長）

目錄

序

廣義演化論

「演化」（evolution）這個詞的原意是「展開」（unfolding）。演化是一則故事，描述世事如何變動，這個詞可以有很多其他的意涵，代表特定類型的變化。這個詞意味著從某種東西中冒出其他東西，後來又具有漸變的意涵，與「革命」（revolution）一詞所表示的突然發生之意恰相反。它是自發的，勢不可擋的，是從一簡單的開始所累積的變化，因此也意味著變化是來自於內部，並非受到外界的指導。通常也意味著這是一個沒有目標的變化，對於結果抱持開放的態度。當然，這個詞也具有特別的生物意涵，代表著生物透過天擇機制一代代的遺傳修改。

本書主張演化就發生在你我身邊，是理解人類世界以及自然世界變化的最佳概念。人類機構、文物和習慣的改變是漸進的、必然的，同時也是不可避免的。這遵循著一種敘事方式，從一個階段到下一個，是緩慢的爬行而不是跳躍，有其自發的動勢，而不是受到外力所驅動。沒有計畫好的目標或結果。在很大程度上是透過試誤過程進行，是天擇的另一種版本。就拿電燈來說，當沒沒無名的工程師托馬斯．紐科門（Thomas Newcomen）在一七一二年想出利用熱能來進行功的第一種實用方法時，他可能根本不知道，他將水煮沸產生蒸汽使其膨脹的這項發明，背後的基本原理最終在經過無數的小步驟後，會產生提供人造光源的發電機，也就是讓熱做功產生光。從白熾燈泡、螢光燈到LED燈，這樣的變化仍在開展中。而這些事件的順序，便是演化。

我的論點是，不論是哪一種意涵的演化，其實都非常相似，而且比多數人所想的更有影響力。這並不僅侷限在生物的遺傳系統中，而是足以解釋幾乎所有人類文化改變的方式：從道德到技術，從金錢到宗教。這些人類文化潮流的流動是漸進的、少量的、不受指導而出現的，受到種種相互競爭的想法間的天擇所驅動。人是這些意想不到的變化的「受害者」，而不是策畫者。而且，儘管文化演化沒有目標，卻能產生有用和巧妙的解決方案來處理問題，這就是生物學家所謂的「適應」（adaptation）。以動植物的形體和行為為例，若不用刻意設計來解釋這些造型和動作，實在很難說明這看似有明顯目的性的一切。怎麼能說眼睛不是專門設計來觀看的？同樣地，當我們發現人類的文化發展出解決人類問題的適應方式時，我們往往會認為，這是因為有一些聰明人特意設計出來的，於是我們傾向將功勞歸給那些在正確時刻出現在正確地點的聰明人。

這樣教授人類歷史當然會出現一些誤導的情況：太過強調設計、方向和規畫，而很少談到演化。因此，最後的結論似乎就是將軍打了勝仗、政治人物治理國家、科學家發現真理、藝術家創造流派、發明者取得新突破、教師塑造心靈、哲學家改變思想、牧師教化人心、商人領導企業、陰謀製造危機、神創造生命。不只是個人如此，機構亦然：高盛集團、共產黨、天主教、蓋達組織，世人也宣稱他們在塑造世界。

這就是我所受到的教育。我現在覺得這當中的錯誤比正確的多。當然，個人確實有所作為，政黨或大企業也是。領導仍然很重要。但是，若說這世界有什麼一直存在的神話、一個嚴重的錯誤，一大盲點，那就是大家都假設我們所存活的這個世界是經過規畫而來的。這樣一來，我們一次又一次地倒因為果。我們把帆船的問題怪罪於風，將事件的起因歸在事發時剛好存在的那些人身上。一場戰鬥若是贏了，一定是將領的功勞（而不是敵軍陣營中瘧疾流行致使軍力大減）。一個孩子學會新知，一定是老師教得好（而不是來自書本、同儕和老師激發出的好奇心）。一個物種保存下來，一定是保育人員拯救的（而不是因為肥料的發明使得養活人口所需的土地面積減少）。一項發明問世一定是發明家發明的（而不是技術成熟之後進入下一階段不可避免的結果）。一場危機發生時背後一定有陰謀策畫（而不是一團亂象所促成的）。我們描述世界的方式，宛如這世界總是掌握在人的手上，或是某個機構手裡，但通常都不是這麼回事。正如納西姆．塔雷伯（Nassim Taleb）在他的《反脆弱》（*Antifragile*）一書中所言，在一個複雜的世界中，「原因」（cause）這個概念令人懷疑，這就是我們可以「忽視源源不斷提供所有事物原因的報紙的另一個原因」。

塔雷伯殘酷地否定他戲稱的「蘇維埃—哈佛錯覺」，他為此下了一個定義，教會飛鳥類飛行之後，就假設是教學本身導致牠們具有飛行的技能。亞當．斯密也是毫不留情地所謂的「一人系統，想像「一個人可以安排一整個社會中不同成員，就像是下棋那樣操縱棋子一般容易」，這樣的想法完全沒有考慮到在人類社會這個巨大的棋盤中，棋子是會自己動作的。

套用亞伯拉罕．林肯所提出的一個詞，我希望在這本書中漸漸將你從對人的意向、設計和規畫的偏執中「解放」（disenthrall）出來。我想要為人類世界的每一個層面做一些達爾文為生物學所做的，讓你看穿設計的錯覺，看到背後那種平白無故所冒出的，毫無計畫的，勢不可擋的美麗過程。

我常常發現人類對於自己世界的解釋能力出奇的差。若是有個從半人馬座阿爾法星球的人類學家來到地球，向我們詢問一些有深度的問題，恐怕得不到什麼好答案。為什麼世界各地的凶殺犯罪率都在下降？犯罪學家之間沒有一個具共識解答。為什麼全球人均收入是十九世紀的十倍以上？經濟史學家對此也意見分歧。為什麼在約莫二十多萬年前開始，有些非洲人發明出累積性的技術與文明？人類學家也不清楚。這世界的經濟是如何運作的？經濟學家佯裝已做出了解釋，但對於細節也說不出個所以然來。

這些現象屬於一個陌生的類別，最初是在一七六七年由一位名叫亞當．弗格森（Adam Ferguson）這位蘇格蘭軍隊牧師提出來的，他表示這是人類行為的結果，不是人類所設計的。它們是演化現象，是這個詞最原始的含義，是開展而來的。這樣的演化現象，無處不在，無所不包。然而，我們卻未能認識到這一個類別的存在。我們的語言和思想將世界上的事物區分成兩大類，一類是由人所設計和製作出來的，一類是毫無秩序或功能的自然現象。經濟學家路斯．羅伯茲（Russ Roberts）曾經指出，在人類的語彙中，沒有一個詞能夠用來表示這樣一分為二的現象。讓你在一場大雨中不至於淋濕的傘是人類行為和人類設計的結果，但是你忘記那場把你困住的暴雨可不是。讓地方上的商店賣給你一把傘的系統，或者傘本身這個字，或是你將傘斜向一邊，好讓另一個行人通過的禮儀制度又是怎麼一回事呢？這些市場、語言和習俗都是人造的東西，但沒有一樣是由單獨一個人設計出來的。它們全都是在未經規畫的狀況下冒出來的。

我們將這種思維也套用在我們對自然界的認識上。我們在自然界中看到有目的的設計，而不是浮現出的演變。我們在基因組中尋找層次結構，在大腦中尋找一個「自我」，並且在心智中尋找自由意志。我們將極端事件都怪罪在人的頭上，無論是巫醫還是人為造成的全球暖化。

這世界自我組織和自我改變的程度，遠超過我們所願意承認的。各種模式不斷出現，各種趨勢不停演變。在天空中排成V字型的鵝並沒有什麼特殊的含義，白蟻不需要建築師也建造了巨塔，蜜蜂未曾接收任何指令就打造出六邊形的蜂巢，大腦結構並非在有人主導的情況下組織成形，學習不見得要透過教學，政治事件是由歷史所型塑，而不是成就歷史。基因組裡沒有所謂的主控基因，大腦也沒有指揮中心，英文這套語言的邏輯沒有誰在主導規畫，經濟體系沒有執行長，社會沒有統帥，普通法沒有首席大法官，氣候沒有控制旋鈕，歷史也沒有五星上將。

在社會中，人可說是這種變化的受害者，甚至是直接的承受者，但多半時候成因是來自他處，是一股突現的、集體的，勢不可擋的力量。這當中最勢不可擋的力量是天擇本身造成的生物演化，但也有其他簡單形式的演化和未經規畫的變化。事實上，套句創新理論學家理查・韋伯（Richard Webb）的話，達爾文主義是「狹義演化論」，還有一廣義演化論，適用的範圍更廣，不只用於生物學。它適用於社會、資金、技術、語言、法律、文化、音樂、暴力、歷史、教育、政治、神和道德。廣義演化論認為事情不會保持不變，是漸漸但不可避免地發生變化，會展現出「路徑依賴」（path dependence），會表現一代接一代的改正以及試驗和錯誤，會展現出選擇性的持久。但人類將這樣內生性的變化過程歸功於自身，彷彿是由我們來主宰一切。

這樣的真理持續迷惑著從左派到右派的知識分子，基本上他們仍然還是「創造論」者。左右兩派對創造論調的偏執程度可說是旗鼓相當，抗拒達爾文理論的右派份子不認同主張自然界的複雜性並沒有暗示著一位設計者存在的這種說法，而反對亞當・斯密見解的左派則是不認同主張這個社會的複雜性並不意味著背後有一個策畫者，他們兩者其實同樣都在擁抱創造論的。在本書隨後的篇章，我會逐一討論這種創造論的種種形式。

第一章

宇宙的演化

如果你好好地認識並記住這一點，
那麼從一切暴主解放出來
而自由了的自然，
就能被看到
是獨立自主地作它一切的事情，
未受到任何神靈的干預。

盧克萊修（Lucretius），《物性論》（*De Rerum Natura*），
第二卷，第一〇九〇～一〇九三行

「天鉤」（skyhook）是一種假想的設備，用於懸吊物體在空中。這個詞起源於一句諷刺的話，是一次世界大戰的一台偵察機，在接獲要在同一定點滯留一小時的命令後，沮喪地回答道：「這台機器並沒有安裝天鉤」。哲學家丹尼爾·丹尼特就用這個天鉤當作一個比喻，以此表示那些主張生命本身證明有智能設計者的存在的論點。他將天鉤與塔式起重機相對比，前者是從高處往下俯瞰這個世界，提出一種解決辦法、解釋或計畫，後者則是允許解決方案、解釋或模式從底部突現，其作用好比是天擇。

西方思想的歷史受到天鉤所主宰，全都將世界解釋為設計和規畫的成果。柏拉圖曾說，社會的運作是模仿一個設計好的宇宙秩序，這樣的信念一再獲得強化。亞里斯多德則認為，應當在事物之內尋找意向性和發展的內在原則，也就是靈魂。荷馬說，神決定戰鬥的勝負。聖保羅說，你應當循規蹈矩，因為耶穌告訴過你要有道德。穆罕默德說你應該順從真主透過《古蘭經》傳達的訊息。路德說，你的命運掌握在上帝手中。霍布斯說，社會秩序是由君主或者是他所謂的「利維坦」這部國家機器所產生的。康德說，道德超越人類經驗。尼采說，有強勢的領導者才會有良好的社會。馬克思說，國家提供經濟和社會進步的手段。一次又一次，我們傳誦著這樣一種由上而下的世界描述，相信我們應當依循自上而下的規範來生活。

不過還是有人提出另一種看法，儘管通常都未能有所突破，改變既有的觀點。也許這種另類觀最早的倡導者是我們對其生平所知不多的希臘哲學家伊比鳩魯（Epicurus）。從後世談論他作品的著作中，我們得知他出生於公元前三百四十一年，他主張（據我們現在所知的）物理世界、生物世界、人類社會以及我們所依循的道德都是作為一種自發現象中突現出來的，無需以神的介入，或是英明的君主或強勢的保姆國家來解釋這一切。根據伊比鳩魯的追隨者所詮釋的，他其實是承繼另一個希臘哲學家德謨克利特（Democritus）的想法，認為這個世界並不是由很多特殊物質組成，也沒有什麼精神和體液，僅僅是由虛空和原子這兩種東西所建構。伊比鳩魯認為一切都是由看不見且不可分割的原子所構成，中間以空隙隔開。原子都依循自然律，每一個現象都是自然原因造成的。在公元前四世紀就提出這樣具有先見之明的結論，真的相當驚人。

可惜伊比鳩魯的著作沒有流傳下來。不過三百多年後，他的想法復甦，由羅馬詩人提圖斯·盧克萊修·卡魯斯（Titus Lucretius Carus）所承繼，在一篇他尚未完成但滔滔雄辯的長詩《物性論》（*De Rerum Natura*）中繼續討論，盧克萊修於公元前四十九年辭世，差不多和羅馬的獨裁體制一同消逝。法國小說家福婁拜說這時期「諸神已然退場，基督又還沒有降臨，是人類史上一個獨特的時刻，在西塞羅和奧勒留之間的年代，人類獨立於世」。這樣的說法也許有點誇張，但這時期的思想確實可能比之前或之後更為自由。盧克萊修的想法比這些政治人物更具顛覆性，而且更為開明，也比那些政客更有遠見（西塞羅對他十分景仰，但不同意他的主張）。他的詩拒絕所有魔法、神祕主義、迷信、宗教和神話，完全堅持經驗主義。

正如哈佛大學歷史學家史第芬·葛林布萊（Stephen Greenblatt）所整理出來的，盧克萊修未完成的《物性論》洋洋灑灑寫了七千四百首六步格詩（hexameter），足為現代世界的先驅。他認為萬物皆是由一組有限的無形顆粒以不同的方式組合而成，在空間中運動，這和現代物理學不謀而合。他已經掌握到目前對宇宙的想法，即這世界沒有創作者，造物主純然是人類的一場幻想，世間萬物的存在並沒有一特定目標或目的，只有不斷地創造和毀滅，完全是由機率所控制。他甚至比達爾文更早一步主張說，大自然不斷地在進行實驗，只有那些能夠適應和得以繁殖的生物才能蓬勃發展。他跟現代的哲學家和史學家一樣，都主張宇宙不是特別為人類所創造的，我們並不特別，在遙遠的過去也沒有所謂的寧靜和平的黃金時代，有的只是為了生存而進行的原始爭鬥。他就跟現代的無神論者一樣，他強調靈魂會死，沒有所謂的來世，所有組織起來的宗教都是迷信的妄想，而且全都十分殘酷，天使、惡魔或鬼都是不存在的。在他的倫理觀中，人生的最高目標是要增加快樂和減輕痛苦。

多虧葛林布萊這本精彩的書《大轉向：物性論與一段扭轉文明的歷史》（*The Swerve*），我最近才終於知道有盧克萊修這樣一號人物，我對他佩服得五體投地，甚至發現原來自己一直是盧克萊修和伊比鳩魯的信徒而不自知。拜讀他的詩作——我是在年屆六十時讀到斯托林斯（A. E. Stallings）傑出的翻譯——真的有如沐春風之感，讓我不由得埋怨起以前的老師們。為什麼這些年來學校會浪費我這麼多的時間學習從耶穌基督到凱撒大帝這樣單調乏味、陳腔濫調的長篇大論呢？為什麼學校不以盧克萊修的詩作取而代之，或者至少同時教授呢？廣為當代及後世所景仰，並在詩中預言耶穌誕生而被基督教奉為聖人的古羅馬時代國民詩人維吉爾（Virgil），他寫作的部分原因都是針對盧克萊修在回應，大致上試圖重新建立起對神、統治者和自上而下管理想法的尊重。西班牙裔哲學家喬治・桑塔亞納（Geroge Santayana）稱盧克萊修的概念是人類構思出的最偉大思想之一，即不斷變異的形式是由堅不可摧的物質所組成，這一想法也是貫穿我自己作品的主題之一。其背後的中心思想不只是物理和化學，還包含演化、生態學和經濟學。要是基督徒不曾打壓盧克萊修，我們一定會早個幾百年就發現達爾文主義。

盧克萊修異端

今日，世人甚至不知《物性論》這本詩集的存在，僅有一點蛛絲馬跡可循。雖然這本書受到它同時代的人的討論與讚揚，還傳說曾在凱撒大帝岳父岳母所屬的赫庫蘭尼姆圖書館（Herculaneum）的紙莎草藏館中發現其燒焦的碎片，但它還是漸漸為大多數的歷史所遺忘。在公元九世紀時還有人引用當中的詩文，顯示出偶爾會有僧侶閱讀，但到一四一七年之後，在學者之間幾乎沒有什麼流傳，這情況持續將近千年以上。這份文本基本上可說是完全滅絕了。是什麼原因造成的？

要回答這個問題並不難。盧克萊修蔑視一切形式的迷信，而且他的原子論與基督教的本體變質（transubstantiation）教義，即主張餅和葡萄酒在祭司祝聖後，轉變為耶穌的聖體、聖血，只留下餅酒外形的說法完全背道而馳，因此基督教一得勢，他就註定被打入歷史的冷宮。他獨尊享樂原則，主張追求享樂可達至善，而痛苦是完全沒有好處的，這又與基督教堅持享樂是罪惡，受苦是美德的執著難以相容。1

柏拉圖和亞里斯多德的學說可以和基督教相容，因為他們都相信靈魂不朽和萬物是經過設計的證據，但伊比鳩魯學派的想法則太過於異端，危及到基督教會，連帶讓盧克萊修的作品遭到打壓。他是明確的無神論者，甚至在整個思想主軸和方向上，帶有達爾文主義的色彩。哲學史學家安東尼・高特利伯（Anthony Gottlieb）擷取了一段盧克萊修的詩文和理查・道金斯《自私的基因》的內容相比較。首先談的是「生物的生成」是透過「種種的組合和運動」。其次是論及「毫無次序的原子團如何自行組裝成更為複雜的圖案，直到最後製造出人」。約翰・德萊頓（John Dryden）吹毛求疵的表示，盧克萊修有時「徹頭徹尾地發揮其無神論，都忘了自己是個詩人」。他談到人民「粉碎了迷信的重量」，聲稱「是宗教滋養出惡」，他的最終目的是為了賦予我們「力量，來對抗迷信和佈道者的威脅」。難怪教徒會試圖消除他的一切。

他們幾乎成功了。聖傑洛姆（St. Jerome）熱中於闡釋犯罪的代價，他將盧克萊修斥為瘋子，受到愛情魔藥的迷惑而發瘋，最後再自殺。沒有證據支持這些誹謗屬實，聖人不用出示其資料來源。他們指控所有的伊比鳩魯學派都是可恥的享樂主義者，這樣的不實捏造散布到世界

1 葛林布萊的書，就跟多數大獲成功的書一樣，遭到其他學者的大肆批評，主要理由是他誇大中世紀知識分子的文盲和無知，忽視在九世紀時還是偶爾會提及盧克萊修的詩，而且他對宗教的想法過於苛刻。不過他提到《物性論》不斷遭受基督教打壓和攻擊，即便是在重新發現之後依舊如此，以及在一四一七年廣為流傳後對文藝復興和啓蒙運動產生重大影響，在這些論點上毫無疑問，葛林布萊是對的。

各地，並且一直持續到今天。他的詩集從圖書館中被移除並且加以銷毀，其命運就跟其他伊比鳩魯學派和懷疑論者的作品一樣。在一四一七年，當一位剛丟了教皇祕書工作的佛羅倫斯學者，吉安・法蘭切斯科・波吉歐・布拉喬利尼（Gian Francesco Poggio Bracciolini）偶然發現這本詩的全集時，這種唯物主義以及以人為本的思想幾乎在歐洲完全消失。布吉歐在德國中部尋找珍貴的手抄本時，在一間修道院的圖書館發現了一本《物性論》，有可能是在今日德國的富爾達（Fulda）。他寄了一本倉促之間抄寫下來的版本，給他富有的藏書者朋友尼可羅・尼科利（Niccolo Niccoli），之後這份手抄本又被複製五十餘次。到一四七三年時，有人開始印刷這本書，盧克萊修的異端就此開始感染全歐洲的心靈。

牛頓的微調

盧克萊修對理性主義、物質主義、自然主義、人文主義和自由的執著，讓他在西方思想史上具有特殊地位，甚至凌駕他那美好的詩歌。舉凡文藝復興、科學革命、啟蒙運動和美國革命都是由那些或多或少吸收盧克萊修想法的人啟發的。義大利畫家波提切利（Botticelli）的《維納斯》生動地描繪出盧克萊修詩作的開頭場景。喬爾丹諾・布魯諾（Giordano Bruno）因為引用盧克萊修原子的重組的想法，並主張我們應該抱持人類不是宇宙的目的，而被斥為異端邪說，最後還遭受釘嘴的酷刑，使他必須永遠保持沉默。伽利略在受審時，法庭也以他支持盧克萊修的原子論和哥白尼的日心說當作罪證。事實上，科學史學家凱瑟琳‧威爾森（Catherine Wilson）認為，盧克萊修的思想突然流行起來，對整個十七世紀的經驗主義有相當程度的影響，絕對有推波助瀾的功效，從反對笛卡兒的皮埃爾‧伽桑狄（Pierre Gassendi）開始，然後繼續由同時代最有影響力的思想家，包括托馬斯‧霍布斯（Thomas Hobbes）、羅伯‧波以耳（Robert Boyle）、約翰‧洛克（John Loche）、萊布尼茲和貝克萊主教接續下去。

隨著盧克萊修的想法盛行起來，第一批影響到的就是物理學家。牛頓在劍橋大學讀書時接觸到伊比鳩魯的原子論，他當時讀的是由沃爾特‧查爾頓（Walter Charleton）所闡述伽桑狄對盧克萊修的解釋。後來，他找到一本拉丁文版的《物性論》，這本書還存放在他的書房中，從書中的狀態來看，他應當常常翻閱。牛頓在他的著作中，也呼應盧克萊修提出的原子之間有空隙的想法，特別是在他的《光學論》（*Opticks*）中。

牛頓絕不是第一位放棄天鉤的現代思想家，但他是當中最傑出的一位。他以重力而不是神來解釋行星的軌道和蘋果落下的原理。這樣一來，這世界就不再需要一位過勞造物者恆久的神聖干預和監督。讓地球繞太陽公轉的，是萬有引力，而不是接收什麼指示。耶和華也許踢了球一腳，但球是自行滾落下山的。

然而，牛頓的解放顯然很有限。他對任何將此解讀為神可能不是最終的主事者感到非常憤怒，更別說以此來否定神的存在。他堅定地斷言道：「這個由太陽、行星和彗星所構成的優雅系統不可能是無中生有的，這一定是由具有智能和大能的存有者所設計並主導的。」他的理由是，根據他的計算，太陽系最終會坍縮成一片渾沌。但顯然這沒有發生，那就表示，神勢必定期出手干預，輕輕地微調一下，將行星推回它們的軌道。耶和華畢竟還是有工作的，只不過是個兼差的。

大轉向

之後就是這麼回事。天鉤依然存在，只是淡出人們的視線。一次又一次，這成了啟蒙時代的模式：在上帝的院子裡，好不容易攻下一方土地，但旋即改口堅持祂仍然要操控一切，永遠都是如此。發現有多少天鉤其實是虛幻的，那並不重要，總還會有下一個天鉤證明是真實的。事實上，每每在辛苦完成研究，發現結果明明顯示隨機突現才是更為合理的解釋，這些人通常還是會突然轉往設計的說法。在此我要借用丹尼特的「大轉向」（swerve）這個概念來說明。盧克萊修本人就是第一個突然轉向的。在一個由可預測其運動的原子所組成的世界，盧克萊修（挑戰了德謨克利特和伊比鳩魯）無法解釋人類明顯具有自由意志的能力。為了解決這個問題，他武斷地建議，原子必定偶爾會出現不可預知的轉向，因為神讓它們這麼做。詩人在這方面的失敗，長久以來我們以「盧克萊修大轉向」稱之，不過在本書中，我有意將這個詞更加普遍地使用，我會在每個哲學家遇到難以理解的情況，就乾脆主張有一個天鉤的存在時，以這個說法來描述。在後面幾章要小心會出現許多的盧克萊修大轉向。

牛頓的競爭對手，萊布尼茲在他一七一〇年發表的神義論中，試圖以一種數學方式來證明上帝的存在。他認為邪惡在人間肆虐，那是因為這能為人類帶來最大益處。上帝總是仔細計算要如何減少邪惡，但在有必要的時候，有時是透過災害的方式，以此殺死的壞人人數會多於好人的。伏爾泰嘲笑萊布尼茲的「樂觀」（optimism），這個詞在那時代的意思幾乎跟今日完全相反，那時是指：這個世界是完美的、無懈可擊的「優畫狀態」（optimal），因為這是神造的。一七五五年在萬聖節（All Saints Day）的上午，正是教堂裡擠滿人的時候，發生了里斯本大地震，造成六萬人死亡，神學家根據萊布尼茲的說法來解釋，說這是里斯本的人罪孽太重因而遭受到懲罰。看在伏爾泰眼裡，深覺太超過，於是他寫了一首詩諷刺地問道：「難道下陷的里斯本會比巴黎更墮落？這裡妖嬈的樂趣可是遍布全城。」

牛頓在法國的信徒皮耶—路易．莫佩梠伊斯（Pierre-Louis Maupertuis）去到瑞典的拉普蘭（Lapland）證明地球在往兩極方向，會出現如牛頓力學所預測的，有扁平化的現象。然後，他揚棄了牛頓的說法，拒絕上帝的存在，不論是大自然的奇觀，還是太陽系的規律性，都不需要神。不過，在好不容易走到這個階段時，他突然停了下來（這是他的盧克萊修大轉向），認為他自己用以解釋運動的「無為」原則是要證明說，大自然會有這樣的智慧，勢必是一位智能創造者的產物。或者，套用莫佩梠伊斯自己的話，若是上帝如我一般聰明，他一定存在。這完全是不合邏輯的推論。

或許由於他那充滿數學天賦的情婦夏特雷侯爵夫人曾與莫佩梠伊斯有染，還撰文為萊布尼茲辯護而被激怒，伏爾泰在他的小說《戇弟德》中創造出潘格婁斯博士這一人物，其性格就是萊布尼茲和莫佩桗伊斯的混合。潘格婁斯心悅誠服地相信，同時也說服天真的戇弟德，他們活在最好的世界中，即使他們都經歷了梅毒、沉船、地震、火災、奴役和絞刑。伏爾泰對神義論的貶抑直接而明確地來自盧克萊修，他一輩子都在套用他的論點，對他自己的想法影響甚鉅，甚至成為所謂的「近代盧克萊修」。

細麵還是蠕蟲？

伏爾泰絕不是第一位援引盧克萊修的詩人或散文家，當然也不是最後一位。托馬斯・摩爾（Thomas More）在《烏托邦》裡試圖將盧赫萊修的享樂主義與信仰調和起來。蒙田也經常引用盧克萊修，呼應他的說法，「這個世界不過就是常年的運動……在這當中所有的東西都在不斷運動……」他建議我們「回頭擁抱伊比鳩魯的無限原子說」。英國的伊麗莎白和詹姆士一世時期的詩人，從史賓塞、莎士比亞、約翰・多恩和法蘭西斯・培根都直接或間接地發揮盧克萊修的唯物主義和原子論主題。班恩・瓊森（Ben Jonson）大量註解他荷語版的盧克萊修作品。《君主論》作者馬基維利在年輕時抄寫過《物性論》。莫里哀（Moliére）、德萊頓和約翰・伊夫林（John Evelyn）都曾翻譯過其內容。約翰・密爾頓和亞歷山大・波普（Alexander Pope）則效仿、呼應，又試圖反駁它。

美國第三任總統湯瑪斯・傑佛遜收集了五個拉丁文版本的《物性論》，還有三種語言的譯本，宣稱自己是伊比鳩魯主義者，也許他在獨立宣言裡的那句「追求幸福」（the pursuit of happiness）便是刻意呼應盧克萊修的想法。身兼詩人和醫生的伊拉斯謨・達爾文（Erasmus Darwin）在寫他充滿史詩格局、情色、演化和哲理的詩篇時，刻意模仿盧克萊修，不僅激勵他的孫子發展出演化論，也激發許多浪漫主義的詩人。他的最後一首詩《自然的殿堂》（*The Temple of Nature*），就是他自己版本的《物性論》。

這位偉大的羅馬唯物論者影響力發揮到極致的時刻，大概是在瑪麗・雪萊（Mary Shelley）構思《科學怪人》時。她在聽到她的丈夫珀西和喬治・拜倫討論「達爾文博士」的實驗時，聽到「細麵」（vermicelli）在靜置發酵後活過來，而獲得靈感。由於雪萊、拜倫、伊拉斯謨・達爾文都對盧克萊修的思想非常熱中，也許她那時聽錯了，他們應當不是在討論麵的復活，而是引用《物性論》（以及達爾文實驗性的模仿）中盧克萊修論述蠕蟲（vermiculos）從腐爛的植物中自發生成。在這樣一個單一事件中，可以看見整個西方思想史的縮影：一個經典作家在文藝復興時期重獲重視，啟發了接下來的啟蒙運動，並影響到浪漫主義運動，接著激發出最著名的哥德式小說，當中的反派人物頻頻搬上大螢幕，在現代電影中反覆上演。

盧克萊修的思想盤旋在啟蒙時代的哲學家腦中，讓自由思想家大膽往前邁進，擺脫創造論的思維。皮埃爾・貝爾（Pierre Bayle）在他《一六八〇年彗星的思考》（*Thoughts on the Comet of 1860*）中，便直接根據盧克萊修的第五卷，意有所指地表示宗教的力量來自於恐懼。孟德斯鳩在他的《法的精神》（*The Spirit of the Laws*, 1748）開門見山的第一句話，便援引盧克萊修的想法，「法律最一般的意義，來自於**事物性質**（粗體為我本人自行添加）所產生的必然關係。」狄德羅（Denis Diderot）在他的《哲學思想》（*Philosophical Thoughts*）中呼應盧克萊修的主張，宣稱自然是毫無目的的，他這本書的名言就取自《物性論》中的一句話，「現在我們從黑暗中看到光明」。後來，在《論盲人和聾人》（*The Letter on the Blind and the Deaf*）中，狄德羅表示上帝只是感官的產物，因此被指為異端而慘遭牢獄之災。無神論哲學家保爾－亨利．霍爾巴赫（Paul-Henri Holbach）男爵，在他一七七〇年的《自然系統》（*Le Système de la Nature*）中將盧克萊修的想法發揮到極至，霍爾巴赫認為一切就只有因果關係以及運動中的物質，「在考慮事物的形成時，沒有必要訴諸超自然。」

這種懷疑論也開始出現在地質學中嶄露頭角。一七八五年蘇格蘭南部的一位農民詹姆斯．赫頓（James Hutton），提出一個理論，主張我們腳下的岩石，是迄今仍在作用的侵蝕和隆起過程產生的，並不需以大洪水和挪亞方舟來解釋山頂上的海貝，「因此，我們得出結論，我們土地的絕大部分，也許不是全部，皆是自然對地球作用的結果。」他的名言，「我們沒有發現開端的痕跡，也無從得知結束的前景。」隱約看見了地質年代無垠的應用深度，也讓他背負褻瀆和無神論者的罪名。當時傑出的愛爾蘭科學家理查．科萬（Richard Kirwan）甚至暗示，像赫頓這樣的思想會導致法國大革命這類危險事件，還指出這些已經「證明是過度用於發展各種系統的無神論或叛教的結構，導致最後自身陷入動盪不安和不道德的境地」。

沒有必要的假設

決定繼續拆除天鉤的物理學家持續震驚世界。皮耶—西蒙．拉普拉斯（Pierre-Simon Laplace），採用夏特萊侯爵夫人所做的修改，來進行牛頓幾何的運算，最後將牛頓的想法推導出較為符合邏輯的結論。拉普拉斯認為宇宙的現狀是「其自身過去的結果，同時也是其未來的因」。若是真有一位智慧存有者的大能足以計算出每個成因的每一項後果，那麼「沒有什麼會是不確定的，未來就像過去一樣，展現在我們眼前」。他以數學方式顯示出，在這樣的天文世界中，並不需要牛頓假設的那位需要偶爾進場干預進行微調的上帝來保持太陽系的穩定，拉普拉斯拆掉了那支天鉤。「我根本不需要這個假設。」他這樣告訴拿破崙。

拉普拉斯決定論（determinism）中的確定性在二十世紀開始崩潰，主要是受到來自量子力學和渾沌理論這兩個方向上的動搖。在原子內部的世界，運作方式離牛頓力學非常遠，物質的基本結構帶有不確定性。實際上，即使是在天文尺度，龐加黑（Henri Poincaré）也發現天體的某些排列會產生永久的不穩定。正如同氣象學家愛德華．羅倫茲（Edward Lorenz）所領悟到的，氣象系統對初始條件的敏感性，意味著天氣本質上是無法預知的，他在一九七二年時進行了一場非常有名的演講，題目訂為，「在巴西的一隻蝴蝶拍打翅膀是否會在美國德州掀起一場龍捲風？」

不過這裡的重點在於這些動搖決定論的攻擊是來自下方，而不是上方，是從內部發生，而不是外力介入。若說這些對世界真的有什麼改變，那就是讓這世界變得更貼近拉普拉斯的想法。無法預測一個電子的位置，或是一年後的天氣，讓這世界成為打擊那些言之鑿鑿的預言家、專家和規畫師的最佳證明。

一個水窪一個坑

在二十世紀晚期，有一段短暫的時期，一些天文學家倒是對一個新的天鉤很願意買帳，這稱為「人擇原理」（anthropic principle）。這個原裡以各種形式展現出來，其主要論點是這個宇宙的條件，與某些參數的特定值，似乎非常適合於生命的出現。換句話說，若是剛開始的狀態稍稍有點不同，那麼穩定的太陽、含水的世界以及碳的聚合物都是不可能出現的，那就永遠不可能有生命。宇宙的運氣這麼好，暗示著我們生活在某種特許的宇宙中，恰好神祕地適合我們生存。這似乎有點蹊蹺，聽起來也很酷。

當然，我們的宇宙中確實有些令人注意的偶然性特徵，要是少了它們，就不可能有生命出現。若是宇宙常數再大一點，反重力壓力會變得更大，宇宙也將會自行碎裂，根本等不到星系、恆星和行星演化出來。電力和核力的強度正好適合碳這種最常見的元素生成，而碳正是生命形成的關鍵，因為它能夠形成多重的鍵結。分子鍵的力量大小適中，足夠穩定，但在一定溫度下也可打破。這溫度約是在行星到恆星之間的典型距離，要是再低一點，對其化學性質來說可能過熱，要是再高一點，又會太冷。

沒錯，除了花長時間透過望遠鏡觀察星象的宇宙學家之外，其他人對人擇原理的想法不是認為它無聊平庸，再不然就是拿來大作文章，端視於有多麼嚴肅地看待它。這顯然混淆了因果關係。生命適應物理定律而發展出來，反之則不然。在一個水是液體、碳能聚合以及能持續數十億年太陽能系統的世界中，生命是在充滿液體的細胞中，從水溶性蛋白質以及以碳基系統中浮現出來。在一個不同的世界，可能會出現不同的生命形式，若真的有，正如大衛．沃爾瑟姆（David Walthan）在他的《幸運的星球》（*Lucky Planet*）中所寫的，「我們不可避免地佔據到一個有利的位置，這是一個罕見的地方，剛好又允許智能生命的出現。」完全不需要搬出人擇原理。

沃爾瑟姆又繼續發展他的推論，表示地球可能是少數，甚至是唯一有生命的地方，因為要出現一連串不可思議的巧合，才有辦法產生一顆行星，且四十億年多來上面有液態的水，還有穩定的溫度。月球是另一個好運的產物，最初是行星間的碰撞下的產物，並且慢慢進入太空，讓地球產生潮汐（現在的月亮距地球是當初形成時的十倍遠）。要是月亮再大一點，或是再小一點，在碰撞之後，地球的一天再長一點或是再短一點，那麼地球的自轉軸就會變得不穩定，有可能週期性地出現足以摧毀生命的氣候災難，那麼地球上就不會有智能生命的出現。也許月球這樣的巧合可以歸功於神，不過蓋亞和神是毫無瓜葛的，這是詹姆斯．拉夫洛克（James Lovelock）的理論，強調生命本身能控制氣候。因此，我們確實可能非常幸運，而且極為罕見。但是這一點並不會讓我們變得特別，要是這過程中出了一點差錯，我們今天就不會出現在這裡。

讓我用道格拉斯・亞當斯（Douglas Adams）的話來為人擇原理作結，「想像一下，有個水坑一天早上醒來，思索著：『我發現自己處於一個有趣的世界，一個有趣的坑洞，剛好非常適合我，不是嗎？事實上，它與我的密合程度高得驚人，有可能是為我量身訂做的呢！』」

為自己思考

在牛頓和他的追隨者之後出現政治和經濟的啟蒙運動，這絕非偶然。正如大衛・波丹尼斯（David Bodanis）在他為伏爾泰和他的情婦所寫的傳記《激情思想家》（*Passionate Minds*）中所強調的，世人會受到牛頓的故事啟發，開始質疑自古以來他們所接受的傳統。「權威不再是來自於你的牧師或是皇家官員，也不是他們背後的教會或國家組織。有可能是那些小的便攜本書本傳來的危險言論，甚至是你自己產生的想法」。

漸漸地，透過閱讀盧克萊修，以及實驗和思想，啟蒙運動開始擁抱另一種思維模式，我們可以解釋天文學、生物學和社會，無需訴諸於智能的設計。哥白尼、伽利略、史賓諾莎和牛頓踏出試探性的一步，遠離自上而下的思維，進入自下而上的世界。接著在後面興奮收割的洛克和孟德斯鳩、伏爾泰和狄德羅，休姆和亞當・密斯、富蘭克林和傑佛遜、達爾文和華萊士，亦開始反對智能設計者的存在，犯下類似的異端邪說罪行。自然的解釋取代超自然的。一個突現的世界就此出現。

第二章

道德的演化

啊，可憐蟲的精神！冥頑不靈的心！
在惶惶不可終日中，在黑暗的生活中
人們度過了他們極其短促的歲月。
竟然看不見自然為她自己
並不要求任何別的東西，
除了使痛苦勿近，叫它離開肉體，
除了要精神享受愉快的感覺，無憂無慮。

盧克萊修，《物性論》，第二卷，第一～五行

不久後，盧克萊修和牛頓的追隨者就發展出更具顛覆性的想法。要是道德本身並不是從猶太教和基督教的上帝傳世下來，當作為人處世的準則呢？甚至也不是模仿柏拉圖的理型，只是人類在社交之際，為了和諧相處而自發產生的？約翰．洛克（John Loche）在一六八九年主張宗教寬容，儘管還不包含無神論者或天主教徒，就已經引發軒然大波，為他帶來許多麻煩，引來那些認為只有透過正統宗教加持的政府才能預防社會分崩離析的人大加撻伐。但道德是自發性現象的觀念並沒有就此消失，一段時間後，大衛．休姆和亞當．斯密開始打開塵封的過往，向世人展現：道德乃是一種自發的現象。休姆意識到若是彼此善待將對社會有利，因此他認為社會凝聚力的背後其實是理性的算計，而不是道德教育。斯密更進一步地表示道德的出現完全是自發的，毫無計畫可言，純粹是來自人性獨有的特徵：同情心。

何以一個來自柯爾克迪（Kirkcaldy）、和母親同住的害羞靦腆且終身未婚的教授，且最後僅是個海關檢查員的他，會對人性提出這樣精闢犀利的見解，這確實是歷史上的一大謎團。不過，亞當．斯密在交友方面倒是相當幸運。他遇到來自愛爾蘭的優秀講師法蘭西斯．哈奇森（Francis Hutcheson），經常和他們談大衛．休姆，並且閱讀狄德羅的新版《百科全書》，這些當中充滿由下而上的解釋，讓他有個很好的開始。在牛津大學的巴利奧爾學院（Balliol），他發現那裡的講師「完全不教學，甚至連個藉口託詞也不拿出來搪塞一下」，不過學校的圖書館倒是非常「了不起」。在格拉斯哥的教學經驗則讓他見識到在一個欣欣向榮的貿易港口如何經商，以及「封建制度的喀爾文主義世界是如何融入一個商業的資本主義世界中。」格拉斯哥在十八世紀因為與新世界的貿易增加，出現爆炸性的成長，到處都是創業能量。後來，他又飄洋過海去到法國，在那裡擔任年輕的巴克盧公爵的老師，這讓斯密有機會見到霍爾巴赫和伏爾泰，他們都認為他是個「傑出的人」。自己完全不能和他相提並論」。不過這樣的評價是在他出了第一本探討人性和道德演化的巨作之後。無論如何，這個靦腆的蘇格蘭男子偶然提出的見解，碰觸到兩個偉大的想法，遠遠超過他所處的時代。這兩樣都和突現的、演化的現象有關：世間萬物皆是人類的行為造成的，而不是人類設計出來的。

亞當．斯密一生都在探索和解釋這種突現的現象，從語言和道德開始，接著轉到市場和經濟，最終以法律作結，儘管他從未發表他計畫出版的法理學專書。斯密從一七五〇年代開始在格拉斯哥大學講授道德哲學，並於一七五九年將他的講座收錄成一本《道德情感論》（*The Theory of Moral Sentiments*）。今天這本書看來沒什麼了不起，不過就是十八世紀那種絮絮叨叨的冗長倫理思想而已。這確實不是什麼驚天動地的讀物，但在當時肯定是有史以來最具顛覆性的一本書。要記得，那時的人認為道德是必須教導的，而且要是耶穌沒有告訴我們該怎麼教，道德根本就不存在。要是沒有灌輸一個孩子道德教育，還希望他能表現良好，這就跟不教孩子拉丁文，還期待他能背誦維吉爾的詩作一樣蠢。亞當．斯密則抱持不同的想法。他認為道德不是用教的，也沒有什麼需要推理的部分，而是透過一種人際之間相互的交流，從小開始在社會中成長，從心智之中逐漸演化出來的。因此，道德的突現，乃是人性中的某些層面回應社會條件的結果。

正如研究亞當．斯密的學者詹姆斯．歐特森（James Otteson）所說的，斯密在他職業生涯的早期曾寫過天文學史，自詡是踏著牛頓的腳步前進，不僅是尋找自然現象中的規律性，還採用簡約原則，盡可能簡單解釋一切成因。他在他的天文學史作品中大力稱讚牛頓，因為牛頓「發現可以用如此熟悉的相連原則結合所有行星的運動」。斯密也承繼蘇格蘭的傳統，在一歷史主題中探尋當中的因果關係。也就是說，他不會探討什麼是完善的柏拉圖理想道德體系，而是跳出來扣問：道德體系究竟如何產生。

斯密就是將這套方法帶進道德哲學中。他想了解道德從何而來，並簡單地解釋它。正如他經常做的，亞當．斯密巧妙地避開後人會陷入的陷阱，直接進入「自然對自然」（nature-versus-nature）的辯論中，並以「自然透過自然」（nature-via-nature）的方式來解釋，遠遠超前他所處的時代。他以一個簡單的觀察開始他那本《道德情感論》：我們都喜歡讓別人快樂。

不管假設人有多自私，在人的本性中，明顯有一些原則讓人在意他人的福祉，而且讓他們幸福對他來說是必要的，儘管不會從中得到什麼，僅是獲得眼見他人幸福的樂趣。

而且我們都渴望他所謂的相互同情的情感：「沒有什麼比看到別人能夠對我們的情緒感同身受更令人高興的事了。」不過，沒有子女的斯密觀察到孩子並沒有道德感，他們必須歷經一番折磨，才會明白自己不是宇宙的中心。漸漸地，透過試誤學習，孩子會發現怎樣的行為將引發相互同情的情感，可以透過讓他人幸福而獲得快樂。斯密認為，就是透過這樣的過程，每個人都在因應他人的感受，調適自己的渴望，逐漸產生出一套共享的道德系統。「一隻看不見的手」（an invisible hand）——這話第一次是出現在斯密的天文學講座中，然後在《道德情感論》中同樣的用字再度出現，並再一次出現在《國富論》中——引導我們走向一套共同的道德準則。歐特森解釋道，這隻手之所以看不見，是由於世人並沒有企圖要創造一套道德共享系統。他們的目標只是為了能夠和交往的人達成相互同情。斯密後來在解釋市場的運作時，清楚地意識到這一套方式也適用來解釋市場：這兩者都是從個人行為中突現的現象，而不是來自於深思熟慮的設計。

斯密在道德哲學中最有名的創新概念是「公正的旁觀者」（impartial spectator），這是在我們需要發揮道德感時，想像出來密切注視著我們的人。換句話說，就像我們學會透過判斷別人對我們行為的反應而習得道德感，我們也可以想像一個體現我們良知的中立觀察者的反應。一個知道所有事實的公正旁觀者，會對我們的行為有何評斷呢？我們會因為做了他所建議的而得到快感，若是沒有這麼做，則會感到內疚。伏爾泰簡潔有力地為此作結，「最安全的做法就是完全不做有違良心的事。知道這個祕訣，我們就可以享受生活，遠離死亡的恐懼。」

道德如何突現

請注意，在這樣的哲學中不需要神。身為自然神學課程中的教員，斯密並沒有宣稱自己是無神論者，但他偶爾會偏離「正軌」，危險地接近盧克萊修的懷疑論。這也難怪他至少在口頭上還是言必稱上帝，他在格拉斯哥大學的三位前輩，包括哈奇森在內，都因為堅持不加入正統的喀爾文主義教派，被指控為異端。在這時期當老師還是得提高警覺。不過還是有個不聽話的學生流傳出一則軼事，斯密曾「上書給長老，……希望能廢除上課先祈禱的規定」，在遭到拒絕後，他的講座帶領他的學生「下一個無根據的結論。他表示神學的偉大真理，以及人類對上帝的責任，只要徵諸自然就可以發現，而不需任何特別的啟示」。研究亞當．斯密的學者加文．肯尼迪（Gavin Kennedy）指出，他虔誠的母親去世後，在一七八九年發行的第六版《道德情感論》中，斯密刪除或更改了許多宗教性的引用文獻。他可能是一個「未出櫃的」無神論者，可是他也可能是一個有神論者，雖然不是指基本的基督教，但還是相信有某個神將善意植入人心之中。

在斯密的觀點中，道德是一種自發的現象。在這層意義上，人透過在社會中尋找相互的同情心來決定自己的道德準則，接著道德學家觀察和記錄這些約定俗成的規範，以自上而下的訓義回頭導教人們。基本上，斯密是在說，告訴你做人做事道理的牧師，是實際上觀察有德者的行為舉止，發展出他的道德準則。

這跟文法老師很相像，他們將日常用語中的固定模式編寫出來，然後再告訴我們行文用字的規則。只是偶爾，就跟分裂不定式一樣，他們的規則會跟優秀作家的風格背道而馳。當然，牧師也有可能發明或推動一項新的道德規則，就跟語言專家會發明和推廣新的文法或語法規則一樣，但這是非常罕見的。在這兩種情況下，通常是使用本身起了變化，於是教師逐漸納入自己的教材中，有時還佯裝是自己發明的。

舉例來說，我這輩子親眼見證到，在西方世界的道德觀中，反對同性戀漸漸變得不被接受，戀童癖也日益視為一種敗德的行為。不久前，不守法的男性名人若染指未成年少女，也根本不可能想到自己會上法庭，慘遭羞辱。而那些之前打破陳規，冒著遭受恥辱的風險和其他成年男子在一起的，現在則可以暢所欲言地談論他們的愛情。不要誤會我的意思，我也同意這兩種趨勢，但這不是我的重點。這裡我所要強調的是，改變不是來自於道德領袖或委員會的指示，至少這不是主因，更不是根據聖經的教義。相反地，市井小民之間的道德的協商，會逐漸改變社會的集體觀點，道德的教師則在這過程中反映出變化。道德真的就這樣演化了。同樣地，有些英文單字，如「艱鉅」（enormity）和「搪塞」（prevaricate）的意思，在我的有生之年也改變其意義，這可不是召開語法委員會所決定的改變，文法學家對這樣的改變也無能為力。（不過，語法學家確實將他們多數的時間用於譴責這些語言創新。）歐特森指出，斯密在他的著作中所用的單詞，如「兄弟們」（brothers）和「弟兄」（brethren）在語意上是可以互換的，不過他稍微偏好後者。但是今天，規則已經改變了，你只會在刻意仿古或嘲諷時用到「弟兄」一詞，來形容多個兄弟。

斯密敏銳地意識到這層關係和語言十分類似，這就是為什麼他堅持在第二版和之後《道德情感論》版本中加入一篇探討語言起源的短文。在這篇文章裡，斯密強調語言的定律是一項發明，而不是發現，也就是說這跟物理定律不一樣。但他們仍然是一種定律：兒童在用錯時態或拼錯字時會遭到父母和同學的糾正。所以，語言是一個有序的系統，也是透過想要「相互理解彼此」的人試誤學習之後自發而生的。沒有人負責掌控一切，可是這套系統依舊井然有序。這是相當特殊而新穎的想法，顛覆性十足。若道德不需要上帝，語言是一種自發系統，那麼也許國王、教皇和官僚體系對於一個有秩序的社會的運作，也沒有他們所認為的那樣重要？

正如美國政治學家賴瑞．雅納（Larry Arnhar）所言，斯密可說是自由主義關鍵原則的創始人。他拒絕西方傳統中所主張道德必須符合某種超越性的宇宙秩序（transcendental cosmic order），無論是宇宙中的上帝、理性還是自然的形式。「和這種超越的道德宇宙觀不同，自由主義的道德是建立在經驗性的道德人類學上，當中的道德秩序源自於人類所感知的經驗。」

總之，斯密允許道德和語言變化和演化。正如歐特森所言，對斯密來說，道德判斷是根據過去經驗歸納出來的。我們記錄下來自己對本身和他人行為的觀感，同時也觀察別人這樣做的過程。「經常重複的判斷模式可以變成一種道德義務，甚至會成為由高層傳下來的指令，相較之下，不常出現的模式，則會讓人對此感到莫衷一是，信心不足。」正是在這種人類體驗到的雜亂經驗世界中，我們找到道德。道德哲學家只是觀察我們的所作所為，並沒有創造出道德。

善良天使

天啊！竟然有一位十八世紀中產階級的蘇格蘭教授說出，道德不過是人類在成長過程中，因應他人反應而調整行為的偶然性副產物，還說道德是在相對和平的社會中人際之間自發形成的一種突現的現象，說善並不需要教導，更和傳說中那位古老的巴勒斯坦木匠的神聖出身毫無關聯，不會因為少了他，道德就不存在在《道德情感論》中，斯密的論調有些聽起來就像是盧克萊修（他肯定是讀過他的作品），但他的說法也像是今日哈佛大學的史蒂芬・平克（Steven Pinker）在討論社會該如何走向寬容和遠離暴力的演化時所提出的論點。

下面我將討論，這裡其實有一個精彩迷人的聚合點。平克認為道德感在經過一段時間會大幅增長的說法，其實非常接近斯密的論點。說得更極端一點，在中世紀暴力相向的普魯士社會，一個孩子透過試誤學習所發展出的道德感，和在今日德國的寧靜郊區所成長的孩子勢必有很大的不同。中世紀的人若是為了捍衛自己的榮譽或是城市而殺人，一般會判定他是有道德的人，但在今天的社會中，所謂的道德，則是一個人吃素，慷慨捐款給慈善機構，而且認為無論是以任何理由殺害他人，尤其是為了捍衛名譽，都是不道德的。在斯密的道德演化觀中，可以清楚看到道德是一種相對的價值，會在不同的社會演化出不同的樣貌，這正是平克所提及的。

平克的書《人性中的善良天使：一部人類新史》（*The Better Angels of Our Nature*）記載了近幾世紀以來，暴力事件其實正在以驚人的速度持續減少。我們剛剛經歷了史上戰爭死亡率最低的幾十年。大多數西方國家的殺人案件比率自中世紀以來下跌了九九％。我們看到種族、性別、家庭、肢體、資金上種種形式的暴力行為銳減。我們見到歧視和偏見，從被視為正常到如今公認是一種可恥不足取的態度。舉世都在反對各種娛樂性的暴力，甚至反對對動物施暴。當然，這並不表示暴力已經離開人世間，只是平克所列的下降趨勢相當引人注目，而我們對暴力的恐懼暗示著暴力事件發生率仍將會持續下滑。我們的子孫也會對我們視為理所當然的某些事情感到驚訝不已。

平克在解釋這些趨勢時，引用了由諾伯特．艾利亞斯（Norbert Elias）率先整理出來的理論。他最初是一九三九在英國以德國猶太難民的身分發表這套理論，時機相當不好，就在英國政府以他是德國人為由而將其拘禁前不久。就他的切身經驗來說，實在不足以說明這世界的暴力和脅迫逐漸減少。一直到三十年後，他的論文在一九六九年時才翻譯成英文，這是一個快樂的承平時期，他的理論受到廣泛讚賞。艾利亞斯主張一個「文明進程」，隨著世人變得更加城市化、更加擁擠，資本主義化和世俗化急劇改變自中世紀以來歐洲人的習慣，他們也因此變得更和善了。他梳理中世紀歐洲的文學，整理那時期習以為常的日常暴力，得出這樣現在看似矛盾的結論，這是因為現在有大量的統計證據，但那時並沒有。在過往的時代，爭鬥常常演變成殺人，截肢和死刑是很普遍的處罰，宗教以酷刑和虐待的方式來執行其規則，娛樂往往充滿暴力。芭芭拉．塔奇曼（Barbara Tuchman）在她《遙遠的鏡子》（*A Distant Mirror*）這本書中，提到法國中古世紀有一種很流行的遊戲：人會把自己的雙手反綁在背後，然後比賽誰能用頭撞死一隻被釘起來的貓。這遊戲非常危險，因為絕望的貓有可能把你的眼睛抓下來。不可思議吧！

艾利亞斯認為道德標準不斷演變。為了說明這一點，他引經據典地列舉了伊拉斯謨斯和其他哲學家發表的禮儀指南。這些指南當中有種種建議，從餐桌、如廁到床頭禮儀一應俱全，看來似乎毫無必要，但也揭露出那個時代的道德狀態，「不要在大小便時和人打招呼……不要打噴嚏到桌巾或手指頭上，也不可打在袖子或帽子上。吐痰時要轉頭，以免吐到他人身上……吃飯時不要一邊挖鼻孔一邊吃。」總之，需要提示這些行為標準，意味著中古歐洲的生活，按現代標準來看，應當相當令人不敢恭維。平克評論道：「在你的想像中，這應當是父母教三歲小孩的話語，而不是偉大的哲學家對其有文化涵養的讀者的建議。」艾利亞斯認為，習慣的改善、自我控制和慎思熟慮這些今日的我們視為第二天性的習慣，其實是在世代傳承中漸漸習得的。世人長時間下來「益發能抑制自己的衝動，預期他們行為的長期後果，並且將其他人的想法和感受考慮在內」。換句話說，不要擤鼻涕在餐巾上，和不要戳到你鄰座的人，其實意思是一樣的。這有點像是破窗理論的歷史版：對小罪過挑剔就不致於釀成大罪過。

和氣的商業

但這溫文儒雅的習慣是如何養成的？艾利亞斯注意到，我們將違反這些規則（以及更為嚴重的暴力）的懲罰內化成羞恥感。也就是說，正如亞當．斯密所主張的，我們是靠一個公正的旁觀者，隨著他變得越來越挑剔，我們在生活中學會用他的觀點看世界的時間也不斷提早。但這是為什麼呢？艾利亞斯和平克給了兩個主要原因：政府和商業。隨著中央集權政府的出現，主要重點都在國王和他的宮廷，而不是地方上的領主，人的行為舉止比較像朝臣，不再以戰士自居。這意味著暴力減少，禮儀提升。只要多點生產力豐厚的農民納稅，利維坦這隻巨獸便能維持住和平。國家將報復殺人看成是一種要受到懲罰的犯罪，而不是私人之間的恩怨復仇。與此同時，商業導業導致世人重視在交易時獲得陌生人信任的機會。隨著與陌生人之間的金錢交易機會增加，大家開始將鄰里視為潛在的貿易夥伴，而不是潛在的獵物。殺死店主是沒有意義的。所以，在這樣的情況下，同情心、自制和道德成為第二天性，儘管道德始終是一把雙面刃，在歷史上既可促成暴力，也可以用來防範它。

老子在二十六個世紀前就看出這個道理，在《道德經》中寫下「天下多忌諱而民彌貧」。孟德斯鳩則以「和氣的商業」（doux commerce）這樣的短語來形容貿易活動對人類暴力、低容忍度和敵意的鎮靜效果。幾個世紀以來，他的論點獲得充分的證實。社會變得越富裕、越加市場化，當中的人行為舉止就更有禮。想想一六〇〇年之後的荷蘭人、一八〇〇年之後的瑞典人、一九四五年之後的日本人與德國人以及一九七八年之後的中國人。十九世紀的長年和平與自由貿易的增長同時出現。而二十世紀上半葉撼動世界的終極暴力則與保護主義的興起並行。

商務蓬勃發展的國家，會比限制商業活動的國家較少暴力。敘利亞、辛巴威或是委內瑞拉的苦難是否來自商業活動過量？大致維持和平的香港難道是因為它避免商務活動嗎？再想想加州或是紐西蘭的例子。我曾經在倫敦的觀眾面前採訪過平克，當時有一名觀眾堅持認為利潤是一種暴力的形式，而且是在不斷增加，平克的精心回答讓我深受感動。他只用了一則他們的家族故事來回應。他的外公在一九〇〇年出生在華沙，於一九二六年移民到蒙特婁，在一家襯衫公司上班（他們的家族在波蘭是做手套的）。在大蕭條期間，外公遭到解僱，最後只好靠外婆在公寓裡縫製領帶維生，最終攢夠資金，開一間小工廠，一直經營他們過世為止。沒錯，這當然有少許的利潤（剛好夠付房租，並且養大平克的母親和她的兄弟），但是平克的外公連一隻蒼蠅都沒有傷害過。他說，商業活動不能和暴力相提並論。

「參與資本主義市場與中產階級的德性讓這世界變得更文明，」在《布爾喬亞的美德》（*The Bourgeois Virtues*）一書中，迪爾德麗・麥克洛斯基（Deirdre McCloskey）強調：「富裕和都會化的人，有時其實和一般報章雜誌上的說法完全相反，和窮鄉僻壤的人比起來，在功利、暴力和膚淺的程度上**都相對較低**。」（粗體強調為原文）。

那麼為什麼傳統看法——特別是在教師和宗教領袖之間——都認為商業是造成人變得腐敗污穢的原因，而不會讓人變得更美好？我們越是發展經濟，越「資本主義」化，就變得越自私、越傾向個人主義和輕率？這樣的觀點十分普遍，甚至讓人認為暴力因此而增加，儘管這與證據相左。正如教宗方濟在二〇一三年的勸諭《福音的喜樂》（*Evangelii Gaudium*）中提到的，「無節制的」資本主義使得貧者越貧，富人越富，也造成社會「對他人缺乏尊重，和暴力增加」。這只是這些傳統看法完全錯誤的一個例子而已。目前全世界的暴力其實是在減少，而不是增加，在對資本主義約束越少的國家，下降的速度最快——而且資本主義也並不是在全世界所有地方都肆無忌憚地發展。二〇一四年全球十大暴力國家是敘利亞、阿富汗、南蘇丹、伊拉克、索馬利亞、蘇丹、中非共和國、剛果、巴基斯坦和北韓，這些全都名列低度資本化國家。而全球最安寧的十個國家則是冰島、丹麥、奧地利、紐西蘭、瑞士、芬蘭、加拿大、日本、比利時和挪威，這些全都是實實在在的資本主義國家。

我之所以會這樣詳細描述平克所引用的艾里亞斯的理論，是由於這其實是一個徹底的演化論點。即使是在平克將暴力發生率的降低歸功於利維坦這國家巨獸，即政府的政策時，他也暗示政策既是在反映變遷中的合理性，也是在改變合理性。此外，即使利維坦本身對自己的角色毫無意識，也就是說它並不企圖要讓這世界變得更文明，只是想控制與壟斷。這是亞當．斯密理論的延伸，以斯密的歷史推理和假定來看，道德意識、暴力傾向和卑鄙行為都在演化。它們之所以演化，不是因為有人規定它們應該演化，而是自發生成的。道德秩序突現並且持續變化。當然，它可以演變得更為暴力，並且已經發生過好幾次。但大多數的時候，它都是朝向和平邁進，正如平克在他書中詳細記載的。基本上來說，過去五百年來，整個歐洲和世界上的多數其他地方，在世人自己都未意識到的情況下，暴力程度開始穩定地降低，變得更為寬容而且更有倫理。一直到艾里亞斯注意到這樣的趨勢，以及之後的歷史學家以統計數據佐證，我們才意識到真有其事。事情就這樣發生在我們身上，並不是我們造成的。

法律的演化

這是一個非比尋常的事實，一個遭到大多數人遺忘的事實，在盎格魯的勢力範圍中，人民生活所依據的法律並不是由政府制定的。英美法來自於普通法（common law），這是一套每個人知其然而不知其所以然的道德律。也就是說，跟十誡或是大多數的成文法不同，普通法的突現和演化，是透過先例和抗辯的論點。根據法律學者艾倫・哈欽森（Allan Hutchinson）的話，它是「逐漸演化，而不是跨越式的跳躍或停滯」。它是「永久在修建中，是會消逝的、動態的、凌亂的、生成的、誘人的，且是自下而上的」。作家凱文・威廉姆森（Kevin Williamson）提醒我們要注意這樣驚人的事實，「世界上最成功、最實用、最值得珍惜的法律系統是那套沒有制定者的。沒有人規畫，也不是由什麼崇高的法律天才構思出來。這是在一個迭代的、演化的方式中所產生，就跟語言一樣。」他打趣地說：「企圖用一套設計合理的法律來取代普通法，無異是想在實驗室中設計出一隻更好的犀牛一樣。」

法官會逐步改變普通法，依個案調整法律原則，以因應實際發生的事實。當一個新的難題出現，不同的法官會提出不同的見解，以不同的方式來處理，結果造成一種優雅的競爭，因為之後的法庭會漸漸地選擇他們偏好的處理方式。就這層意義來說，普通法是由天擇造出來的。

普通法是英國特有的發展，主要在過去英國的殖民地，或是受到盎格魯撒克遜傳統影響的國家施行，如澳洲、印度、加拿大和美國。這是自發秩序的一個美麗例子。在諾曼人征服英格蘭之前，在英國不同地區施行著不同的規則和習俗。一〇六六年之後，法官根據全國各地的風俗習慣，再穿插一點君主的裁決而創造出普通法。強大的金雀花王朝國王如亨利二世著手要建立一套標準化的法律，使整個國家有共同的律法，並且將大部分的普通法吸收進入宮廷。但是，他們並沒有發明這一套律法。相較之下，歐洲其他的統治者則借鑒了羅馬法，特別是查士丁尼大帝在六世紀頒布的規則彙編，十一世紀時在義大利重新發現了這部法典。歐洲大陸施行的大陸法或稱民法通常是由政府編寫制定的。

在普通法中，比方說需要判定謀殺罪的要素是包含在判例法中，不是明文規定於法律條款。為了確保一致性，法院會依循上級法院審查相同問題的判例。相比之下，大陸法（civil-law）系統中，制定法令和法規的目的，是為了涵蓋所有的事件，法官對於手上的個案所能行使的法律能力較為有限。過去的判斷不過就是寬鬆的指導。當涉及到法院的案件，大陸法系的法官傾向於擔任調查者的角色。而普通法系的法官，則是在提出各自論點的兩造雙方之間當個仲裁者。

你偏好哪一套系統取決於你個人的優先順序。邊沁（Jeremy Bentham）認為普通法缺乏連貫性和合理性，並且是「死人的想法」。自由主義經濟學家戈登．圖洛克（Gordon Tullock）是公共選擇學派（public-choice）的創始人，他認為普通法的裁判具有內在的劣勢，是一種重複性的消耗，在釐清事證方面的效率較低，且較為耗費司法調查的財務資源。

其他人則予以反駁，表示大陸法系的傳統，容忍國家任意沒收的作為，而且對此傾向於不宣告為非法的趨勢，已證明在自由的層面上遜於普通法。海耶克（Friedrich Hayek）提出普通法有助於促成更好經濟福祉的觀點，因為這套法律減少干預，比較少依循國家的指令，比起大陸法制度比較能夠應對變化。的確，在他看來，這套法律體系就像市場一樣，會產生一套自發的秩序。

英國與歐盟之間一直有許多處不來的地方，這正是來自於英國傳統中自下而上的法律制定方式，與歐洲大陸自上而下的系統之間的對比差異。歐洲議會的議員丹尼爾．漢南（Daniel Hannan）得經常提醒他的同事，普通法和大陸法之間對自由看法的偏差，「這是一個非比尋常且崇高的想法，法律並不是來自於國家，而是依據民間現行的法律。就連國王和他的部長都得遵守。」

這兩套傳統之間的競爭是良性的。但在這裡我所要強調的是法律完全有可能是突現的，而非為人所創造。對多數人來說，這很不可思議，他們在心中隱約覺得法律是人制定出來的，不會是演化而來的。正如經濟學家丹．包德瑞克斯（Don Boudreaux）所言，「法律非常廣闊龐大，其細緻度多樣而豐富，而其邊界的變化頻繁，因此形成一套越來越荒唐的流行神話，認為法律是一套由國家設計並且強制執行的規則。」

不僅普通法是透過重複、變異和選擇來演化，就是連大陸法和憲法解釋，也會看到民意的逐漸變化，當中有些會堅持下去，一些則沒有。至於決定要依據哪些變化，並不是由無所不知的法官來決定，也不是隨機的。它們是透過選汰的過程來挑選。正如法律學者奧利弗．古德諾夫（Oliver Goodenough）所主張的，這一特點讓演化解釋位於這套系統的中心，不是訴諸外力。不論是「上帝讓它發生」，還是「事情發生」都是外在因素，但演化是一種「以規則為基礎的，是在我們所經驗的時空內發生的」。

第三章

生命的演化

在這些事情上面我懇求你
迫切地避開這樣一個過失，
以先見之明避開這個錯誤；
不要以為眼睛的明亮的瞳孔
是為了使我們能見物才被創造；
以為雙腿和兩膝之所以能這樣
彎曲自如地建立在雙足的基礎上，
乃是為了要使我們能大步向前；
前臂之所以連接有力的上臂，
能作事的兩手之所以各占一邊，
都是因為要使我們能夠去滿足
生命自己的需要。所有這種解釋
都是用歪曲的推理使因果倒置……

盧克萊修，《物性論》，第四書，第八二三～八三三行

達爾文並不是在知識的真空中成長的。在他學習科學的過程中，深刻吸收啟蒙運動的理念，那絕非偶然。在他周遭到處充滿著突發的奇想。他讀到他祖父仿造盧克萊修的詩作。他在劍橋大學時，寫道：「我的研究包含洛克和亞當．斯密。」引用了這兩位思想發展最為自下而上的哲學家。也許他讀的是斯密的《道德情感論》，畢竟那時候這本書在大學中比《國富論》更受歡迎。事實上，一八三八年秋天，當達爾文結束《小獵犬號航海記》的航程返回英國，正在孕育天擇論的想法時，所讀到的書是杜格爾德．斯圖爾特（Dugald Stewart）為亞當．斯密寫的傳記，在當中他獲得競爭和秩序突現的想法。同一個月，他又讀了，或是重讀政治經濟學家馬爾薩斯的《人口論》，深受當中有些人得以蓬勃發展，其他人則黯然退場的生存競爭概念所吸引，這個想法對他發展出天擇的見解很有助益。他當時和哈里特．馬蒂諾（Harriet Martineau）相當友好，她是主張廢除奴隸制的激進份子，只支持亞當．斯密「美妙」的自由市場理念。她是馬爾薩斯一位親密的紅顏知己。達爾文經由他母親（以及他未來妻子的）家族威治伍德（Wedgwoods）進入這個激進主義、商人和反對英國國教的圈子，結識了主張自由市場的國會議員兼思想家詹姆斯．麥金托什（James Mackintosh），他們都對貿易和宗教抱持不同看法。演化生物學家史第芬．傑．古爾德（Stephen Jay Gould）有一次大膽地表示，應當將天擇「視為亞當．斯密自由放任經濟學的一種延伸的譬喻」。古爾德認為，在這兩個理論中，平衡和次序都是從個人行動中突現出來的，不是從外部干預，也不是由神所控制的。身為一位馬克思主義者，古爾德出人意外地認可這一理念適用於生物學，而不是經濟學，他說道：「諷刺的是，亞當．斯密的自由放任系統在他自己的經濟領域中是行不通的，因為這會導致寡頭壟斷和革命。」

簡言之，查爾斯．達爾文的想法本身也在演化，在十九世紀早期繁盛的英國想出人類社會的秩序是自然發生的想法。廣義演化論比狹義演化論更早出現。儘管如此，達爾文在讓世人看到自然界無方向性的秩序時，也遇到巨大的障礙。這障礙主要是來自設計論，這主要是由威廉．佩利（William Paley）所提出，其論點相當精闢巧妙。

神學家威廉．佩利在他於一八〇二年出版的最後一本書中，根據目的論的論調，提出生物設計的論點。這套設計邏輯非常縝密，無疑是由於他細密的心思。在其中一段，他構想出人在穿越一片荒原時，赤腳踩到石頭的情景與反應，若他的腳趾碰觸到的是一只手錶呢？拿起手錶時，他一定會認為這是人造出來的，「在某個時候的某個地方或是其他幾個地方，一定有什麼技工或技師製造出（這隻錶），基於某種目的，他通曉錶的製作，並且設計其用途。」既然手錶的存在意味著一個鐘錶匠的存在，那麼結構精良的動物當然暗示著一位創造動物者的存在。「從種種跡象來看，存在於手錶中的每一項設計，也都存在於自然界的作品中，差別僅在於，自然的作品更偉大、更多樣，超過所有計算的尺度。」

佩利這套設計論的說法並不是什麼全新的看法，是將牛頓的邏輯應用到生物學上。事實上，這是六百年前由托馬斯．阿奎那（Thomas Aquinas）提出用以證明上帝存在的「五路論證」之一的翻版，「缺乏智能便不能達成目標，除非受到某個具有足夠知識和智慧者所指導。」到一六九〇年時，倡言常識的大祭司約翰．洛克本人重申一次同樣的想法，說得頭頭是道，彷彿沒人能否認的理性論證。洛克認為要去「設想毫無思考能力的物質會產生出一個思想、有智慧的存在，根本是不可能的事，就像不會有無中生有的情況出現一樣」。心靈先產生，接下來才有物質。正如丹尼爾・丹尼特指出的，洛克此言無異是為「上帝是設計師」的說法蓋上了經驗性、世俗性，甚至在數學上核可的戳章。

休姆的大轉向

對於這使大家都感到十分舒適的共識，大衛・休姆（David Hume）是第一位提出質疑的人。在他的《自然宗教對話錄》（*Dialogues Concerning Natural Religion*，於一七七九年在他死後出版）中，有一段著名的話語，休姆讓他書中的有神論者克利安西發想，以其雄辯滔滔的文才來陳述設計論的論點：

環顧世界：考慮整體和它的每一個環節：你會發現這根本就是一台偉大的機器，當中在細分成無數的小型機器……這些不同的機器，即使是自身最微小的部分，都受過精確的調整，相互搭配，贏得所有設想過這一切的人的欽佩。這樣符合目的的神奇搭配，是超越人的構思、設計、思想、智慧和智能的傑作。既然成果彼此相似，我們可以根據所有邏輯推理的原則來說，其成因也類似。〔對話錄，2.5/143〕

丹尼特指出，這是一個歸納推理：有設計的地方就有設計師，就像有煙的地方一定有火的道理一樣。

不過與克利安西對話的自然神論者斐洛（Philo），則出色地反駁這樣的邏輯。首先，這樣的推論會立即產生一個問題：那麼，是誰設計出這位設計師？「在這樣無窮的追溯中，何時才能達到心滿意足的程度？」然後，他指出這當中的循環論證：上帝的完美解釋了這世界的設計，這又用來證明上帝的完美。我們又是怎麼得知上帝是完美的？他也有可能是個「模仿他人的愚蠢機械師」。在不同的世界中，在「無數次的製造世界過程中磨練和揣摩」他的製造手法？又或者是，同樣用來證明上帝存在的論點也可用來證明多神的存在，或是有一位「完美的神人同形體」，或是一隻動物，一棵樹甚或是一隻「吐絲的蜘蛛紡織出這全部的大千世界」？

發展到此時，休姆相當陶醉，呼應伊比鳩魯的說法，他開始挑出自然神學論點中所有的語病。斐洛說，一個真正的信徒，會強調「人神之間存在一巨大而無法估量、難以言喻的差異」，所以將神比作一個單純的工程師，是一種偶像崇拜式的褻瀆。不過，無神論者可能會樂於承認大自然的目的性，但不會用具有神性的智能來解釋，會改用其他的類比，一如後來達爾文所做的。

簡言之，休姆就跟伏爾泰一樣，對神性的設計嗤之以鼻。當他說完時，他書中那位改變自我的斐洛實際上已經整個推翻設計論的全部論證。不過，就連休姆把這些論點攻擊得體無完膚，僅剩下殘骸之後，也突然停止攻擊，允許敵軍逃跑。哲學史上最令人扼腕的一個橋段，就是斐洛到最後突然同意起克利安西的說法，要是我們對於將至高無上的存有者稱之為神感到不滿，那「我們除了心智或思想外，還該怎麼稱呼他呢？」這是休姆的盧克萊修大轉向。但真是如此嗎？安東尼·高特列柏（Anthony Gottlieb）認為，要是詳加研讀，休姆其實在這裡埋下伏筆，留下了稱此為心智可能其實是物質的微妙暗示，他之所以不明說，只是不想讓宗教人士和審查者大知一驚罷了。

丹尼特認為，休姆之所以卻步的原因不能以他擔心被冠上無神論的名號而遭受迫害來解釋。休姆刻意安排他的書在他死後出版。到最後，其實只是純粹的懷疑使得他沒有推論出唯物論。少了達爾文的見解，他就是無法看到目的其實源自於物質的機制。

休姆留下的缺口遭到威廉·佩利的利用。斐洛曾用手錶的比喻，主張一塊塊金屬「永遠不可能安排自身，組成一只手錶」。雖然深知斐洛抱持反對意見，佩利仍以此推論，主張在這只手錶後面有一心智的存在。這並不是在說手錶是由這些零件組成，或者說它的設計接近完美，也不是說這讓人難以理解——這些論點已經吸引過上一代的物理學家，休姆也已經回答了。這裡是在說，那顯然是設計出來擔負一項工作，並不是個別的，或最近的，而是曾經源自於祖先的。佩利結束隱喻直接斷言，「有完全相同的證據可以證明眼睛是為了視覺被製造出來，正如發明望遠鏡是為了協助它」。他指出，生活在水中的動物，其眼睛的表面比生活在陸地上的動物更為彎曲，正適合兩種環境下不同的折射率，因此可以說是器官適應世界的自然規律，並非相反過來。

但是，若上帝真的是萬能的，為什麼他需要設計出眼睛？為什麼不乾脆省略器官，直接賜予動物神奇的視力？佩利為此提出各式各樣的答案。神可以在「不發明任何工具或採用任何手段的情況下完成這一切。但就是在工具的建造中，在選擇和方法的改進上，才能彰顯出創造的智慧。」神很愉悅地依照物理定律來工作，這樣我們才能獲得理解它們的樂趣。就這樣，佩利提出的現代化的辯護主張，即使在日後發現天擇造成的演化後，也立於不敗之地。他顯然會說，透過這樣的發現能夠鼓勵我們。

佩利的觀點可以歸結成下面這句話，發現用來解釋生物世界的自發機制越多，你就越應該相信他們背後有一位智能的創造者。面對這樣扭曲的邏輯，讓我想起英國喜劇團體蒙特派森以反諷手法拍攝的電影《布萊恩的一生》（*Monty Python's Life of Brian*），當中主演布萊恩的約翰·克里斯（John Cleese）在否認他是彌賽亞時，說道：「只有真正的彌賽亞才會否認他的神性。」

達爾文與眼睛

佩利的書在問世將近六十年後，查爾斯·達爾文才對此提出一個全面性而且充滿毀滅性的答案。他可是一磚一瓦地建構他的理論，運用他在愛丁堡接受的教育，以自下而上的思維，彙集從航程中收集到種種的事實，再加上他細膩的觀察與縝密的歸納，最後拼湊出此一驚人的理論：即相互競爭的生物在生殖上的複製差異，會產生累積的複雜度，使形式產生功能，完全無需有人理解此運作的原理。就這樣，破壞性最強的一個哲學概念誕生了。丹尼特在他的著作《達爾文的危險想法》（*Darwin's Dangerous Idea*）中，將達爾文主義比擬為一種什麼都可腐蝕的酸，吃掉所有曾經包含它的每一種物質。「反對達爾文主義的創造論者，在一件事情上倒是悲慘地正確：達爾文的危險想法深深地侵蝕許多最為根本的信仰，比其精明的辯護者所料想的還多，甚至對他們自己都造成傷害。」

達爾文的解釋最棒的地方在於天擇比任何設計者的說法都更有力。它不能預知未來，但能夠不斷參考關於過去的資訊。按照演化心理學家勒達．科斯米德斯（Leda Cosmides）和約翰．托比（John Tooby）的說法，天擇調查「現實世界中種種設計的運作成果，在數以百萬計的個體身上，經過上千個世代，透過統計分布加權運算各項設計」。這讓它對現階段成效較高的特性瞭若指掌。它可以忽略雜散和局部的搜索結果，避免猜測、推理或模擬的過程：它根據的就是實際的生物，生活在彼此相遇的真實環境中。

最能洞悉達爾文論點做出精闢總結的，其實來自一個強烈批評他的人。此人名叫羅伯．麥肯錫．貝弗利（Robert Mackenzie Beverley），他在一八六七年提出他自認可以徹底推翻天擇說的想法。他指出，工匠在創造世界時，試圖以絕對的無知試圖取代絕對智慧。或是（如下面這段貝弗利在太過憤怒下，將所有的英文全部改以大寫字母來書寫的一段文字）「要打造出一台完美的機器，並不需要先知道打造它的方法」。十分喜歡這句話的丹尼特對此的回覆是：沒錯，確實是如此！這正是達爾文思想的精髓：那些美麗而複雜的生物，可以在無人知曉如何創造牠們的情況下被製造出來。一個世紀後，一位名叫李奧納．瑞德（Leonard Reed）的經濟學家在一篇文章中，提出「我，鉛筆」（I, Pencil）的說法，表示這觀點在科技上也行得通。的確是如此，要打造出一台完美的機器，並不需要先知道打造它的方法。在一枝簡單鉛筆的製造過程中，需要動用到石墨礦工、伐木工人、生產線工人以及管理人員，更不用說種植咖啡讓這當中每個人都可飲用的那群人。這其中沒有一個人知道一枝鉛筆從頭到尾的製造過程。這些知識彷彿在雲端，在不同的大腦之間，而不是存放在任何一個人腦中。這正是我在後面的章節會主張科技也正在演化的其中一個原因。

所謂的查爾斯．達爾文的危險想法，只是他將有意圖設計的說法從生物學中移除，並以另一個機制來取代，「以原始的簡單性……打造出有組織的複雜性」（這話出自道金斯）。結構和功能一點一滴的出現，無需訴諸於任何形式的目標。這是「一種既有耐心又無意識的過程」（丹尼特語）。沒有一種生物曾經因為企圖想要看見而長出眼睛，但眼睛突現，成為動物觀看的一種方法。本質上，這當中確實含有適應的目的性——說眼睛具有功能絕對是有道理的——只是我們缺乏一種能夠以回溯過程描述某個突現的功能的語言，這不是一種目標導向的過程，不是往前看的，也不是由誰的心智所構思出來的。達爾文說，眼睛會演化出來，是因為在過去，簡單的眼睛結構所提供的視覺，對於長有此構造的個體的生存和繁衍有加分效益，並不是因為有誰想要獲得視覺。我們所有的語彙詞句都隱含有自上而下的思維。眼睛是為了看，因為長眼睛「所以」我們可以看到，看之於眼睛，一如打字之於鍵盤。語言和其隱喻仍然暗示著天鉤的存在。

達爾文坦承，眼睛的演化確實是一個難題。在一八六〇年，他寫信給美國植物學家阿薩．

格雷（Asa Gray）。他寫道：「到今天，眼睛還是讓我很為難，但是當我想到那些細微已知的色階時，我的理智告訴我，我應該克服這樣的恐懼。」一八七一年，在《人類原始與性擇》（*Descent of Man*）中，他寫道：「要假設眼睛以及其中所有獨特的構造全都是由天擇形成的，包括那些因應不同距離而調節焦距的，接受不同光量進入眼球的，以及進行球差和色差校正的，我得坦白承認，在我看來這真的是最荒謬的事了。」

但他隨後又想出要如何辯解這樣的荒謬感。首先，同樣的問題可能也會出現在哥白尼身上。常理告訴我們這世界靜止不動，太陽繞著它旋轉。接著，他開始討論眼睛是如何從無到有，一步一步浮現出來。他提到從簡單而不完美的眼睛到複雜的眼睛是經過「眾多的漸變」（numerous gradations），「每一漸變對擁有者來說都是有用的」。若是能在現代生動物中找到這樣的漸變，而且確實可以這麼做，那麼就沒有理由來拒絕天擇說，「儘管這超越我們的想像」。距此時二十七年前，他在一篇未發表的論文中第一次構思出天擇時，寫過類似的東西，「眼睛可能是透過輕度但每次都會產生有用的偏差的逐漸選擇過程中所產生的。」這一點，他充滿懷疑的妻子艾瑪在空白處留下一句評論：「一個了不起的假設。」

光學

我們現在知道，確實就是如此。每一次漸變對其擁有者確實是有用的，因為現在每個漸變依然存在。每種類型的眼睛只是就前一次漸變的眼睛稍加改善而已。皮膚上一小塊感光細胞讓扇貝偵測到哪一個方向是上方；感光杯讓一種名叫狹縫殼的軟體動物得知光來自哪個方向；感光細胞構成的針孔腔讓鸚鵡螺在光線好的時候，聚焦出一個簡單的世界圖像；一個長有簡單晶體的眼睛讓紫紅蝸牛得以在光線較為昏暗時仍看得到影像；長出能夠控制光圈的虹膜與可調整的晶體，使章魚能感知各種發光的細節（晶體的發明很容易解釋，因為在眼睛中任何的透明組織都可作為局部的折射鏡）。因此，光是在軟體動物們內，就可見到每一次漸變的眼睛仍然存在，而且對其擁有者都有功用。這樣一來，就很容易想像章魚的列祖列宗所經歷過的每個階段。

理查．道金斯將這些漸變的進展比擬為登山，一座「無敵峰」（Mount Improbable），任何時候都可能遇到坡度太陡，無法翻越的山峰。山必須是由下往上攀爬的。他顯示出生物界也有許多這樣的山峰，好比說不同種類動物所長出的不同類型的眼睛，從昆蟲的複眼、蜘蛛奇特的複眼，每一種都顯出一部分獨特的發展階段。以電腦模型演算後，確認出任何階段若是稍有差錯，都會造成缺陷。

此外，生物學日益數位化，自從發現DNA，便從基因順序的逐步改變獲得演化漸變的直接和明確的證據。現在我們知道有一個稱之為 Pax6 的基因，會同時觸發昆蟲的複眼和人類單眼的發展過程。這兩種類型的眼睛，源自於一個共同祖先。還有一種 Pax 基因會在水母體內指導其單眼的發展。眼睛內對光產生反應的「視蛋白」（opsin）分子可以追溯到除了海綿之外，所有動物的共同祖先。大約在七億年前，視蛋白基因複製成兩種，產生今天我們所擁有的三種感光分子。因此，在眼睛演化的每一階段，從光敏分子的發展到水晶體與色覺的出現，都可以直接從基因的語言來解讀。達爾文所陷入的眼睛兩難，科學史最難解的問題，現在獲得全面而徹底的解決。查爾斯，現在你可以安息了。

天文數字級的不可能？

數位的ＤＮＡ語言提供強有力的證據來支持蛋白分子是漸進式的，無方向的突現。但是，在數學上這一點仍備受質疑。視蛋白分子是依據特定基因中的特定序列所組成的數百個氨基酸。若要透過試誤學習來生成視蛋白分子的適當序列，要花上一段很長的時間，而且還要有一間非常大的實驗室。就現存的二十種氨基酸來說，一條含有一百個氨基酸鏈結的蛋白質分子的序列組合，可以從十的十次方到十的一百三十次方之多。這個數字比宇宙中的原子數量還要大，所需要的時間遠高於大爆炸以來的奈秒數。所以，視蛋白分子從無到有的設計絕對不可能是以天擇的方式來達成，不管有多少生物經過多長的時間。而視蛋白分子只是體內數萬個蛋白質分子的其中一個。

我現在是否也得來一個盧克萊修大轉向？是否我得被迫承認廣大的蛋白質庫組合讓演化無法作用，找不到那些可以作用的？差得遠呢！我們知道，人類在創新時很少是從頭開始設計的，而是從一種技術跳到另一種「相鄰的可能」（adjacent possible）技術中，重組現有功能。所以這是一種小規模的漸進步驟。而且我們現在已經知道，天擇也是如此作用的。所以這樣的數學推理有誤導之嫌。常用的一個比喻是，你不是在一個廢料場中用螺絲起子組裝波音七四七飛機，你只是要在既有的設計上釘上最後一根釘子。此外，近來有很多重大的新發現，顯示天擇在執行任務時要容易得多。

幾年前，在一間蘇黎世的實驗室裡，安德烈亞斯．華格納（Andreas Wagner）要他的學生若昂．羅德里格斯（João Rodriguez）用一套巨型電腦來運算，看看若一次只更改一個步驟，要花多長的時間，才能在不同的代謝網絡中找到堪用的途徑。他選擇了代謝葡萄糖的一般腸道菌開始，他的任務是改變整個代謝鏈中的一個連結，但讓它仍然可以運作，也就是說這個生物仍然可以從一種醣分子中，製造出約莫六十種身體所需的成分。他能夠得到怎樣的成果呢？腸道菌之外的其他細菌有上千種不同的葡萄糖途徑。這當中有多少和其他的途徑只相差一個步驟？羅德里格斯發現，在他以一千種不同代謝途徑的資料庫所做的第一次嘗試中，有八成的代謝途徑從來不需要一次改變超過一個步驟就能作用。「當若昂給我看答案時，我的第一個反應是不相信，」華格納這樣寫道：「我擔心這可能是僥倖，於是要若昂再做更多的隨機變動，一千多個，每一個都要保留代謝上的功能，每一個都要盡可能地推到極致，每一個都往不同的方向前進。」結果還是一樣。

華格納和羅德里格斯其實闖入了細菌——以及人類——生化世界的巨型遺跡構造裡。華格納用「孟德爾的圖書館」來比擬這樣一棟虛構的建築物，當中保存了所有可能的基因序列，其數量超越我們所能想像的尺度。他從中找出一個驚人的模式，「代謝圖書館中的書籍壓縮得很緊密，這些書是以不同的方式來述說同樣的故事，」他寫道：「具有相同含義的無數份代謝文本會大幅提高從中找到它們任何一個的可能性，基本上就是提高無數倍。更棒的是，演化並不只是一個單一的瀏覽器隨便探索代謝庫。它會以「眾包」（crowdsources）的手法，以大量的生物族群來搜索文本庫，來尋找新內容。」這些生物就相當於是大量的讀者，他們會在這座孟德爾圖書館中查找出有意義的文本。

華格納指出生物的創新必須是既保守又漸進的，因為在它重新設計生物的體制時，不能製造出不具功能性的有機體。將微生物轉變成哺乳動物的歷程經過數百萬年，這就像是在飛越大西洋的同時重新設計一台飛機一樣。以球蛋白（globin）分子為例，大致上在植物和昆蟲中都維持相同的立體形狀功能，但這兩者之間的氨基酸序列有百分之九十的差異。

對達爾文的質疑

然而，儘管出現這些壓倒性的證據，對設計的渴望仍然誘拐數以百萬人回頭懷疑達爾文。在美國發起的「智能設計」（intelligent design）運動是直接脫胎自基本教義派份子，他們在學校內推動宗教教育，以投機的「端點運行」（end run）來規避美國憲法所規定的政教分離。這項運動主要是嘗試以設計論的論點來建立一套說詞，強調除了上帝之外，沒有其他的原因可以解釋生物學中複雜的功能安排。一個非常重要的案例，是二〇〇五年賓夕法尼亞州的法官約翰·瓊斯

（John Jones）審理基茨米勒（Kitzmiller）訴多弗學區案。他在判決文中寫道，雖然智能設計的支持者「偶爾暗示這位設計師可能是外星人或是穿梭時空旅行的細胞生物學家，但實際上他們從未嚴肅地提出除了上帝之外的設計師。」泰米・基茨米勒是多弗地區其中一位反對她的孩子接受將「智能設計」與達爾文主義相提並論的家長之一。這些家長最後上了法庭，讓學區更改他們的教學教材。

在美國，基督教基本教義派在學校挑戰達爾文學說已經有超過一百五十年的歷史。他們對州議員施壓，禁止公立學校教導演化論。這樣的趨勢最後導致一九二五年的一場官司，稱之為史科普斯的「猴子審判」。被告約翰・斯科普斯（John Scopes），故意觸法，在課堂上教授演化論，讓世人注意到田納西州反演化的法律。這場官司是由威廉・詹寧斯・布萊恩（William Jennings Bryan）起訴，由克拉倫斯・丹諾（Clarence Darrow）辯護，最後斯科普斯被判有罪，但罰金只是區區一百美金而已，就連這一點罰金都在上訴時以技術理由駁回。當時普遍的傳言都說布萊恩贏了面子輸了裡子，因為這樣的判決讓他看起來很荒謬，而斯科普斯的罰則很輕。但這其實是居住在沿海地區的自由派用來安慰自己與撫慰人心的神話。在美國中部，斯科普斯的定罪其實包含著對達爾文的嚴重批評。基本教義派人士完全沒有因為受到譏諷而閉嘴，在斯科普斯的審判後，他們更站得住腳，並在教育系統內維持一定勢力，長達幾十年。當時的教科書對達爾文的學說非常謹慎處理。

一直要到一九六八年，美國最高法院才推翻所有禁止在學校教授演化論的法律。基本教義派則以教導「創造科學」來反擊，強調找到證實挪亞洪水等聖經事件發生的科學證據。到一九八七年，最高法院禁止在學校教授創造論，其理由是因為這是宗教，而非科學。

就是在那個時候，這項運動重新將自己包裝為「智能設計」，將阿奎那與佩利的那套說法老調重彈，從最簡單形式的設計論點出發。創造論者迅速改寫他們的教課書《熊貓與人》（*Of Pandas and People*），使用在之前的創造科學中對智能設計的相同的定義，有系統地以「智能設計」取代書中一百五十處的「創造論」和「創造論者」。但其中一個地方出了差錯，在書中出現一個奇怪的拼寫錯誤（cdesign proponentsists），這個詞後來被戲稱為這兩個運動之間的「失落的環節」。這兩股思潮之間這種「驚人」的相似性在約翰．瓊斯法官的眼中非常重要，他因此認為智能設計是宗教，不是科學，於是廢除多弗學區要求對智能設計和演化給予相同授課時數的法律規定。根據《熊貓與人》這本教科書的論點，智能設計主張物種是突然出現的，而且乃是透過一位有智能的設計者，牠們身上已經具備有鮮明的特點，如魚的鰭和鱗或是鳥類的羽毛。

瓊斯法官二〇〇五年的那份長篇意見書，可說是明確而決絕地將天鉤拆除下來。這當中最有說服力的一點是，他是一位基督徒，是由布希任命的法官，在政治立場上相當保守，而且沒有受過科學訓練。瓊斯指出，科學革命已然拒絕以非自然原因來解釋自然現象，拒絕訴諸權威，拒絕啟示，應以實證證據來說明。他系統性地拆解為辯方作證的麥克．貝希（Michael Behe）教授所提出的證據，他可是智能設計的科學主力。貝希在他的《達爾文的黑盒子》（*Darwin's Black Box*）一書中，和之後的幾篇論文裡，主要是用兩個論點來說明智能設計者的存在，一個是不可化約的複雜性，另一個是每個組件都具有目的性的安排。他說細菌的鞭毛是受到一個極複雜的旋轉馬達分子所驅動。移除這套系統中的任何一個組件，都會讓它無法運作。同樣的，哺乳動物的血液凝固系統包含一連串的演化事件，要是少了其中一個，其他的也失去存在的道理。還有，免疫系統不僅複雜到不可思議的地步，而且根本不可能以自然來解釋。

在肯尼斯・米勒（Kenneth Miller）這類演化大將眼中，要拆穿多弗案中這些例子，讓法官感到滿意，實在是輕而易舉、微不足道的小事。細菌鞭毛的前身，是一套稱為第三型分泌系統的構造，已經具有功能，存在於某些生物體中，很容易在將其改造為旋轉馬達的同時，還部分保留原有的優勢作用。（哺乳動物現在用於聽覺的中耳骨，也是透過同樣方式產生的，是直接修改自早期魚類顎部的骨骼。）血液凝固的一連串步驟，在鯨魚和海豚中缺少一個，河豚則少了三個步驟，但仍然能正常運作。至於免疫系統神祕的複雜性也逐步可由自然主義來解釋。現在要由設計師或穿梭時空的遺傳工程師來解釋的所剩無幾，天擇與其相比，有過之而無不及。在審判時，貝希教授提交了五十八篇經由學界同儕評審的論文，還有探討免疫系統演化的九本書。

至於身體各部位的排列有其目的的主張，瓊斯法官不諱言地直說：「這樣的設計推論是基於『各部位的排列有其目的』的看法，這完全是主觀的命題，是由每個觀察者在看這套系統的複雜性時自行決定的觀點。」這真的是一語貫穿牛頓、佩利、貝希甚至是阿奎那在面對此事的態度。

兩千多年前，盧克萊修這類伊比鳩魯學派的人似乎已經相當接近天擇的力量，這樣的想法，可能來自於公元前四百九十年，誕生在西西里島行事風格華麗的哲學家恩培多克勒

（Empedocles）——其詩作的風格也成為盧克萊修詩作的模範。恩培多克勒談到倖存下來的動物，「都是自發組織成能夠適應的。其他的則死去，並且持續滅亡。」若是恩培多克勒地下有知應該會很欣慰，這可能是他提出過最好的想法，只是他似乎沒有繼續發展下去。達爾文又重新發現這樣的想法。

古爾德的大轉向

為什麼在達爾文提出他的理論一百五十年後竟然還需要瓊斯法官來闡述理由？世人對演化想法的抗拒其實從未消散過，只是經過包裝和再包裝，先是以自然神學的形式，然後是創造科學，接下來是智能設計，這些現象，從來沒有人提出令人滿意的解釋。我們不能光是以聖經的直譯主義，來完全解釋為何會有人如此厭惡生物的複雜度完全源於自發過程的想法。畢竟，穆斯林並沒有受到地球僅有六千年歷史的想法束縛，但他們也認為設計論相當具有說服力。在大部分穆斯林佔多數的國家，其公民認為達爾文的演化論是真實的比例可能不到兩成。比方說土耳其的阿德南．歐克塔（Adnan Oktar），他還有另一個名字哈倫葉海亞（Harun Yahya），是位創造論的辯護者，會用設計論的論點來「證明」阿拉真主創造萬物的說法。他將設計定義為「各部分和諧地組裝成一個有秩序的形體，朝向一個共同的目標」，然後以此說明鳥類展現出設計的證據：因為牠們的骨骼中空、肌肉強健，還長有羽毛，「讓人可以很明顯地看出鳥是設計的成果」。不過，這種形式和功能之間的配合，也是達爾文論點中很大的一部分。

即便是沒有宗教信仰的世俗之人，也常常不願接受複雜器官與身體結構是在沒有計畫的情況下突現的想法。在一九七〇年代末期，達爾文主義內部也是爭議不斷，主要是由美國化石專家史第芬．傑．古爾德為首的學派和英國行為專家理查．道金斯所領導的陣營。他們在適應的普遍性概念上針鋒相對，爆發不少言詞苛刻、相當引人注目的交流。道金斯認為，現代生物身上的每一項功能幾乎都是天擇揀選出來的。古爾德則大多數的變化其實是因為意外而發生。到最後，古爾德似乎成功說服多數圈外人認同達爾文主義的應用有點過頭，其所宣稱的形式和功能之間的配合太過頻繁和流暢，以及生物透過天擇適應環境的想法早已遭到反駁，甚至是在消退之中。在媒體上，這樣的態勢讓約翰．梅納德．史密斯（John Maynard Smith）得以表達「達爾文理論是錯誤的強烈希望」，並在《衛報》的社論中宣布達爾文主義終於死亡。

但是在演化生物學界，古爾德的論點其實是失勢的。生物學家在解釋解剖學、生物化學和行為時，主要的方向仍然在問器官何以演化至此。恐龍可能是「為了要」達到穩定的體溫和逃避獵捕而長得巨大，夜鶯也是「為了要」吸引雌性而鳴唱的。

這裡沒必要重述一次那場辯論，那當中的許多曲折與彎道，可以從威尼斯的聖馬可大教堂拱肩一直談到毛蟲和鳥糞之間的相似性。我在這裡之所以提起那場辯論，是有另外一個目的，我是想分析古爾德攻擊適應論的動機，以及他在科普界如此受歡迎的原因。這是古爾德的盧克萊修大轉向。分析達爾文最透徹的哲學家丹尼爾．丹尼特，認為古爾德是「依循悠久傳統中追尋天鉤的傑出思想家腳步，而且他青出於藍更勝於藍」，並且看出他對「達爾文的危險想法」的反感，是基於「在根本上他意圖保護或是重建約翰．洛克心智第一，以及自上而下的看法」。

不管這樣的解釋是否公允，達爾文和他的追隨者所面臨的問題都是這個世界充滿了刻意設計的例子，從手錶到政府都是。當中有些人甚至還親身參與設計的過程。達爾文十分喜愛的不同品種的鴿子，從頭到尾都是透過「心智第一」的人工培育選擇出來的，就跟天擇的一樣，只是至少有一半是刻意和故意的。達爾文以種鴿養殖的例子，來講述天擇的故事確實充滿危險，畢竟這的確是智能設計的形式。

華萊士的大轉向

一次又一次，達爾文的追隨者最後都戛然止步，突然轉向。就拿華萊士來說，他是天擇的共同發現者，而且在許多方面比達爾文本人更激進，更支持達爾文主義（這個詞都還是他創的）。在很早的時候，華萊士就不害怕將人類也納進天擇的過程中。一八八〇年代，他幾乎是獨自一人捍衛天擇是演化的主要機制的論點，那時這套理論完全不流行。但後來他也走上了一個盧克萊修彎道。說到「野人的大腦（已經）證實比他生存所需的還要大」，他對此所下的結論是，「一個高等智能一直在指導人類的發展，使其往明確的方向走去，為了一個特殊的目的。」達爾文在一封信中語帶責罵地回覆道：「我希望你沒有完全扼殺掉你自己和我的孩子。」

後來，在一八八九年出版的一本堅決支持達爾文主義的書中（這本書的標題就是達爾文主義），華萊士，就跟休姆和其他人一樣，突然之間就做出了大轉向。在拆除掉一支接一支的天鉤後，他突然在結尾處掛上另外三支。他宣稱生命的起源是不可能不靠神祕的力量來解釋，說動物的意識可能是自行從複雜的世界中冒出來的，實在是「完全荒謬」。而人類「最主要的特色和高尚的感官功能，不可能是由同一套決定有機世界逐步發展的律法完成的。」這時的華萊士轉身一變，成為熱切的精神論者，要求以三支天鉤解釋生命、意識和人的心理成就。他表示這三個階段的進程指向一個看不見的宇宙，一個物質世界完全服從的「精神世界」。

拉馬克的誘惑

就算是到今天，拉馬克的想法還是不斷地死灰復燃，讓人們渴望將心智第一的意向性引入至達爾文主義。尚・巴蒂斯特・拉馬克（Jean-Baptiste de Lamarck）早在達爾文之前就提出生物可能繼承特性的概念，所以一個鐵匠的兒子會繼承他父親強有力的臂膀，即使這些應當是透過鍛鍊，不是透過遺傳所繼承的。然而，人顯然不會承繼到的父母殘疾，好比說遭到截肢的情況。因此，對拉馬克來說，為了讓這一切合理，體內應當存在有某種智能來決定什麼值得傳承，什麼不是。不過由此可以看到，對於那些因為上帝是設計師的說法和達爾文的場景扞格不入而感到迷失的人來說，這種想法很具吸引力。就連達爾文本人在晚年時，由於尚不清楚遺傳學，也開始把玩起一些拉馬克主義裡的概念。

到十九世紀末，德國生物學家奧古斯特・魏斯曼（August Weismann）指出拉馬克的理論存在一大問題：一隻動物的生殖細胞（即那些最終會長成卵子或精子的）與其體細胞在早期就會分離，如此一來幾乎不可能將日後生活中所得到的資訊回饋至最原始的配方中。由於生殖細胞並不是自成一格的有機體縮影，魏斯曼認為告知它們必須採行某種特性的資訊必定和變化本身的性質完全不同。在烤完蛋糕之後所做的改變是不會變動原本的食譜與配方的。

儘管如此，拉馬克主義者並沒有放棄。在一九二〇年代，一位名叫保羅・卡默勒（Paul Kammerer）的維也納爬蟲學家聲稱可以透過改變環境來改變產婆蟾蜍（midwife toads）的生物特性。他提出的證據其實非常片面，而且是他一廂情願的解釋。當遭受他人指控為欺騙時，卡默勒自殺了。在他死後，作家亞瑟・庫斯勒（Arthur Koestler）企圖將卡默勒塑造成為真理殉道的烈士，此一舉動，只是更加強化非科學界的人在企圖拯救由上而下的演化解釋時，到底有多麼地絕望。

這樣的企圖仍然在繼續。表觀遺傳學（Epigenetics）是遺傳學中一個可敬的分支，是在檢驗如何因應生命早期獲得的經驗所產生的ＤＮＡ序列修正對成體的影響。這個故事還有一個比較投機的版本。在製造精子和卵子細胞時，多數這些修正都被一掃而空，不過也許會有少數流傳下來，跳到新一代的身上。比方說，某些遺傳性疾病，似乎會因為突變的染色體來自父方或母方而有不同的表現，這意味著這個基因帶有特定的性別「印痕」。一項研究似乎發現了這種特定性別的效應對瑞典人死亡率的影響，看似其祖父母在年輕時的飢餓程度有關。一些現代的拉馬克主義者開始以這些少數的案例大作文章，而且當中沒有一項明顯結果試圖為這位十八世紀的法國貴族平反。「達爾文的演化可以納入拉馬克的過程。」伊娃・亞布隆卡（Eva Jablonka）和馬里昂・蘭姆（Marion Lamb）在二〇〇五年這樣寫道：「因為選汰作用的遺傳變異並非完全盲目地在執行功能。當中有些是『誘發』出來的，或是因應於生活條件而『獲得』的。」

然而這些主張的證據力依然很薄弱。所有的資料都顯示，ＤＮＡ的表觀遺傳狀態在每一代都會重新啟動，而且，即便這沒有發生，表觀遺傳的修正所帶來的資訊量，遠遠低於遺傳資訊中包含的訊息。此外，一項以小型鼠來進行的巧妙實驗顯示，所有需要重新啟動表觀遺傳修正的資訊實際上也包含在遺傳序列的訊息中。換句話說，就是連表觀遺傳的這個機制，本身都是透過古老的達爾文的隨機突變和選汰過程演化出來的。實際上，在這裡他們並沒有試圖加入意向性。然而，背後的動機還是很明顯的，確實感受得到相信表觀遺傳的拉馬克主義的渴望。正如哈佛大學的大衛・海格（David Haig）所言，「新達爾文主義之所以讓亞布隆卡和蘭姆感到挫敗，是因為這將主導地位賦予遺傳變異的無向性與隨機性。」他表示他「還聽過一種連貫合理的解釋，能夠說明獲得的性狀的遺傳本身就是一種意向性的來源」。換句話說，即使可以證明表觀遺傳中存在有一些拉馬克主義，也無法因此而移除掉這當中的隨機特性。

文化驅動的遺傳演化

事實上，後天獲得的特徵確實有辦法納入基因遺傳中，但這需要經過很多世代，而且也是十足的達爾文式演化。這稱之為鮑德溫效應（Baldwin effect）。一個物種經過許多世代後，反覆將自身暴露於一定的經驗中，這最終會選汰出具有應付這種經驗的遺傳傾向的後代。為什麼會如此呢？因為偶然造成的、具有處理這種遺傳傾向的後代，會比其他個體生存得更好，且這些基因可以體現出過去的經驗。過去的學習確實有可能成為一種本能。

消化牛奶中的乳糖的能力也與此類似，雖然不能說是完全相同的現象，多數祖先源自於西歐和東非的人都具有這樣的能力。很少成年的哺乳動物可以消化乳糖，是由於一般過了嬰兒期之後就不會再飲用乳汁。不過，在世界上有兩個區域的人類演化出保留乳糖消化的能力到成年，他們沒有關閉製造乳糖酶的基因。這兩個區域正好就是最早發明馴化牛隻生產牛乳的地方。多麼愉快的巧合啊！因為人可以消化乳糖，所以他們發明出酪農業來養殖乳牛嗎？當然不是。遺傳開關是乳牛養殖業的結果，不是成因。但這還是得透過隨機突變之後的非隨機生存競爭來引發。那些出生時隨機帶有能夠持續消化乳糖突變的個體，會比他們消化牛奶能力較差的兄弟姊妹或是對手更為強大和健康。因此，他們這類人便蓬勃發展，消化乳糖的基因就此迅速蔓延開來。經過仔細檢查，這種將祖先經驗結合到基因之中的，都是由下而上的吊式起重機，而不是天鉤。

生命世界的複雜性是如此不可思議，夜深人靜時，即使是連最相信達爾文理論之人，也難免會對自行啟動的自發複雜性想法產生疑問。正如魔鬼（Screwtape）在一個信徒的耳邊低語，這種「個人疑慮所產生的論點」（這是理查．道金斯的說法）可是非常誘人的，即便你提醒自己，在未知尋找中，神性完全不符合邏輯。

第四章

基因的演化

說真話，事務的始基
並不是由預謀而安置自己，
不是由於什麼心靈的聰明作為
而各各落在自己的適當的地位上；
它們也不是訂立契約規定各應如何運動；
而是因為有極多始基以許多不同的方式
移動在宇宙中，它們到處被驅迫著，
自遠古以來就遭受接續的衝撞打擊，
這樣，在試過所有各種運動和結合之後，
它們終於達到了那些偉大的排列方式，
這個事物世界就以這些方式建立起來。

盧克萊修，《物性論》，第一卷，第一〇二一～一〇二七行

在目前未知的領域中，關於生命的起源是特別誘人的一大區塊。生物學家滿具信心地探尋生命如何從簡單的原始細胞到複雜的器官和生物體，但關於第一批原生細胞的來源問題，依然百思不得其解，陷入一片黑暗，這時往往會求助於神祕力量的解釋。就是連科學家中最頑固的唯物主義者分子生物學家法蘭西斯・克里克（Francis Crick），也在一九七〇年代開始思考起「胚種論」（panspermia）這種想法，推測生命也許是起源自宇宙中的其他地方，經由某種微生物傳播到地球。當時許多人擔心克里克也開始轉向擁抱神祕主義。不過事實上，他只是提出一個關於概率的論點：就地球在於宇宙中相對年輕的事實來說，推測其他行星早於地球出現生命，並且傳到其他太陽系是很有可能的。不過，他其實是在強調生命起源的問題實在難以處理。

生命具有將朝向最小能量和最大亂度漂移逆轉過來的能力，至少在局部上是如此，可以利用訊息，耗費能量，從混亂之中建立局部的秩序。要做到這一點，需要有三項技能，這來自於三種特定分子，其一是儲存訊息的ＤＮＡ，建造次序的蛋白質，以及作為能量交換平台的ＡＴＰ。至於這些究竟是如何結合起來的，是一個雞生蛋蛋生雞的問題。沒有蛋白質就無法製造出ＤＮＡ，要生成蛋白質也少不了ＤＮＡ。至於能量，細菌每一個世代用掉的ＡＴＰ分子是其體重的五十倍。早期的生命形式在能量的耗費上一定更加揮霍無度，但那時還沒有現代用能和儲能的分子機制。那到底是從哪裡找來足夠的ＡＴＰ的？

在這裡扮演吊式起重機角色的可能是ＲＮＡ，是它將這三個分子聚集起來，這個分子在細胞中仍然擔負許多重要功能，既可像ＤＮＡ那樣存儲訊息，也可以扮演蛋白質的作用，進行催化反應。此外，ＲＮＡ也是由鹼基、磷酸和核糖組成的，跟ＡＴＰ一樣。所以，最普遍的理論認為，過去曾經是一個「ＲＮＡ世界」，當中的生物以ＲＮＡ為基因組成ＲＮＡ身體，並利用ＲＮＡ這樣的成分來轉換能量。問題是，即使是在這樣一個系統中，也是極為複雜和相互依存的，很難想像這是如何憑空打造出來的。比方說它要如何避免能量的耗散，也就是說要如何在沒有細胞膜提供的屏障內將所有的組成聚在一起，而不發散開來？達爾文在思考生命的起源時構思出一「溫暖小池塘」，問題是生命在當中很容易就會溶解掉。

不過也不能就這樣輕言放棄。直到最近，ＲＮＡ世界的起源看似十分難解，這為神祕主義者帶來希望，約翰·霍根（John Horgan）二〇一一年在《科學人》這份科普雜誌上發表了一篇文章「噓！不要告訴創造論者科學家對生命的起源毫無頭緒可言」（*Psst! Don't Tell the Creationists, But Scientists Don't Have a Clue How Life Began*）。

然而，今天，在短短幾年後，突然浮現一線希望。ＤＮＡ序列顯示出，在生命樹根部的簡單細胞，跟今日的生命形式不同，他們消耗的不是碳水化合物，而是將二氧化碳轉化為甲烷或其他有機化合物，就像是醋酸充電電池的電化學反應。若是要找到類似這微生物細胞內部的化學環境，直接去看看大西洋底部就好了。在兩千年時，探險家發現大西洋的中洋脊和我們所知的其他海床上的地熱點非常不同，那裡有別於其他的海底地熱點，不會噴發出酸性的高溫液體，如之前在所謂的「黑煙囪」（black-smoker）區域發現的，這些新發現的噴口，現在稱之為「失落之城溫泉區」（Lost City Hydrothermal Field），這裡的水溫溫暖，高鹼性，看似已經持續了數萬萬年。尼克·連恩（Nick Lane）和威廉·馬丁（William Martin）這兩位科學家，著手列出這些噴口和化學滲透細胞內部的相似處，發現兩者之間的儲能方式存在有不可思議的相似性。基本上，細胞是透過運送帶電粒子，通常是鈉或氫離子，穿過細胞膜，從而創建出一套有效的電壓差異，以此儲存能量。這是生物體中普遍存在而獨有的特色，但現在看來這可能是跟生活在失落之城噴口處的微生物借來的。

四十億年前，海洋還是呈酸性，當中溶解了飽和的二氧化碳。當噴口的鹼性流體遇到酸性的海水，就形成一道濃度差異甚大的陡峭質子梯度，穿越噴口處由鐵鎳硫所組成的有孔洞的薄壁。這道梯度帶有的電壓非常類似於今日現代細胞中的電壓。在這些礦物性孔洞中，化學物質等於是包裹在一個充滿能量的空間裡，可以在那裡構建出更為複雜的分子。這些分子在意外地開始使用能量質子梯度來自我複製時，逐漸地臣服在優勝劣汰的模式下。而其餘的，正如丹尼爾·丹尼特所言，是一套演算法。簡言之，生命起源於突現的一套可行說法，幾乎唾手可得。

只有吊式起重機沒有天鉤

正如之前所提到的，生命最主要的特點是具有捕捉能量以創造秩序的能力。這也是文明的標誌。就跟每個人會花力氣打造建築物、設備和構思想法一樣，每個基因也是使用能量來製造出蛋白質的結構。一細菌成長所受到的限制在於每個基因能獲得多少能量。這是由於能量是透過運送質子穿過細胞膜時在細胞膜處捕獲的，細胞越大，其表面積相對於其體積的比例就越小。唯一一種大到肉眼可以看見的細菌是那些那些內部具有巨大空泡的。

然而，在約莫生命開始出現的二十億年後的某個時刻，巨大細胞開始展現複雜的內部結構，我們稱此為真核生物（eukaryotes），而我們（這些動物以及植物、真菌和原生動物）就是牠們。

尼克．連恩認為真核生物的演化，或稱革命（〔r〕evolution）可能來自於合併，即一群細菌開始住進古細胞（archeal cell）中，這是一種截然不同的微生物。今天，這些細菌的後代被稱之為粒線體，它們會產生我們存活所需的能量。在你生活的每一瞬間，都會有上億萬的粒線體擔任幫浦的功能，將上億兆的質子運送過細胞膜，捕捉製造蛋白質、DNA以及其他大分子所需要的電能。

粒線體還是帶有它自己的基因，但數量很少，在我們身上的只有十三個。這對基因組的簡化非常重要，這樣它們才能產生多餘的能量來支持「我們的基因組」，讓我們能夠具備複雜的細胞、複雜的組織與複雜的身體。因此，我們這些真核生物的每個基因可獲得的能量比它們高出幾萬倍，這大幅提高我們每一個基因的生產力，也讓我們得以具有較大的細胞以及更為複雜的結構。實際上，我們的粒線體具有多個內膜，而且又簡化了支持這些膜所需要的基因組，因此克服了細菌所遭遇到的細胞大小的限制。

在工業革命或稱工業演化中，我們都可以看到這樣神奇的呼應關係。在農業社會中，一個家庭可能只能栽種足夠的糧食來養活自己，很少有多餘的留下來給別人。所以，只有極少數人能擁有城堡或是天鵝絨外套、盔甲或其他任何需要多餘能量才能獲得的東西。畜養牛馬和利用風力與水力能夠產生多一點的能量，但並不多。木頭沒有什麼用，只能提供熱量，無法工作。所以，在這樣的社會中，資本結構和事物就會有一個永久性的限制。

然後在工業革命（或演化）時期，煤炭形式的能量幾乎是取之不盡，用之不竭。煤礦工人，不像是農民，他們產生的能量遠比他們消耗的多。而且他們越挖，他們的技術就越熟練。當第一台蒸汽機問世時，就打破熱和功之間的障礙，煤炭的能源現在可以放大人類所做的功。突然之間，就像真核的革命或演化大幅增加每個基因的能量一樣，工業革命或演化也大福提升每個工人能增加的能量產量。這些多餘的能量，正如能源經濟學家約翰．康斯特布爾（John Constable）所主張的，用來建造（現在仍然如此）房屋、機器、軟體和應用程式——有了這樣的資本，我們得以豐富我們的生活。剩餘能量（surplus energy）對現代社會而言是不可缺少的，這是財富的症狀。一位美國人消耗的能量是一位尼日利亞人的十倍，這句話的另一種講法是美國人的財富多出十倍。威廉．史坦利．傑文斯（William Stanley Jevons）寫道：「有了煤炭，幾乎所有的壯舉都是可能的，或變得輕而易舉。少了它，我們全都要回到早期的貧困勞動時代。」真核生物產生的剩餘能源與工業化產生的剩餘能量，都是突現的現象，沒有經過計畫。

我有點離題了。現在再回到基因組。基因組可說是極為複雜的數位化電腦程式。稍微出點差錯就會改變兩萬個基因（以人類為例）的表現模式、產量或序列，或是影響到十多萬調控基因開關的序列之間的相互作用，這會導致嚴重的畸形或是疾病。在我們多數人的身上，八九十年間的生命中，這個電腦程式幾乎毫無出錯地順利運作，想來也真是令人難以置信。

想想看在你的身體中，每一秒鐘為了要保持你的身體機能運作，會需要發生多少事。一個人的身上也許有十萬億個細胞，這還沒將體內佔很大一部分的細菌算進來。這些細胞無時無刻都在轉錄上千個基因，在這過程中，每百萬個鹼基就需要幾百個蛋白質以特定的方式聚集在一起，並且催化幾十種化學反應。每一次的轉錄就會產生一個蛋白質分子，這是由數千個氨基酸所組成，它會進入核糖體之中，這好比一台具有幾十個可移動組件的機器，能夠催化許多化學反應。蛋白質本身會進進出出，加速反應、運輸產物、傳導並且支撐起整個結構。在你身體內，每一秒鐘有上萬億這類複雜的事件發生，好讓你能繼續活著，而且很少會出差錯。這就像微型的世界經濟體，只有更加複雜而已。

面對運作這樣一個程式的這樣一台電腦，很難擺脫後面自當有一個工程師的錯覺。在進行人類基因組計畫的初期，遺傳學家曾提出「主控基因」（master genes）的說法，以此來描述那些下令給其從屬序列的基因。但實際上並沒有這樣的主控基因存在，更別說是一個聰明的程式設計師。整件事情不過就是經由演化，一點一滴突現出來，不過也是以相當民主的方式在運作。每個基因都扮演一個小角色，沒有一個基因理解整套計畫。然而，在這樣多重又精確的相互作用下，無與倫比的複雜性和秩序就自發設計出來。再也沒有比這個更能說明啟蒙時代的夢想：秩序可以從無人管理的狀態中出現。基因組定序現在成為有力的證據，說明可以在沒有任何控管的情況下，出現秩序和複雜。

以誰之名？

為了清楚這樣一論點，讓我們先假設我試圖讓你相信演化不是自上而下受到誰的指揮，而是來自於一自我組織的過程，也就是丹尼爾·丹尼特所謂萬物的「自由浮動的理由」（free-floating rationales）。也就是說，例如，杜鵑的幼鳥會將其巢主所產的卵推到鳥巢外，以便獨享養父母的餵食，但在杜鵑鳥或是杜鵑鳥的設計師腦中，從來就沒有過這樣的念頭。現在你我會有這種想法，是一直到事情發生後才想出理由。身體和行為，充滿各種從來沒有設想或規畫的看似具有種種目的的功能。你一定會同意，這樣的模式也可以套用在人類基因組上，你的凝血基因作用就是製造凝血蛋白，最好還能在傷口上形成血塊，但此一功能設計，並不意味著後面有一位智能設計者預先想到我們需要具有血液凝固的功能。

現在我要告訴你，光是這樣想還不夠。上帝不是唯一的天鉤。即使是根深柢固抱持無神論的科學家，在面對基因組的種種特性時，也難免受到其中有指揮和控制的想法所誘惑。我隨便就可以舉出一個例子，有人認為基因是一份食譜，在那裡耐心等待著身體廚師的使用。整個生物體的集體需求就是基因所要服務的，它們是一群心甘情願的奴隸。你幾乎可以在任何一份遺傳學的描述中找到這類假設，包括我本人的著作在內，但這絕對有誤導之嫌。因為這樣的圖像，可以上下顛倒過來，也一樣是成立的。身體也能是基因的遊樂場和戰場，這特性至少和其存在目的一樣。每當有人問起一個基因是用來做什麼時，自然而然便認定這個問題是基於身體的需要，以身體的需求來思考它的作用。但很多時，問題的答案是「基因本身」。

第一位看到這一點的科學家是理查・道金斯（Richard Dawkins）。在他因為無神論而出名之前的很長一段時間，道金斯就因為在他《自私的基因》（*The Selfish Gene*）一書中闡述這樣的想法而聞名。「我們是生存機器，是盲目編寫出來的程式的載具，用以保存現在被稱為基因的這種自私的分子，」他寫道：「這是一個到現在都讓我感到無比驚訝的真相。」他認為要了解生物的唯一方式，就是將其視為一種用來有效保存編碼在DNA中的序列的臨時肉身載具。一隻雄鹿冒著生命風險與另一隻雄鹿爭戰，一隻雌鹿耗盡牠全身的鈣質，為了幼鹿來分泌乳汁，這都對自己身體的生存無益，而是為了要將基因傳給下一代。這套理論並不是在講述自私的行為，而是要解釋為什麼我們常常能夠做出無私的舉措：正是基因的自私讓個體變得無私。一隻蜜蜂會以自殺式的方式來刺傷威脅到蜂巢的動物，是為了國家（或蜂巢）而死，才有可能讓基因存續下去，只有在這種情況下，基因是間接傳遞的，是透過刺殺者的母親，也就是女王蜂。將身體看成是為基因的需求而服務，而不是相反過來，其實更有道理。自下而上才是王道。

在道金斯的書中有一個段落，當時很少有人注意到，但其實非常有意思，很值得深思。後來證明這段話是一個極其重要的理論的原始文本。他寫道：

在我們學會以自私基因的角度來思考後，性就變得不那麼令人費解了，這還不是唯一解開的迷思。比方說，生物體內的DNA量似乎遠多於實際上需要用於構建身體的，也就是說，有很大一部分的DNA從來沒有轉譯成蛋白質。就個人的角度來看，這似乎有點奇怪難解。若DNA存在的「目的」是為了監督身體的建構，發現大量的DNA根本沒有在做這樣的事，實在很令人震驚。生物學家絞盡腦汁苦思這些顯然是多餘的DNA的用途。但從自私基因的角度來看，這當中毫無矛盾。因為DNA真正的「目的」是為了生存，除此之外，再無其他。要解釋剩餘DNA最簡單的方法是假設它是一個寄生蟲，或者至多只是無害的但沒用的乘客，以搭便車的方式，上了這台由其他DNA創造的生存機器。

有個人在讀了這段文字後，開始認真思考，他是加州索爾克研究所（Salk Institute）的化學家萊斯里·歐加爾（Leslie Orgel）。他向法蘭西斯·克立克提到這本書，克立克又在一篇探討「分裂基因」（split genes）這項不可思議的發現的文章中再次提起，這篇文章是在討論大多數動植物基因中都含有所謂的「內含子」（intron），亦即在轉錄DNA後所捨棄掉的長段序列。之後，克里克和歐加爾合寫了一篇文章，又在當中將道金斯的自私DNA概念擴大，用來解釋所有多餘的DNA。同一時間，加拿大分子生物學家福特·杜立德（Ford Doolittle）與卡門·薩皮恩扎（Carmen Sapienza）也寫了一篇文章，寫道：「僅具備自我保存和維護的序列無可避免地會崛起，並且不斷維持下去。」這兩篇文章都在一九八〇年同時發表。

事實證明道金斯是對的。他的理論能夠預言什麼呢？這些多餘的ＤＮＡ應當具有複製自身並且重新插入染色體的功能。果真不錯！人類基因組中最常見的基因就是製作逆轉酶（reverse transcriptase）的，這個酵素在人體中很少，或是根本不需要，且其主要功能通常是幫助逆轉錄病毒的傳播。但在基因組中有許多副本，數量比所有其他基因數量加總起來還要多，將近多出兩倍。這是為什麼呢？因為逆轉錄酶是任何一段ＤＮＡ序列自我複製並且在基因組中散播的關鍵。這是一個跡象，暗示著這些數位寄生蟲的存在。目前大多數的這些副本都沒有在動作，有些甚至為身體善加利用，用來幫助調節真的在運作的基因，或是與蛋白質結合。但是，它們之所以存在，是因為它們的本事就是維持在那裡。

這裡的天鉤有點類似洛克「心智第一」（mind-first）的想法，是以對人類的好處著眼，假設在我們體內追尋的僅是對人類存續的好處。另一種則是道金斯精闢闡述的觀點，是以基因的角度來看：要是ＤＮＡ能有所動作，它會如何表現？人類基因組中有將近一半是所謂的轉座因子（transposable elements），可以使用逆轉錄酶。當中一些最常見的是LINEs（佔基因組的十七％）、SINEs（十一％）和ＬＴＲ反轉錄轉座子（八％）。相比之下，實際在運作的基因僅佔基因組的二％。這些轉座子就是擅長複製自己的序列，毫無疑問，它們（多數都處於惰性的狀態）就是所謂的數位寄生蟲。它們完全不是為了身體的需求而存在。

廢物不是垃圾

這其實跟電腦病毒有異曲同工之妙，只不過當道金斯提出數位寄生蟲的遺傳概念時，還沒有所謂的電腦病毒存在。轉座子當中，好比 SINEs 似乎是寄生蟲身上的寄生蟲，因為它們會使用更長、更完整的序列散播本身。那些勇於嘗試，想要探究它們功能的研究人員，說其所帶來的遺傳變異度有一天可能會產生新的突變，恐怕只是徒勞無功。事實上它們最直接，而且最常見的效應是偶爾破壞基因的解讀。

當然，這些自私的ＤＮＡ序列之所以能夠蓬勃發展，完全是因為基因組中有一小部分的基因做了更富有建設性的工作，構建出能夠成長、學習和充分適應物理和社會環境的身體，最終還能長大，吸引配偶，產下嬰兒。在這一點上，自私的ＤＮＡ會說：「非常感謝你，我們在孩子身上也會製造出一半的序列。」

目前除了自私基因的理論外，沒有其他方式可以解釋這些轉座子何以會在人類基因組中佔有這麼大比例的原因。完全沒有其他理論可以符合目前所知的這些事實。然而，這個理論還是經常遭到不是很了解遺傳學的評論者所拒絕、辱罵與「埋葬」。真正讓他們難以釋懷、感到憤恨的應當是「廢物ＤＮＡ」（junk DNA）這個用語。幾乎每一篇探討這個主題的文章，都會遭到激烈譴責，說他們「抹黑」基因組中的ＤＮＡ，指稱其無用，這樣激動的反應真的讓人意外。早在一九九二年時，爾根・布羅修斯（Jürgen Brosius）和古爾德就雙雙展開攻勢：「我們一直認為近來採用毫無敬意（就是如字面上的意思）的「廢物DNA」和「偽基因」（pseudogene）等術語，掩蓋住演化生物學的中心概念，也就是目前沒有實用特性的性狀可能是未來改變的來源，這在演化上非常關鍵。每當我寫這個主題，就因為拒絕DNA序列的未知功能，而遭到無盡的道德譴責，說我帶有科學家的「傲慢」。對此我的回應是，「是給誰的功能呢？是身體還是序列？」

這種基於道德論調，而對「所謂的」廢物DNA感到不滿的情況極為常見，這樣的用語似乎真的冒犯到許多人。他們的論調聽起來就像是捍衛信仰的人面對演化時所講的，是這當中自下而上的故事讓他們感到厭惡。但實際上並不是如此，接下來，我將呈現出自私DNA和廢物DNA這樣的比喻用語，其實再貼切不過。不過廢物和垃圾可是不一樣的。

所以到底有什麼值得大驚小怪的？在一九六〇年代，如我在前面所提的，分子生物學家開始注意到細胞中的DNA含量似乎比起用於製造蛋白質的必要量多出很多。甚至因此而大幅高估人類基因組中的基因數量，當時推算有超過十萬個，現在已知約是兩萬個。基因和調控它們的序列僅佔細胞染色體DNA總重量的一小部分，至少在哺乳動物中是如此。在人類中低於百分之三。更糟的是，有越來越多的新證據顯示我們人類的基因組似乎不是所有生物中最重的，或是含有最多的DNA。小小的原生動物、洋蔥和蠑螈的基因組都比我們大得多。蚱蜢是我們的三倍，肺魚則有四十倍之多。光是由形容此現象的「C值悖論」這樣晦澀的名稱，就可以推知，這個謎團讓一些當今最傑出的科學家想破頭都想不出個所以然來。他們當中一位名叫大野幹（Susumu

Ohno）的科學家，提出「廢物DNA」（junk DNA）這個說法，他認為大部分的DNA可能沒有承受選汰的壓力，也就是說它們可能沒有透過演化不斷磨練，在身體中適應出一個功能。

他並沒有說這是垃圾（garbage）。一如之後西尼．布雷（Sydney Brenner）所澄清的，到處都有人在區別這其間的不同：「垃圾」是沒有用的，必須加以處理，免得腐爛發臭。「廢物」則是沒有立即的用途，但把它存放在閣樓也無傷大雅，可能將來有一天還會拿回來使用。所以，垃圾是放在垃圾桶，廢物則存放於閣樓或車庫中。

然而，廢物DNA的想法還是引發很多波折，遭遇阻礙。在一九九〇到二〇〇〇年之間，對人類基因總數量的估計值不斷減小，所以有越來越多的人亟欲證明基因組的其餘部分一定是有用途的（對生物體而言）。這樣一個嶄新的簡約人類基因，組讓那些喜歡將人類視作地球上最複雜的生物的人感到困擾。廢物DNA是必須挑戰的概念。發現RNA編碼的基因，以及用於調節基因活性的多個控制序列，似乎為他們帶來一線希望。當確定在基因組中有百分之五在人類與相關物種之間似乎受到專門保護，免於改變，另外有百分之四的序列則展現出受到選擇的一些證據時，著名的《科學》期刊就此宣布「不用再提廢物DNA」的想法了。但剩下的那百分之九十一要怎麼樣解釋呢？

二〇一二年時，反廢物陣營的運動達到頂峰，一群稱為 ENCODE 的科學家團體中累積了大量的論文。這些文章隨著媒體炒作，宣布廢物DNA的概念已死，消息一出，果然如預期地受到歡迎。他們將非廢物DNA定義為在正常生活中會發生生化反應的任何DNA，如此便能夠斷言基因組中大約有八成是有功能性的（不過這是以癌細胞為例，當中的DNA展現出異常活躍的模式。）這樣還是留下百分之二十的DNA沒事做。不過，這種廣義的「功能」定義其實帶來很大的問題，因為有許多事發生在DNA上並不意味著DNA實際上對身體做出什麼事，只能說它受到一般化學過程的影響。ENCODE 團隊裡的一些成員理解到這樣的定義有點太過頭，於是在之後接受訪問時改口採用較小的數字。有一位宣稱只有百分之二十是功能性的，不過在此之前還是堅持「廢物DNA」這用語應該「從詞彙中完全刪掉」——這一點，正如休斯頓大學的丹．格浩爾（Dan Graur）和他的同事在二〇一三年初抨擊此觀點文章中所指出的，這樣一來等於是發明一套新的演算法，在其中百分之二十還比百分之八十更大。

若這一切讓你看得一頭霧水，覺得太過玄妙，也許下面這個比喻會有助於釐清。我們一定會同意心臟的功能是用來推動血液。這是天擇磨練出來的。心臟也會做出其他事情，比方說增加身體的重量，產生聲音以及防止心包萎縮。然而，將這些看成是心臟的功能未免太過愚蠢。同樣地，僅因為廢物DNA有時會受到轉錄或改變，就認為這在身體中有一定功能也是言過其實。

ENCODE 團隊實際上所主張的，其實可看作是，與人類相比，蝗蟲的複雜程度比我們高出三倍，洋蔥是五倍，而肺魚則是四十倍。正如演化生物學家瑞恩．格雷戈里（Ryan Gregory）所言，任何認為自己可以指派人類基因組中每個字母一個功能的人，都應該要先問問為什麼洋蔥需要一個比人類大將近五倍的基因組。

誰在這裡又想要重新掛上一個天鉤？不是大野或道金斯，也不是格雷戈里。他們表示多餘的ＤＮＡ只是就這樣出現了，並沒有足夠的選汰壓力鼓勵有機體將其從基因組的閣樓中清除掉。（誠然，要是你什麼都不整理，你閣樓裡的廢物會複製本身，這樣的想法確實相當具有警示意味！）細菌這樣族群大、要與對手競賽成長速度的生物，一般都保持基因組中沒有廢物。大型生物則不是如此。不過，顯然還是有許多人都寧願接受備用ＤＮＡ的存在對我們來說是有一個目的的，而非為了它們自身。正如格浩爾所言，廢物ＤＮＡ的批評者其實落入「人類的習性或傾向應有一相當的基因組與其相對應的迷思，想要在隨機數據中看到有意義的模式」。

近幾年來，每當我提出廢物ＤＮＡ的話題，所得到的回應都讓我震驚不已，舉凡科學家和評論家都氣勢十足地表明我的想法有誤，這假設早已被推翻。儘管我指出除了轉座子之外，基因組中還充斥著「偽基因」，就是那些死亡基因的殘骸，更不用說從基因轉錄出來百分之九十六的ＲＮＡ，在製成蛋白質之前就遭到捨棄（這些丟棄物就是「內含子」）。即便是內含子和偽基因中的某些部分會在控制序列中使用，還是可以很明顯地看出，大部分的它們只是佔用空間，其序列可隨意改變而不會對身體產生任何影響。尼克·連恩認為就連內含子都是出自數位寄生蟲的血脈，是其後裔，是在古細胞攝入細菌，把它變成自身的第一個粒線體時發生的，只能眼睜睜看著自己的ＤＮＡ遭受所攝入的細菌中的自私ＤＮＡ序列入侵：內含子分裂的方式背離他們的祖先，不再像細菌中自我剪接的內含子一般運作。

廢物ＤＮＡ的存在，提醒我們基因組是由ＤＮＡ序列所建構而成的，也是為了ＤＮＡ所建構，不是我們的身體。身體只是在ＤＮＡ序列生存競爭之際所浮現的一個現象而已，是一種基因組可以讓自己永垂不朽的方式。雖然天擇造成的演化稱不上隨機，但突變本身是隨機的，這是一個盲目的試誤過程。

紅皇后比賽

即使在遺傳學實驗室中，長久以來，也反對即使天擇不是隨意的，突變卻是純粹隨機完全不帶有任何意向的想法。定向性突變的理論來來去去，許多聲譽很高的科學家都擁抱這些理論，儘管仍然沒有明確的證據。分子生物學家加比・多佛（Gabby Dover）在他的《親愛的達爾文先生》（*Dear Mr. Darwin*）一書中，試圖解釋為何有些蜈蚣可以在不完全靠天擇的選汰下，令人不可置信地長出一百七十三個體節。他的論點基本上是在說，隨機生成三百四十六條腿的蜈蚣，和腿數相對較少的個體相比，竟然能夠存活下來，還能繁殖後代，根本是不可能的。他認為需要其他理由來解釋為何蜈蚣如會長出這樣的體節。他提出「分子驅動」（molecular drive）這樣的解釋，但多佛在書中對此想法的解釋非常含糊，讓人讀得十分挫折，倒是可以感受到當中具有很強烈自上而下的色彩。從多佛提出這個概念的幾年以來，分子驅動的概念幾乎消失得無影無蹤，其他許多定向性突變理論也陸續為世人所遺忘。這很正常，因為若是突變是定向性的，那就需要有一個指導者，然後我們又回到這位指導是從何而來的問題：是誰在指導這位指導者呢？這關於未來的知識從哪裡來，是誰賦予基因策畫一個明智的突變能力？

在醫學研究中，在基因組層級對演化的認識，同時帶來問題和解答。細菌對抗生素產生抗藥性，以及腫瘤細胞對化療藥物產生耐藥性，這些純粹就是達爾文演化過程：是透過選汰而出現的生存機制。抗生素的使用，選汰出細菌中能夠抵抗藥物的罕見突變基因。抗生素耐藥性的出現是一個演化過程，而且只能經過這樣一個演化的過程。根本不用期待有人發明出完美的抗生素，發現不會產生抗藥性的使用方法。這是一場與細菌的軍備競賽，不管我們喜歡不喜歡。在路易士・卡洛爾（Lewis Carroll）的《愛麗絲鏡中奇遇》（*Through the Looking-Glass*）中，紅皇后確實說出了至理名言，「現在，你明白，你盡全力向前跑只是讓你保持在同一個地方。要是你想去到其他地方，你必須跑得比現在至少快一倍！」在最後一個抗生素失效前，必須提早開始尋找新的抗生素。畢竟，這就是免疫系統運作的方式。它不僅會製造它可以找到的最好抗體，還會進行實驗，即時演變。人類不能指望靠著易感人群而演化出對抗寄生生物的能力，因為我們的世代交替時間太長了，演化速度不夠快。我們必須讓演化在數天或數小時內在我們的身體中發生。而這正是免疫系統的設計，包含一套重組不同形式的蛋白質系統，以此增加它們的多樣性，並且快速增殖那些突然發現能夠抵抗外來物的抗體。此外，基因組中有一組基因，其唯一的目的似乎是要保持大量的多樣性形式，主要的組織相容性複合物（histocompatibility complex）。這兩百四十多個MHC基因的工作是要因應侵入的病原體來產生抗原給免疫系統，以引發免疫反應。它們是已知變異度最高的基因，光是一個HLA-B，在人類族群中就有將近一千六百個不同的版本。有一些證據顯示，許多動物也透過尋找帶有不同MHC基因（牠們以氣味來偵測）的配偶來維持或進一步增強其基因的變異性。

若說和微生物的戰鬥是一場永無止境的演化軍備競賽，那麼與癌症的戰鬥也是。一個細胞轉變成癌細胞，然後開始長成腫瘤，並且擴散到身體的其他部位，這一切都是透過遺傳選擇，而它確實是如此發展的。必須先獲得鼓勵它生長和分裂的突變，然後是忽視停止生長或自殺指令的突變，引起血管生長，進入腫瘤提供養分的突變，以及讓細胞掙脫並遷移的突變。在第一代的癌細胞中很少出現這些突變，不過腫瘤通常還會獲得另一個突變，一個讓它得以大規模重新安排基因組，從而進行一場規模宏大的實驗，彷彿是在不自覺地情況下，透過試誤學習來獲得這些所需的突變。

這整場過程看起來完全是帶有一個目的，而且是心懷惡意的。腫瘤「嘗試要」成長，「試圖」要獲得血液供應，「試圖」要擴散開來。不過，真正的解釋是突現：在腫瘤中，許多細胞要競爭資源和空間，所以獲得最有用的突變的細胞會贏。這樣的情況恰好與生物族群的演化不謀而合。近來，還發現癌細胞需要另一種突變才能茁壯成長，一種能夠戰勝針對其所進行的化療或放療的突變。在身體某處的某個癌細胞獲得能夠擊敗藥物的突變。當其他癌細胞逐漸死去，這個流氓細胞的後代逐漸開始增殖，癌症再度復發。這正是癌症治療最常發生的情況，結果往往都是功敗垂成令人心碎。畢竟，這是一場演化的軍備競賽。

我們對基因組學越了解，就越能證明演化的存在。

第五章

文化的演化

因此，如果
以為在那些日子有人給周圍的事物
劃定了名稱，然後人們從他學習了
事物的最初的名目，那就是蠢話。
因為何以他能用語詞標誌每樣東西，
並且發出各種不同的舌頭的聲音，
而同時他人卻被認為不能這樣做？

盧克萊修，《物性論》，第五卷，第一〇四一～一〇四五行

胚胎發育為身體的過程，可說是展現出最美麗的一種自發秩序。我們對其發生過程的認識顯示出這當中的指令其實很少。正如理查·道金斯在《生命大秀：演化的證據》（*The Greatest Show on Earth*）一書中寫道：「關鍵是，這當中沒有編導，沒有領導者。秩序、組織與結構都是因為依循局部規則，並且經過多次之後浮現出來的副產物。」沒有總體規畫，只是細胞針對局部效應所產生的反應。這就好比是人因應地方上的誘因來興建家園，創造事業，最後一整個城市就從一片渾沌之中出現。（呵呵，撐著點，城市也是這樣出現的。）

看看鳥窩，打造得多麼精美，為一窩的幼雛提供保護和偽裝，每種築巢的鳥都有其一致但獨特的設計，這全是基於最簡單的本能，完全沒有什麼整體規畫可言，只是出於一連串與生俱來的衝動。關於這一點，我有一個很完美的例子。有一年，一隻槲鶇想在我辦公室外的金屬材質逃生梯上築巢。結果卻是一場災難，因為逃生梯的每一階看起來都一樣，所以這隻可憐的鳥搞不清處牠到底是在哪一個台階上築巢的。最後，牠分別在五個不同的台階上築巢，中間兩個接近完成，但還沒完全蓋好。然後，這隻鳥在一個半成品的巢中產了兩顆卵，又在另一個巢下了一顆。顯然，火災逃生梯提供的局部性線索讓牠感到混淆。牠的築巢程式取決於簡單的規則，比方說：「在金屬台階的角落多放點材料。」畫眉鳥整整齊齊的巢來自於最基本的本能。

又或者是一棵樹，樹幹設法盡快長到足夠的寬度和強度，以支撐樹枝的重量，這本身是一種強度和靈活性之間的明智妥協，結果成了一個了不起的解決方案，讓樹葉在捕捉陽光的同時吸收二氧化碳，並且盡量減少水分的散失：樹葉非常薄，輕如羽毛，造型使其接觸到最多的光線，而氣孔則長在陰影面。這樣的整體結構可以挺立上百年，甚至上千年而不至崩壞，更能在這段時間中持續增長，這可是人類工程師可望而不可及的美夢。而這一切都是在沒有計畫的情況下完成的，更別說是規畫者。樹甚至沒有大腦，它的設計和落實是來自億萬個單一細胞的決定。和動物相比，植物不敢靠大腦來決定其行為，因為他們無法在草食性動物過來時跑走，要是這些動物吃了他們的大腦，那就必死無疑。所以植物幾乎可以承受任何損失，而且相當容易再生。他們是完全分散的，就好像整個國家的經濟都是因應局部刺激和人民反應而出現的。（沒錯，經濟也是這麼回事。）

或者也可以拿澳洲內陸地區的白蟻窩來看。這些高大的堡壘，通風良好還依太陽的方位來定向，是供小蟲子居住的完美系統，不僅舒適，溫度也很適中，就跟任何一座精心設計的大教堂沒兩樣。然而，這座白蟻碉堡並沒有工程師。在這個例子中，運作的單位是整個白蟻群，而不是細胞，不過系統本身並不比樹或是胚胎更集中。用於築巢的一沙一泥都是一隻隻白蟻在沒有指令沒有構思的情況下搬運到正確的位置。這些昆蟲僅是依局部訊號來反應。這就像是人的語言，所有的句法和語法，都是自發地突現，來自於個人的言談行為，並沒有人先設下規則。（呵呵，語言也是如此。）

這確實就是語言突現的方式，就跟DNA語言的發展方式一樣，是經由演化。演化並不侷限於以DNA來運作的系統。近幾十年來思想界在兩位演化理論學家羅布・博伊德（Rob Boyd）和彼得・瑞秋森（Pete Richerson）的帶領下，做出一項重大突破，他們將達爾文的生存競爭的選汰機制所累積出的複雜性，應用到人類文化中的各個層面。舉凡我們的習慣、機構、語言和城市，都在不斷變動，而這當中改變的機制令人驚訝地也被證明是符合達爾文主義的：它是漸進的、非定向性的、突變的、不可動搖的、組合的、有選擇性的，而且是廣義的進步。

科學家過去認為文化不會演化，因為文化跟DNA不一樣，不是來自於分散的粒子，也不會忠實地複製，或是出現隨機突變。事實證明並非如此。達爾文式的演變不可避免地出現在任何資訊傳遞系統中，只要傳送的事物有些差錯，只要在傳輸上有些真實性和一定程度的隨機性，或是試誤學習的情況出現，以及創新。說文化在「演化」絕不只是打個比喻而已。

語言的演化

DNA序列的演化和語言的演化之間幾乎存在完美的類比關係。這兩者皆包括線性的數位碼。都至少有部分是受到隨機變化產生的選汰壓力而演化。兩者都是組合性的系統，能夠從少數的離散要素中產生無限的多樣性。語言透過世代的修改而出現變異、多樣化並且演化，最後整合出一場意外的美麗。然而，最終的結果卻是你所能想到最為嚴謹和正式的結構、語法和句法規則。查爾斯．達爾文在《人類原始與性擇》中寫道：「不同語言和物種的形成，以及這兩者都是經由循序漸進的過程來演化的證據，出奇的雷同。」

這段話可能會讓人以為語言是經由設計和基於規則所產生的。而且好幾個世代以來，這也是教導外語的方式。我在學校學拉丁文和希臘文時，就跟學板球或西洋棋一樣：關於動詞、名詞和複數形，你要這樣做，但不可以那樣說。主教可以斜走，板球中的擊球手可以用觸身點，還有一個動詞可以不加受詞，當作賓格使用。八年來，接受這種以規則為基礎的教學方式，跟著一些最優秀的老師，每週上課的時數超過所有其他科目，我的拉丁文和希臘文還是講得完全不流利。事實上，一旦我不用再接觸拉丁文和希臘文，我很快就忘光了我所學會的。自上而下的語言教學方式就是沒有用，這就像是只學騎腳踏車的理論，卻沒有真的騎上車一樣。但是一個兩歲的孩子卻可以在沒人教的情況下學會英文，這當中的規則和文法，比起拉丁文有過之而無不及。青少年是在沉浸於環境中的方式來學外語、慣例和其他的全部。文語法訓練（在我看來）對學習一個新語言並沒有多少幫助，甚至一點幫助都有。多年來，這其實變得很明顯：學習一種語言的唯一方法是由下而上的。

語言是自發組織現象的終極典範。它不僅本身會演化並發展，即使在我們眼下，儘管有專家的把持，文字的意義都會起變化。但這是習得的，而不是教授的。過往的習慣與標準讓我們對於語言標準的降低、標點符號的消失和詞彙的減少感到忿忿不平，但這根本不值得大驚小怪。語言在其最新的俚語形式中一樣有章法，複雜程度跟古羅馬時代的文法相比毫不遜色。只不過這些，不論是現在還是當時，都是由下方的芸芸眾生眾口鑠金的結果，而不是來自上頭的規定。

語言的演化有其規律，也絕對是有意義的，儘管從未得到什麼委員會的同意，或是經由專家的建議而產生。例如，常用的英文單字通常比較短，而且一個字若是經常被使用，就會變得越來越短：我們要是常常講這些字，就會想出縮詞或簡稱。這是一件好事，因為這意味著可以節省呼吸、時間和紙張。而且這完全是自然、自發的現象，基本上我們完全不自覺。同樣地，常用字改變得非常緩慢，但冷僻的字則會很快地改變意思和拼寫方式。發生這樣的事，也是有道理的，比方說若是要重新定義「the」這個字，改變字義，對全世界說英語的人來說會是一大麻煩。但若要改變「prevaricate」這個字（過去有「說謊」之意，現在似乎主要的意思是「拖延」）就沒什麼大不了的，而且這早就以很迅速的方式發生過。沒有人會想到這樣的規則，因為這是演化的產物。

語言還顯現出演化系統的其他特色。例如，馬克・帕格爾（Mark Pagel）曾指出，動物和植物的生物物種在熱帶地區的多樣性較高，往兩極靠近時則逐漸減少。確實是如此，許多極地物種的分布範圍往往很大，含蓋南北的整個生態系統，熱帶雨林的物種就可能只會在一個小範圍內發現，諸如一處山谷或一座山脈，或是在一個小島上。新幾內亞的熱帶雨林是數以百萬個分布範圍小的物種棲地，而阿拉斯加苔原上的動物物種屈指可數，分布範圍廣大。這在植物、昆蟲、鳥類、哺乳動物、真菌類中都是如此。這算是一種生態的鐵律：在赤道附近的物種種類越接進赤道越多，但分布範圍較小；在兩極附近的種類較少，不過分布範圍較大。

此處和語言有非常迷人的相似處。在阿拉斯加講的語言，也是屈指可數，在新幾內亞則有數千種的語言，當中有些僅在幾個山谷中流傳，且兩個山谷之間的差異，就跟英文和法文是一樣的。即使是在瓦努阿圖的火山島嶼加瓦島上，島的直徑僅有十三英里長，當地人口才兩千餘人，就有五種不同母語的一部分，地方語言的密度也非常高。在熱帶山區的森林裡，人類的語言多樣性最高。

帕格爾製作的一張圖表顯示出，隨著緯度增加，語言多樣性降低，幾乎如同隨著緯度增加時物種多樣性下跌的趨勢一樣。目前這兩種趨勢幾乎沒有什麼理論可以解釋。在熱帶森林中物種多樣性高應是跟熱帶生態系統中有大量能量以及熱和光與水經過有關。也可能是因為那裡的寄生蟲豐富。熱帶生物很容易遭受寄生生物的入侵，而數量大的物種，會增加遭到鎖定的風險，因此身為罕見物種是有好處的。這可能也反映出赤道氣候區的物種滅絕速度較低的現象。至於語言，隨季節遷移的需求勢必產生均質化的效應，降低極端季節景觀中的語言多樣性，相比之下，在熱帶地區，人群可以分裂成更小的團體，而且可以在不需要移動的狀況下生存。但不論是怎樣的解釋，這種現象都說明人類語言是自動演化的。它們顯然是人類製造出來的產物，卻是在不自覺的情況下設計出來的。

此外，經由研究語言的歷史，帕格爾發現，當一個新的語言從其祖先型的語言中分散出來時，一開始似乎會非常迅速地改變。在物種中似乎也是如此。當一個地理區的物種變得孤立，與世隔離時，一開始會演化得非常迅速，所以天擇造成的演化似乎是突然發生的，這現象稱之為「間斷平衡」（punctuated equilibrium）。語言和物種之間的演化真的有許多非常相似之處。

人類革命其實也是一場演化

大約二十萬年前，在非洲的某個地方——而且就是只在那裡——人類開始改變他們的文化。我們之所以知道這一點，是因為有明確的考古記錄顯示這個物種歷經了一場大轉變，現在稱為「人類革命」（human revolution）。在經過一百萬年製作簡單設計的石器之後，這些非洲人開始製作許多不同類型的工具。起初，變化僅侷限在幾個地區，而且是漸進的和短暫的，所以用革命這個詞來形容這場變化是一種誤導。但隨後工具的變化開始變得十分頻繁、強烈，且更為持久。到六萬五千年前，配備有這批新工具的人開始走出非洲，很可能穿過紅海南端的狹窄海峽，並開始以相對較快的速度在歐亞大陸定居，取代那裡的原始人類，如歐洲尼安德塔人和亞洲的丹尼索瓦人，偶爾還會與之交配。這些新移民有其特點：他們不受限於自己的生態區位，當獵物消失，或是有更好的機會出現時，能夠很容易地改變自己的生活習慣。他們到達澳洲後，迅速佔領了這片極有挑戰性的大陸。他們也進入歐洲，然後在冰河時期取代了已經適應狩獵大型動物的尼安德塔人。最終他們的勢力範圍進入美洲，就在演化尺度的一瞬間，這群人進駐了從阿拉斯到好望角的每個生態系統，從熱帶雨林一直到沙漠。

是什麼引發了非洲的人類革命？這幾乎是一個不可能回答的難題，因為這場過程的開始極為緩慢：最初引發的因子可能很微小。在東非的某些地區，第一批工具的蛛絲馬跡似乎可追溯到三十萬年，所以就現代的標準來看，這場變化的速度跟冰河移動的速度一樣緩慢。這就是線索。決定其特點的不是文化，因為就透過學習來傳遞傳統這一點而言，很多動物都算是有文化的。他們的特點是在於累積的文化，具有增加創新但又不會丟失舊習慣的能力。在這層意義上來說，人類革命不算是一場真正的革命，而是一個非常、非常緩慢的變化累積的過程，踏著穩定的步伐，加速走向今日不斷創新、五花八門近乎奇異的創新世界裡。

那是一場文化演化。我認為變化是在交換和專業化的習慣中拉開序幕的，交換得越多，你的專長越有價值，反之亦然，而且往往會孕育出更多的創新。大多數人寧願相信是語言造成的變化。這裡再次強調，語言是建立在其自身上：你能說的越多，就越有東西好說。不過，這個理論的問題，在於遺傳學證明了，尼安德塔人早在語言相關基因橫掃他們這個物種的數十萬年前，就已經經歷語言革命。所以，要是語言真是觸發因子，為什麼革命沒有提早發生，為什麼沒有也發生在尼安德塔人中？有人認為在這些第一批「行為現代的人類」身上具備有某些認知層面的差異，諸如前瞻性規畫或有意識的模仿。但又是什麼原因促成語言、交流或深思的呢？是何時何地開始的？

幾乎所有人都是以生物學的角度來回答這個問題：某些基因的突變，改變了大腦的某些結構，讓我們的祖先獲得新技能，能夠構建出一套不斷積累的文化。比方說，理查．克萊因（Richard Klein）談到有個單一基因的改變「培養出得以適應相當範圍的自然和社會環境的現代化獨特能力」。其他人則談到人類大腦的大小、連結與生理變化，讓人類有可能發展出語言、工具使用的能力，乃至於科學和藝術。還有一些人認為，少數的基因突變，會改變發育調控基因的結構或表現方式，進而引發了接下來的文化大爆發。演化遺傳學家史萬特．帕博（Svante Pääbo）說：「若是文化和技術爆發真有什麼遺傳基礎的話，我敢肯定就是這個……」

我不知道是否真的有所謂的遺傳基礎。或者說，我認為這全部都是倒因為果本末倒置的說法。我認為主張複雜的認知，讓人類成為唯一能夠累積文化演變的生物，是個錯誤的假設。其實應該正好相反過來。是文化演化造成嵌入在我們基因中的認知改變。基因的變化是文化改變的後果。還記得成年人消化牛奶能力的例子嗎？這種現象在其他哺乳動物中目前都還沒發現，但是在起源於歐洲和東非的人群之間十分常見。遺傳變化是因應文化的改變。這件事大約是發生在五千到八千年前。遺傳學家西蒙．費雪和我都認為長久以來所出現的人類文化中的其他特色功能，勢必也是基於同一個機制。有利於語言能力發展的相關基因突變，展現出過去十幾萬年來出現「選擇性掃蕩」（selective sweeps）的證據，這意味著它們迅速在整個物種中蔓延開來，不太可能是觸發我們說話的原因，比較可能是因應我們說話的事實而產生的遺傳反應。只有在使用語言的動物中，能夠流暢言語的能力才是一個優勢。所以，尋找二十萬年前觸發非洲人類革命的生物因子只是白忙一場而已，到時我們只會發現這是生物因應文化的反應而已。一個部落偶然採納的習慣，透過環境的力量所選擇出的基因，可能就足以選擇出部落中善於說話、交換、規畫或創新的成員。在人類身上，基因可能是文化的奴隸而不是主人。

音樂也會演化。令人驚訝的是，它是在它本身的流動下改變的，透過音樂家來完成。巴洛克引來古典樂派，然後是浪漫主義、拉格泰姆、爵士樂、藍調一直到搖滾與流行。一種風格不可能在不延續之前風格的情況下出現。一路上，還有許多雜交的事件：非洲傳統音樂搭配藍調，產生出爵士樂。樂器也會變化，但主要來自其他原有樂器的修改，不是全新的發明。鋼琴是大鍵琴的後代，它們的共同祖先都是豎琴。長號是小號的女兒，喇叭的表親。小提琴和大提琴都是從琵琶修改而來。莫扎特不可能寫下他的音樂，要是巴哈和他的同輩沒有寫下他們的，那麼貝多芬也不可在沒有莫扎特的音樂下，寫出他的音樂。技術確實很重要，但想法也是：畢達哥拉斯發現八度音程是音樂歷史上很關鍵的一刻。切分音的發現也極為重要。發明出能夠放大音量的電吉他，讓小團體也能輕易奏出交響樂團般的音量。此處的關鍵在於音樂的演進有其無可避免的必然性。隨著每一代的音樂家學習和實驗他們的音樂，是不可能阻止改變的發生。

婚姻的演化

演化的一個特點，是回過頭去看它產生的變化模式時都是有意義的，在當下卻連一點設計的跡象都沒有。就拿人類的交配系統來說好了，過去的幾千年來婚姻制度系統出現後歷經衰落、崛起又再度式微的模式，就是說明這個現象很好的例子。我講的不是交配本能的演化，而是婚姻文化史。

那當然是本能的關係。人類的交配模式，顯然反映出數百萬年來在非洲大草原磨練出來的遺傳傾向，這已是根深柢固。就男性和女性之間的體型和力量的小幅差異來看，我們顯然不適合大猩猩那類的一夫多妻制，當中體型巨大的雄性會爭奪穩定的母猩猩群，會在成功時，殺死前任雄猩猩的嬰兒。在另一方面，就人類睪丸的大小來看，我們也不適合黑猩猩和侏儒黑猩猩的隨意雜交系統（這可能是出於一種防止殺嬰的本能），讓父權模糊。如此，便能確保雄性之間的競爭是發生在精子之間，而不是個體之間。人類和這些動物不同。在一九二〇年代開始研究原始人時，發現生活在狩獵採集型態社會中的人，絕大多數都是一夫一妻制。男性和女性形成排外的配對關係，若是任一性別想要進行其他的性行為，多半都是祕密地尋找。在一夫一妻制的配對中，父親主要擔負供養後代的任務，似乎是過去幾百萬年男人和女人適應出來的人類特有模式。這在哺乳類中並不尋常，倒是在鳥類之間比較常見。

不過，當一萬年前開始出現農耕，強大的男人得以積累資源來收買和威脅其他男人，並且吸引地位低的婦女進入他的後宮群。從古埃及到印加帝國，由西非的農耕文化到中亞的遊牧社會，一夫多妻制成為常態，無論我們的本能是什麼。這樣的型態適合有權勢的男性和地位低的女性（嫁給一個富有的男人成為他第九個妻子，可以過著養尊處優的日子，也比當窮人的唯一妻子但有餓死之虞來得好），但這樣的制度對低階的單身男人，或是高地位可是必須和其他女性分享伴侶的女性並不好。若僅僅是為了盡量滿足低地位的男人，允許一夫多妻制的社會普遍會趨向於和左鄰右舍暴力相向。這在依賴放牧綿羊、山羊或牛的游牧社會尤其如此，他們的財富是移動的，並且會展現出規模經濟：一千隻羊不會比五百隻更難照料。因此，來自亞洲和阿拉伯的遊牧民族不僅長期經歷暴力，更不停地侵略歐洲、印度、中國和非洲，去到那裡殺死男人，掠奪女人。阿提拉、成吉思汗、忽必烈、帖木兒、阿克巴和其他許多人都是如此。他們的習慣是去征服一個國家，殺光那裡所有的男人、孩子和老人，然後將當地的年輕女性納為妾。成吉思汗的孩子有上千個，而他的後繼者也毫不遜色。

這裡的關鍵是，現在回頭來看，牧民之間出現一夫多妻制有其經濟和生態意義，不過這並不意味著這個制度是有什麼聰明人基於某種目的發明出來的。發明它的人根本沒有想出什麼理由，這就是丹尼爾・丹尼特所謂的「自由浮動的理由」，基於某些選擇條件所產生的適應性的演化結果。

在埃及、西非、墨西哥和中國等農業社會，一夫多妻制紛紛以不同形式出現。地位高的男性比地位低的擁有更多妻子，但除了帝王之外，並不會如游牧社會那樣極端。通常情況下，好比是在西非，有錢的男人就像寄生蟲一樣，靠著一群他們稱之為妻子的婦女辛勤的工作來過著優裕的生活。為了換取保護，不受到其他男性侵害，女性必須忍受這樣的生活，開墾多妻丈夫的土地。

另外，在一些定居的文明中，開始出現以貿易為主的城市，隨著這些城市的發展，一個全新的選汰壓力應運而生，逐漸朝向一夫一妻制、忠誠和婚姻邁進。這期間的差異轉變可以從全是講述一夫多妻制的男人之間明爭暗鬥的《伊里亞德》（*Iliad*）和描寫善良的潘尼洛普等待著她忠貞（大部分的時候）的丈夫奧德修斯《奧德賽》中看出端倪。出身良好的賢惠女子寧可要一門適當的婚事，也不忍辱屈身下嫁為妾的傳統，同樣出現在羅馬建國的神話中。盧克麗霞遭到強暴的故事和共和國的誕生，以及國王遭到推翻的情節息息相關，隱喻著國王之所以遭到推翻，是因為他們強搶別人的女人，這加強了其他男人和女人的怨恨之情。

這種一夫一妻制的轉變是基督教的一大主題，也是早期教會裡神父念茲在茲的一項課題，雖然不是所有早期的聖徒都建議一夫一妻制。在耶穌的教導中，他們說堅持每個男人只能娶一個妻子，並與她共同度過一生，不論時局好壞的原因。據說基督教導世人婚姻是種神聖的狀態，兩人成為「一體」。坐收古代晚期重新出現的一夫一妻制好處的，顯然是出身良好的女性，現在她們得以壟斷自己的丈夫，還有大量位於社會底層的男性，他們終於得到發生性關係的機會。早期的基督徒所傳的福音可說是正中下懷，完全吸引到這些底層男人。

這並不是在說一夫多妻制完全消失。在整個黑暗時代，也就是中世紀和現代早期的歷史中盡是一夫多妻制的貴族（他們會吸引到出身於社會底層不想挨餓的女性）和他們的妻子，以及平民所偏好的資產階級道德之間的鬥爭。局勢有時偏向一邊，有時偏向另一邊。在奧利弗·克倫威爾（Oliver Cromwell）清教徒式的統治下，十七世紀的英國盛行一夫一妻制。到了查爾斯二世的時代，一夫多妻制又流行起來，不過是檯面下的復甦。在一位知名戰士薩克森的莫里斯王子的簡短傳記中，開頭的寫法是這樣的，「這位薩克森選侯、波蘭國王薩克森的莫里斯弗雷德里克·奧古斯都承認的三百五十四位私生子中排行最大的，出生於一六九六年十月二十八日……」莫里斯本人的性生活也不遑多讓，在十五歲參與圖爾奈圍攻時開始撫養他的第一個孩子，然後揮霍他妻子的財富，來維持他的馬隊和他的大批情婦。」

不難想像這類行為會激發出怎樣的怨恨，而在封建義務相對自由的市鎮裡，資產階級的兒女無法忍受這樣的行為。到十八世紀，無獨有偶的這成為通俗文學最常見的一個主題，像是法國的費加洛的故事，英國的帕梅拉（出自理查森的小說），都算是以溫和手段來反抗貴族的權力。隨著商人階層的崛起，一夫一妻制最終征服整個貴族，等到十九世紀維多利亞女王時代，貴族更加馴化，就連王公貴族都至少要假裝他對一名女性的忠貞不二，能夠悉心奉獻他的一生。威廉・塔克（William Tucker）在他鞭辟入裡的《婚姻和文明》（*Marriage and Civilization*）一書中就提到，這樣的結果，為整個歐洲帶來和平，這絕不是偶然。和平降臨，除了那些繼續維持一夫多妻制的社會，好比說許多穆斯林國家，或者是突然又重新發展出一夫多妻的地方，像是在末世聖徒耶穌基督教會（Church of Jesus Christ of Latter Day Saints）。摩門教徒的一夫多妻制在鄰里間引起強烈反彈，以及聖徒之間的緊張關係，可怕的暴力事件一直尾隨他們，一路到達猶他州。最後釀成一八五七年的米亞度山（Mountain Meadow）大屠殺慘案，一位憤怒的男子因為他的妻子被一位摩門教徒引誘加入他妻妾群，而展開復仇殺害。一直要到一八九〇年立法取締一夫多妻制，暴力事件才平息下來。（不過在少數的摩門基本教義派社群中，還是有地下的一夫多妻制存在。）

探討文化演化最重要的人類學家喬伊・亨里奇（Joe Henrich）、羅伯・博伊德（Rob Boyd）和皮特・理查森（Pete Richerson）在〈一夫一妻制婚姻之謎〉（*The Puzzle of Monogamous Marriage*）這篇非常有影響力的論文中，主張一夫一妻制在現代世界蔓延的最佳解釋，是因為這有益於社會。換句話說，這不是一群聰明人圍坐在一張桌子前，決定為了帶來和平與凝聚力而施行一夫一妻制的政策。比較可能的情況是，這是一個達爾文式的文化演化。選擇「規範性一夫一妻制」，或反對婚外情的社會，往往會馴服當中的青少年、提高社會凝聚力、平衡性別比例、降低犯罪率，並鼓勵男人工作，減少打鬥。這使得這樣的社會的生產力增加，破壞性減小，所以這樣的社會，會取代其他社會不斷擴大。這三位人類學家認為，這情況解釋了一夫一妻制的勝利，並達到一九五〇年代美國的完美小家庭型態：爸爸出外工作，媽媽在家維持衛生、做飯和照看孩子。

塔克還順帶指出一段工資談判史上有趣的小插曲。在二十世紀初有過一場非常成功的加薪活動，迫使雇主支付男性更高的工資，好讓他們的妻子不必工作，這就是所謂的「家庭工資」（family wage）運動。社會改革者不希望女性加入勞動市場，期待她們離開工作崗位，花時間與孩子相處，由收入更高的丈夫來支持家庭開銷。他們提出的理由是，要是雇主多付一點薪水，那麼工薪階層的婦女就能夠加入中產階級婦女的行列，不用外出工作。

接著是福利國家興起，就在二十世紀末一夫一妻制再度開始崩壞之際。一旦男人養家糊口的角色由福利金取代，許多女性開始認為一夫一妻制不過就是一份契約式的奴役，沒有也可以過得很好。社會裡開始有人放棄婚姻，當個單親媽媽，接受四處遊蕩，認同多配偶制的男人的照顧。也許這是因為，有越來越多女性開始將她們團結的女權主義姊妹視為一種支持社會上年輕母親更長久、更進步的選項。再不然就是男人認為他們不再需要照料自己的孩子安全地長大成人。也許這兩項因素都有影響。無論你比較傾向如何解釋近年來婚姻的崩解，毫無疑問，這是一個在我們眼前不斷演化的制度，而且到本世紀末時，會變得很不同。婚姻並沒有被重新設計，只是演變而已。我們不會真的注意到它正在發生，直到事後才會明白。當然，這種變化並不是隨機發生的。

城市的演化

一旦你開始注意人類事務的演化，隨處都可以看到它。就拿城市來說好了，在一七四〇到一八五〇年之間，英國成為全球最都市化的一個國家，這一切都是在毫無規畫的情況下發生。曼徹斯特、伯明罕、里茲和布里斯托，這些地方紛紛從小城鎮擴展為大城市。巴斯和切爾滕納姆的優雅建築、倫敦的西區和布魯姆斯伯里文教區，以及愛丁堡的新城、新堡泰恩河畔的格蘭傑城全都是在這一時期建造的。這不是國家或公共機關的創建，所有這一切就這樣在社會上發生，那時既沒有法律規畫和監管機構，也沒有公共建築法規，沒有分區或土地使用辦法，沒有直接的公共行動來提供住房和城市服務的設備。

一直要到十九世紀下半葉，才漸漸轉往更強大的國家控制的方向走去。早期的城市增長是受到私人的創舉和投機所驅動的，是在產權和私人契約的指導，由分散的市場力量所主導。城市化的進程循序漸進，但並非規畫出來的，是演化成型的。

城市最初是在青銅時代出現，當時的馱獸和船隻讓人能夠將足夠數量的食物運往比村莊更大的集散地。到了鐵器時代，輪式車和帆船帶來更大的市場，這些集散地的規模也隨之增大。等到公共馬車和蒸汽火車出現，為人們帶來長距離通勤的選擇，城市更加向外擴張。汽車和卡車問世後，加速這樣的擴大，將數量不斷攀升的人們載往最大的城市地區。然後，城市開始從生產中心改變為消費中心。在美國，整體上，在百貨商場工作的人將近是餐廳的兩倍。但是在曼哈頓，在餐廳工作的人卻高出百貨五倍之多。經過年齡、教育程度和婚姻狀態的校正，美國的城市居民和農村居民相比，參觀博物館的機率高出百分之四十四，而去電影院的比例則高出百分之九十八。

社會學家簡．雅各布斯（Jane Jacobs）是第一個意識到城市生活的高密度，「讓世人遠離邪惡，是其生命力的源泉」——這是套用英國經濟大師約翰．凱伊（John Kay）的話。她曾成功地阻止紐約城市規畫者和他們提出的那套烏托邦式的計畫，在那場反對運動中，她以廣受世人喜愛，但毫無都市規畫，完全有機成長的城市和那些經過規畫、消毒的都會空間如巴西利亞、伊斯蘭堡和坎培拉比較。正如以《黑天鵝效應》聞名於世的美國思想家納西姆．塔雷伯（Nassim Taleb）所打的比方，沒有人會像在倫敦那樣，在巴西利亞買間小套房。

今天，最為成功的城市，像是倫敦、紐約和東京，都是充滿美食、休閒娛樂和配對場（抱歉，這裡應當用俱樂部一詞）的地方，而且為想要一試身手的窮人帶來機會。從里約到孟買，城市是邁向繁榮的引擎，是讓人有機會從貧困轉型是安適，甚至是富裕貧困的過度場所。而網路和手機造成的「距離的消失」（death of distance），非但不會鼓勵世人往蒙大拿或是戈壁大沙漠這類與世獨立的田園生活移居，反而產生完全相反的效果。現在的我們可以在任何地方工作，但我們最渴望的「任何地方」——至少在我們年輕的時候——是那些人口最密集、高樓大廈最多、生活最繁忙的熱點。而且我們也準備好為此支付高額代價。鼓勵在其中心興建高大住房建築的城市，諸如香港和溫哥華，不斷蓬勃發展，而那些堅持低矮房舍的，如孟買，則不斷掙扎著。這裡的重點在於，這些都不是在人類有意識地選擇某種政策的情況下所產生的潮流。城市的持續發展是出於一種無意識，而且必然的動勢。

同樣的過程繼續在世界各地上演。正如哈佛大學城市經濟學教授愛德華．格瑞瑟（Edward Glaeser）所觀察到的，繁榮和都會化之間幾乎存在一完美的相關性：越是都會化的國家越是富裕。若是以主要人口居住在城市還是農村來區分全世界的國家，就平均收入來看，都會型的國家比農村型的國家富有四倍。隨著越來越多的人湧入城市，城市便不斷成長，一些科學家開始注意到，城市本身是以可預見的方式在演化，其成長和變化的方式中存在有一自發秩序。而這些規律中最引人注目的是城市展現出來的「規模」，以就是其特性如何隨著示大小的增加而變化。比方說，加油站數量增加的速率一直都維持在比城市人口增加率低的狀態。在世界上的每個地方，規模經濟都展現出同樣的模式，電網也是如此。因此，國家的政策和市長是誰並不重要，城市在成長時，不論是在地球上的哪個地方，都會匯聚到相同的增長模式。就這方面來看，與身體很像。老鼠每單位體重燃燒的能量比大象多，一座小城市消耗的燃料也比大城市多。身體就跟城市一樣，長得越大，耗能的效率越高。城市的人口每增加一倍，基礎建設的人均成本就節省百分之十五。

而經濟增長和創新則是增加，城市越大，這兩者的增加速度就越快。城市的規模增加一倍，就會提高市民的收入、財富、利數量、大學數量、創意人才，這些幾乎都是提高百分之十五，無論這個城市位於何處。用專業的術語來說，這樣的規模是「超線性」（superlinear）。聖塔菲研究所（Santa Fe Institute）的傑佛瑞．偉斯特（Geoffrey West）發現了這種現象，並稱城市具有「超創性」（supercreative）。城市產生不成比例的人類創新。城市越大，產生的就越多。這樣的理由很明顯，至少在表面上如此。人類是透過組合和重新組合想法來創新，因此人際網路越大、越密集，創新就越多。而且值得再次注意的是，這裡沒有政策。事實上，一直到非常晚近，才開始有人注意到城市的超創性效應，所以並沒有哪個政策制定者是以其為目標來制定政策的。這是一個演化的現象。

這是城市幾乎不會死亡的原因之一。除了今日的底特律，和遠古時代位於今義大利南部的西巴里斯（Sybaris）之外，目前世界上很少看得到在萎縮的城市，更不用是滅亡的——就像是公司倒閉那樣。

機構的演化

有些物種會以非常快速的方式演化出新的形體，而其他一些數億年來都保持不變——這些稱之為活化石。腔棘魚是一個很好的例子，這種深海魚的形體跟其四億年前的祖先非常相似。

文化演化也是如此，有些體制變化非常快，而另一些數百年來都維持相同的形式。英國是個非常現代化的國家，擁有大量科技，幾乎所有的現代技術都可找到，對大多數的科學發現有非常大的貢獻，而且與時俱進，從同性婚姻的合法化，到任命女性擔任主教都出現在這個社會中。但英國的政治體制三個世紀來幾乎沒有什麼變化，真的令人相當驚訝。正如社會學家蓋瑞・朗西曼（Garry Runciman）在他的《非常不同，但還是大同小異》（*Very Different, But Much the Same*）的書中指出，要是觀察並描寫十八世紀初關於英國生活的丹尼爾・笛福（Daniel Defoe）今天回到倫敦，他會很訝異地發現竟然有些事情完全沒有改變。一旦他習慣機場、廁所、汽車、手機、攝影、退休金制度、網路、多元的宗教、疫苗、女律師、供電以及生活水平大幅提高，尤其是針對窮人而言，他就將能夠很容易地了解英國的政策。現在還是有主宰英國國教的世襲君主、由選舉產生的下議院和委任制的上議院。還是有政黨、派系、醜聞以及至少在表面上外形明顯是漢諾威式的金主系統。在那個時代，英國的人口和人均收入大致上和現在西非的多哥（Togo）差不多。朗西曼對文化演化的理論非常熱中，即做事的新方法逐漸冒出來，要是適應社會就會存活下來，而不是經由什麼偉大設計強加推行的。但是，為什麼技術、服裝、語言、音樂和經濟活動的變化如此之快，而政治體制的變化卻如此之慢呢？在文化演化的長流，英國體制是文化中的腔棘魚，是一種周遭世界不斷變化，但處變不驚的活化石。當然，英國在這樣的狀況下，還是脫穎而出。大多數其他國家在過去三個世紀以來，經過革命、戰爭或是取得獨立後，改變了他們的政治制度。但無論是在哪個地方，政治體制都展現出比周遭環境的變化較慢的傾向，但是等到要改變的時候，總是弄得滿目瘡痍，遍體鱗傷，美其名為革命。今天的中國有著二十一世紀的超級強大經濟體，但是政治體制自一九五〇年代以來就沒有什麼大變化。

這種政治體制的緩慢演變是會導致權力的集中還是分散？現在是否有太多傾向維持現狀的既得利益者或是擔心變革的菁英階級？我不太確定要如何回答。顯然要讓人投票修憲法不是件易事。當可以選擇市場上的產品或服務項目時，人都是一窩蜂地擁抱新想法。但是在要他們對新的政治制度公投時，他們——套句希萊爾．貝洛克（Hilaire Belloc）的話——「總是想把護士留在身旁，生怕遇到什麼糟糕的情況。」

城市、婚姻、語言、音樂和美術，凡此種種都展現出文化規律地改變，而且回顧起來都可預見其改變的方式，但在當下是以無人預測的方式發生的，更別說是指導。它們演化。

第六章

經濟的演化

你將發現它不過是前面兩種東西的特質，
或者這兩種東西所產生的偶然事件。
特質完全不能夠從事物割裂分開
而不引起事物致命的解體，例如：
重量之於石頭，熱之於火，
流動性之於水，
可觸性之於有形體的東西，
不可觸性之於看不見的虛空。
但奴役、貧窮、富裕、
自由、戰爭、和諧，
以及其他一切時來時去，
而物體的本性卻停留不變的東西，
我們正確地習慣於稱之為偶然事件。
就是時間也還不是自己獨立存在。

盧克萊修，《物性論》，第一卷，第四四九～四五七行

不管你選用哪一種估計值，以何種方式來修正通貨膨脹，當今世界上的人，年收入在實質上相當於一八〇〇年的十到二十倍之間。或是說，一般人能夠買得起的商品或服務，比過去多了十或二十倍。經濟史學家迪爾德麗．麥克洛斯基（Deirdre McCloskey）稱此為「昌盛」（great enrichment）。她說，這是「經濟史的主要事實或是結論」。麥克洛斯基表示，這取決於你怎樣讓鋼樑、玻璃板和醫藥之類的事物來改善你的世界，你的生活水準可能像是自一九五〇年以來的香港一樣，突然躍升個一百倍。以目前世界經濟正在增長的速度來看，加上現在絲毫沒有展現出減速的跡象，到二一〇〇年時，一般人的平均年收入會是今天的十六倍，根據國際經貿組織（OECD），以今日市值計算的話，將會是十七萬五千美金。二〇〇八至二〇〇九年的經濟大衰退，就全球經濟尺度來看，只是短暫的滑落而已。當時全球經濟成長率下滑不到百分之一，隔年就增加五個百分點。

到目前為止，這種增長的份額是會（而且還持續）分配到一般工人階級和窮人身上。正如麥克洛斯基所說的，儘管富人越來越富有，「但也有數百萬人得以享有暖氣供應、汽車、天花疫苗接種、室內管線安裝、廉價旅遊、女權、兒童死亡率降低、充足營養、身高增加、預期壽命加倍、兒童教育、報紙、投票權、上大學的機會，並且受到尊重。」貧窮國家富裕化的速度比富有國家的人來得快，因此全球的不平等正迅速縮減中。全世界每天僅賺一點二五美元的人口比例，在經過通貨膨脹修正後，從一九六〇年的六十五%降低到目前的二十一%。

令人感到訝異的是，至今仍然不知道造成全球經濟昌盛的原因。這話怎麼說呢？確實有很多理論，在探討何以十九世紀初時，世界上某些地方的年均收入迅速增長，並且擴散到世界各地。儘管不斷有人預測這股趨勢將會停止，還是不斷地成長直到今日。但這些理論莫衷一是，沒有什麼共通點，有的認為是系統體制促成的，其他人則認為來自於某些想法、某些個人或是生產能量的能力，還有一些人直接說這是我們運氣好。不論如何，他們都同意兩件事：沒有人在後面規畫這一切，且沒人料想到這片榮景。繁榮就這樣出現了，不管人類採用怎樣的政策，都絕對不是因為這些政策。這是從人際互動中持續不斷發展出來的，無法阻擋，是透過一種類似演化的選擇性過程。首先，這是一個分散式的現象，來自數以百萬計的個人決定，絕大多數都跟統治者的行動無關。事實上，正如達隆．阿齊默魯（Daron Acemoglu）和詹姆斯．羅賓森（James Robinson）所主張的，英美這類國家之所以富裕起來，正是因為他們的公民推翻壟斷權力的菁英階級。政治權利分散至全民，迫使政府必須對人民更為負責，更順從民意，這讓大量的人得以享受經濟機會。

人類行動，但不設計

昌盛是演化的一種現象。現在，讓我們回到十八世紀晚期，那時英國正開始進入昌盛時期，並且重溫一次偉大思想家亞當．斯密所思考的廣義演化論。一七七六年，斯密出版了他的第二本書《國富論》（*The Wealth of Nations*），在當中，他開始著手捍衛起有別於他在《道德情感論》

中的演化想法。若連上帝都不是道德的成因，那政府會是繁榮的成因嗎？在斯密的時代，商業受到嚴格控管，股份公司完全由國家壟斷，重商主義的貿易政策，是為了促進某些類型的外資企業，而且專業執照完全在政府嚴格管制下發放。在管制和干預的夾縫中，個人可以進行買賣，但沒有人會認為這是邁向繁榮的源頭。在那時，財富意味著積累寶貴的事物。

法國在「重農派」（physiocrats）的帶領下，至少開始提出具生產力的工作才是財富的源泉，而不是累積黃金。一七七六年，斯密與重農學派的領袖弗朗索瓦・格奈（François Quesnay）結識，吸收到認為重商主義的貿易方向並不正確的想法，因為政府攫取貿易的所有收入，投入於毀滅性的戰爭以及無用的奢侈品上。他們當時的口號是，「自由放任，世界本身會運作下去！」（Laissez faire et laissez passer, le monde va de lui même!）。不過，詭異的是，重農派堅持唯一具生產性的工作只有務農而已。製造業和服務業都造成浪費揮霍。斯密表示真正重要的是「土地的年產量和社會的勞動力」。今天，我們稱此為「國內生產總值」（GDP）。

如此看來，越是繁榮，基本上就意味著提高效率。也就是說：種植更多小麥、製造更多工具，並且服務更多的客戶。而且史密斯主張「勞動生產力最大的改進似乎是來自分工的效應」。若農人提供食物給鐵匠來換取工具，那麼兩者的生產力都會提高。因為農人不需要停下工作去笨拙地製造工具，鐵匠也不用停下工作到田裡不知其法地耕種。專業化，伴隨著交流，正是經濟繁榮的源頭。

下面是我用我自己的話重述亞當・斯密主義觀點的現代版。首先，自發和自願的商品與服務交換導致勞力分工，人們在當中發展自身所長，形成專業。其次，在每一次的交易中，又讓各方獲益，因為每個人都在做他最擅長生產的工作，並有機會學習、實踐甚至是機械化他所選擇的任務。接著，個人可以透過這樣的方式，使用和改進自身特有或當地的知識，這是任何專家或統治者都做不到的。第三，從貿易中獲得的收益，會鼓勵更多的專業化，其後又刺激更多的貿易，形成良性循環。生產者之間越為專業化，消費就越為多樣化。如此就從自給自足轉向生產更少但消費更多的型態。第四，專業化無可避免地會刺激創新，這也是受到想法交流的合作過程所驅動。事實上，大多數的創新都從現有觀念的重組而來，從原本製造或組織東西的想法中變化出來。

從事貿易的人越多，彼此勞力分工的人就越多。他們越是互相幫助，生活水準就越高。分工的結果是在陌生人之間形成一張巨大的合作網絡，將潛在敵人轉變成值得讚譽的朋友。一件工人穿的羊毛大衣，是（亞當．斯密說）「大量工人的生產成果。有牧羊人、剃羊毛的、梳羊毛的、清理的、染工、文書、紡織工、漂洗工、裁縫……」。花錢買一件大衣，勞動者並沒有減少他的財富。貿易收益是相互的，如果不是，人們不會自願從事貿易。市場越是開放、自由，剝削和壓榨的機率就越低，因為在這樣的環境中，不論是消費者要杯葛或抵制掠奪者，還是競爭對手要削減超額利潤，都變得更為容易。所以，在這樣理想的形式中，自由市場成了人際間打造合作網絡的機制，能夠提高彼此的生活水準，協調生產，並透過價格機制來傳達所需資訊。這同時也成為鼓勵創新的溫床。這和許多牧師與其他人假定的那種猖狂、自私的個人主義完全相反。市場是一大型的合作體系。當然，你是在與對手競爭，但你會與客戶、供應商以及同事合作。商業需要信任，且不斷從中產生信任。

不完美的市場總比沒有市場好

沒有多少人會會對這說法感到不以為然，但也很少人會接受的是：這樣的理想真能付諸實現。先把牧師的譴責放到一邊，上述這一切，基本上是大家對市場具有分歧想法的主因。理論上可行，實際上沒用，就是連最右派思維的人在看待市場時，都是抱持這種想法。

那麼這時，問題就變成：是否只有在完美的狀態下，商業才能運作？半自由市場是否比較好？經濟學家威廉．伊斯特利（William Easterly）認為這隻「看不見的手」並不是烏托邦，「這是一個驅除無能商業的過程，平庸的優於無能的，優良的又優於平庸的，而傑出的又比優良的來得好。」縱觀經濟史，可以看出重視商人利益的國家並不是完美的，卻也總比由暴君統治的國家來得繁榮、文明與平和。好比腓尼基之於埃及、雅典之於斯巴達、中國宋朝之於蒙古、義大利城邦之於查爾斯五世統治下的西班牙、荷蘭共和國之於路易十四的法國、一個滿是商家的國家（英格蘭）之於拿破崙的帝國、現代的加州之於現代的伊朗、香港之於北韓、一八八〇年代的德國之於一九三〇年代的德國。

今日，沒有人會再懷疑，自由貿易市場比起接受政府管制命令的市場擁有更好的經濟或人道主義記錄。這些例子講不完也道不盡。就拿瑞典的歷史來說好了，與一般觀念相反，瑞典並沒有因為實行社會民主制度的強大政府變得更加富裕。到一八六〇年代，開放其原本的封建經濟，轉而大力擁護亞當・斯密的自由貿易和自由市場，在接下來五十年中經濟快速成長，大型企業紛紛成形，其中包括富豪汽車（Volvo）和不斷推出新產品的愛立信（Ericsson）。當一九七〇年代政府大幅擴張時，則出現貨幣貶值、經濟發展停滯和緩慢增長的狀況，最後釀成一九九二年的全國性經濟危機，瑞典的世界經濟排名也一落千丈，跌出優良表現的前段國家排名區。等到二〇〇〇年，祭出減稅、私人教育和開放私營醫療後，才又重新復甦。

當然，主張自由貿易帶來的繁榮更勝於政府規畫，並不是在強調應當揚棄所有的政府。政府對於維持和平、執法以及幫助那些需要幫助的，都發揮了至關重要的作用。但這一切並不等同於政府應該規畫和指導經濟活動。同樣地，就其一切德行來看，商業也是不完美的。它有鼓勵浪費以及破壞性的鋪張浪費的習慣，尤其是在催生出炫耀性消費的訊號這行銷手法方面。

商業的核心特徵，以及其與社會主義計畫主要的差別，在於它是去中心化的。無需一個中央指導告知經濟系統需要多少件羊毛大衣、多少台筆記型電腦或是多少個咖啡杯。事實上，有人真的嘗試這樣做時，到最後結果都成一團爛攤子。或是像北韓這樣的狀況。若允許價格自由上升或下降，就會在競爭的情況下，隨著供給和需求的搭配，逐漸往生產成本的方向移動。在任何時刻，供應商會直接自行調整商品，壓低價格，滿足最強烈的需求。這樣的系統是由數以百萬計的個別決定所操縱的。

透過這種方式，繁榮的增進完全是有機的，沒有受到任何來自高層的指令。勞動分工在社會中不請自來地出現。這是一種演化，是一種受到我們天生願意交易的行為所刺激出來的。套句斯密的名言，「對貨車、以物易物和交換的傾向」是順其自然地出現在人類之中，不會發生在其他動物上，「沒有人見過狗會想和另一隻狗進行一場公平的交易。」所以，正是出於這樣的傾向，一旦受到鼓勵，就會促進繁榮。政府的角色是讓它發生，而不加以指導。

指揮和控制系統的核心問題，不論是在法西斯主義、共產主義或社會主義的社會中，主要的癥結都在於知識。從巴斯夏（Frédéric Bastiat）到海耶克（Friedrich Hayek）等自由企業的擁護者，全都指出組織人類社會所需的知識多到令人不可思議，不可能掌握在一個人的腦子裡。然而，人類社會還是組織起來了。正如一八五〇年巴斯夏在《經濟的和諧》（*Economic Harmonies*）中指出的，怎麼有人會想到要控管巴黎人的飲食？這個城市裡的人有無數種口味，這是不可能的。然而，它還是每天都在發生，沒有失敗（並且到今天巴黎都還是人口稠密且飲食品味更具特色的地方）。這和演化非常的類似。不論是要滿足巴黎人的口味，還是要讓人類眼睛運作，都展現出同樣複雜的秩序。但兩者都沒有受到來自中央的智能指揮。知識分散在數百萬人，或是數百萬個基因之間。這是分散的。一如以往，亞當．斯密又是第一個看出這一點的人。在《國富論》中，他寫道：「君主也可以完全擺脫監督的職責，想要履行這樣的職責時，勢必要面對數不清的迷惑，況且人類的智慧或知識也不足以讓他能夠適切地執行其職責，引導私人勞動使其完全符合社會利益。」

看不見的手

這種分散的秩序和複雜性的出現正是亞當．斯密在一七七六年構思出的演化想法的精要。在他著名的比喻中，斯密讓這隻指導的手消失於無形：每個人只是「想要保障自己；指導勞動去生產能有最大價值的產品，他圖的僅僅是個人的所得，而他在這一點上，就像在許多其他的情況下一樣，總是被一隻看不見的手所推動，去達到一個他無意追逐的目標」。不過，在斯密寫《國富論》時，並沒有什麼好的證據可以支持他的中心思想，也就是商品和服務的自由交流能夠促進普遍的繁榮。到十八世紀末為止，多數的財富創造都來自於某種形式的掠奪，全世界根本沒有一個政府在推行自由市場，離那個階段還遠得很呢！

不過，在《國富論》這本書出版後的幾十年，世界各地開始上演生活水準提高、不平等狀況降低以及暴力減少的精彩故事，特別是在英國（接下來是歐洲的大部分地區和北美）。而這在很大程度上要歸功於他們相繼採用斯密提出的部分辦法，儘管有些地方對此猶豫不決。懷疑論者可能會說，帝國掠奪而累積下來的資本才是這些國家財富的來源，但這說法完全沒有根據。正如斯密非常清楚地看到，多數的殖民地只是錢坑，還會瓜分軍事力量。再說，光是資本也無法解釋為何會發生生活水準大規模成長的情況。正如迪爾德麗．麥克洛斯基所指出，過去兩百年來的昌盛繁榮，讓英國人民的平均收入從每天約三美元實質增加到一百美元。這絕對不是單靠資本積累就可以達成的，也是為什麼她（還有我）拒絕使用相當具誤導性的「資本主義」（capitalism）這個馬克思主義的字眼來表示自由市場，基本上這完全是兩碼子事。

亞當．斯密並不是聖人。他也犯了很多錯誤，像是他那不大管用的勞動價值論（labour theory of value）。而且他錯估大衛．李嘉圖（David Ricardo）的「比較優勢」（comparative advantage）這一深具洞察力的觀念，這足以解釋，為何一個國家（或個人）在所有產品的製造方面明明比其貿易夥伴更糟，還是有人要求這個國家或個人提供那些他們毫不在行的產品。不過斯密提出的最深刻的見解，即大部分我們在社會上所看到的（這裡借用亞當．弗格森的話），其實是人類行為的結果，並非人的設計，這項觀察即使到今天都仍然成立，而且依舊遭到低估。不論是道德、經濟還是語言，都是如此。斯密經濟體是尋常百姓之間的交流和專業化的過程。這是一個新興的現象。

收益遞減？

亞當．斯密和李嘉圖，還有馬爾薩斯和約翰．斯圖亞特．穆勒，以及當時所有其他英國的政治經濟學家全都錯過的真正的大事，是他們身處的工業革命時代。正如約瑟夫．熊彼特在一個世紀後所言，他們全都沒有意識到「他們正站在人類史上最壯觀的經濟發展的門檻上」，沒看到「大量的機會成熟，付諸實踐的可能性」就擺在他們眼前。他們只見到慘澹經營的經濟，越來越多的人每天連買麵包的錢都賺不到。這是因為他們的世界觀為「收益遞減」（diminishing returns）的想法所主導。以李嘉圖來說，他在一八一〇年代，看到地方農民苦於歉收，因此同意他朋友馬爾薩斯的看法，必須管制玉米產量。因為最好的土地已經開墾，再去其他邊緣的田地上開墾種植，品質只會比之前的差。因此，斯密的勞動分工和李嘉圖的比較優勢，只能改善多數人到一定程度。這些只是在一個有限系統中，以更有效的方式壓榨出繁榮。即使從一八三〇年代起英國的生活水準開始飆漲，在穆勒眼中也只是曇花一現。收益遞減很快就會開始。在一九三〇和四〇年代，約翰．梅納德．凱因斯（John Maynard Keynes）和阿爾文．漢森（Alvin Hansen）認為大蕭條就是人類的繁榮在某些方面已經達到極限的證據。汽車和電力的需求已經飽滿，資本回報率在下降，所以一旦戰爭造成大量支出消退，世界將面臨長期失業的未來。第二次世界大戰結束將帶來停滯和苦難。同樣地，在一九七〇和二〇一〇年代，大家談論的都是現有的社會財富即將散盡，卻不認為生活水準可望繼續走高。每一個世代，都有人暢談停滯主義（stagnationism）。

然而，世局的發展恰恰與此相反。收益不減反增，這主要得利於機械化和廉價能源的使用。工人的生產率並沒有進入平原期，反而不停地提高。製造的鋼材越多，價格就越便宜。手機價格越低廉，使用者就越多。隨著英國以及之後整個世界的人口增長，要供養的人日益增多，挨餓的人卻不斷減少。對目前七十億人口的世界來說，很多人都不知饑荒為何物，但是當這世界僅有二十億人時，饑荒卻是經常來訪的常客。就是連李嘉圖的小麥產量，在二十世紀後半葉英國這片已經開墾幾千年的英國田地上，也因為化肥、農藥和植物育種技術而大幅提升。到二十一世紀初期，工業化所帶來的高生活水準幾乎蔓延到全球的每個角落，與多數人擔心這片榮景只會留在西方特權世界的悲觀論調恰好相反。中國，這個陷入苦難好幾個世紀的國家，又經歷幾十年的恐怖時期，再度活了過來，十幾億的中國人如今打造出全球最大的市場。

到底發生了什麼事？並沒有人著手推動什麼事情促成全球經濟增長的現象，甚至也沒有人預測這樣的可能性。它就這麼在十九世紀和二十世紀出現了，並且蔓延開來。它是演化而來的。

一直以來，經濟學家試圖解釋這些現象，到目前為止仍然如此。馬克思碰觸到它，意識到工業變化的事實，還是以李嘉圖的想法來詮釋，認為機械化會造成一大堆失業工人受到資本家的剝削。儘管在工業化經濟中，不論是工人的就業時數還是獎勵配額都是穩定向上。由卡爾・蒙傑（Carl Menger）、雷翁・瓦爾拉斯（Léon Walras）和史坦利・傑文斯（Stanley Jevons）所領導的經濟「邊際」革命，以及由阿爾弗雷德・馬歇爾（Alfred Marshall）彙整累積出的綜合理論，將定價的重點轉移到消費者，而不是生產者身上，但在很大程度上還是沒有回答報酬遞增的問題。他們提出平衡的觀念來取代收益遞減，這是一個完美的競爭穩定態，一旦資訊變得容易取得，便會朝向這樣的經濟體制移動。

接下來就輪到約瑟夫・熊彼特上場，他不斷著重在創新，堅持沒有所謂的平衡，而是一場不斷展開和動態的變化。一九〇九年他在切爾諾維茲大學（University of Czernowitz）任教時，寫下《經濟發展理論》（*Theory of Economic Development*），他是第一位堅持企業家扮演關鍵角色的經濟學家。多數的企業家非但不是剝削工人的寄生蟲，還是透過製造更好、更廉價的產品以戰勝對手的創新者，這樣一來他們自然而然提升消費者的生活水準。大多數所謂的「強盜資本家」（robber barons）都是透過減價，而非哄抬價格致富的。自由企業、貿易收益降低、專業化效率以及透過實踐的改進所產生的主要成果就是創新。在他一九四二年發表的《資本主義、社會主義與民主》（*Capitalism, Socialism and Democracy*）中，熊彼特寫下了他那句名言，他認為「創造性毀滅」（creative destruction）是經濟發展的關鍵，也是「資本主義的基本事實」。因為新公司和技術會出現，舊有的則遭到淘汰，這是一場「創造性破壞的常年大風」。或者，套句納西姆·塔雷伯（Nassim Taleb）的話，要擁有強韌的經濟（透過風險管理來強化），個別的企業必須是脆弱的。餐飲業之所以穩健而成功，正是因為個別的餐館都很脆弱，而且短暫。塔勒布希望社會表彰失敗的企業家，就如同讚揚陣亡將士一樣。

熊彼特的推理顯然帶有生物觀點，他將經濟變化比喻為一場「工業突變」（industrial mutation）的過程。他認為一個經濟體，就像是一個生態系，當中的生存競爭導致企業和產品的競爭和改變。他也認為，要是少了冒險的企業家，就不會出現這樣的經濟演化。熊彼特的演化觀點最近為企業家尼克·哈諾爾（Nick Hanauer）和經濟學家艾瑞克·拜因霍克（Eric Beinhocker）擴充延伸。他們認為，市場就跟生態系一樣，並不是因有效率而得以運作，是由於它們是有效的，因為要面對客戶（或當中的生物體）的問題，並且提供解決方案。而商業的美妙之處就在於，當它運作時，會獎勵解決別人問題的人。「最好的理解方式，就是將其視為一套演化系統，不斷創造，並且以類似演化在大自然中運作的方式，來嘗試解決問題的新方案。有些解決方案比其他的更具有『適應性』。適應最好的便存活下來，並且傳播開來。不適者就遭到淘汰。」

這種觀點必然產生一個結論：世界上根本沒有所謂的完美市場、平衡或是終端狀態。有趣的是，生態學家也逐漸和經濟學家得出這樣一個相同的結論。近年來，在思考生態系時，他們已經開始從平衡觀轉向更為動態的觀點。他們開始理解到，隨著冰河的前進和消退，氣候變遷所帶來的種種益處，甚至開始認識森林處於一種不斷變化的狀態，在一個特定的地方，一個樹種會接續另一個樹種的出現。沒有所謂的「高點」（climax）穩定態，只有不斷的變化。這並不是說這樣的消息已經傳到大多數政策制定者那裡。生態學家丹尼爾．博金（Daniel Botkin）抱怨道，雖然生態學家普遍同意自然不斷發生變化，但是在請他們擬定政策時，提出來的幾乎清一色都是假定有一平衡存在的「自然平衡政策」（balance-of-nature policy）。在經濟學和生態學中都需要發動一場動態革命。

創新主義

自熊彼特以來，經濟學家屢屢挑戰如何解釋一直以來不斷發生並且提高世人生活水準的創新活動。一九五〇年代羅伯．索洛（Robert Solow）在計算資本和勞動的貢獻後，才得以梳理出創新對現代生活的供獻度到底有多大，並推算出其餘的生活水準變化（百分之八十七點五）要歸功於技術變革，這正是促成報酬遞增的主因，而這反映出世界經濟成長整體上並沒有展現出進入平緩期的跡象。

無怪乎之後迪爾德麗．麥克洛斯基在描述造成過去近兩百年來的昌盛系統時是用「創新主義」（innovationism）取代「資本主義」一詞。新的關鍵因素不是資本的有無，是因為出現經過市場測試，由消費者驅策的創新。她將工業革命的原因歸結到生產和測試新想法的去中心化：普通人也能夠做出貢獻，並選擇他們偏好的產品和服務，從而持續推動創新。要發生工業革命，試誤學習勢必變得受到重視。正如她二〇一四年在印度的一個講座中所提到的，貧人之所以變得富裕，並不是因為有慈善機構、規畫、保護、管制或工會，所有這一切都只是金錢的重新分配，來自於對窮人不會造成不利的市場所促成的創新。「相反地，對窮人來說，唯一可靠的好處就是解放和讚揚經過市場檢驗的進步和供給。」

但創新就只是這樣發生，還是它本身也是一個創造出來的產物？一九九〇年代，這個問題終於由保羅．羅默（Paul Romer）以他的內生增長理論（theory of endogenous growth）來解答。他認為技術進步並不僅是成長的副產物，更是公司刻意投資的結果。只要有合適的制度，一個讓你能販售產品的市場、防止盜竊的法規、一套合宜切具有誘因的財稅體制，適當的（但不要太多）知識財產權的保護，你可以著手創新，從中獲得回報，儘管要與世界分享一切，這就跟你著手打造一台機器的方式一樣。這大致上就跟我在寫這本書時，世界各地林林總總提供計程車服務的企業一樣（Uber、Lyft、Hailo……等），他們就是投資在創新本身。但是，除了一些關於制度的模糊說法之外，經濟學家仍然沒有解答創新的方式從何而來，只是說他們知道這會發生在開放、自由的社會中，透過貿易，和世界的其他地方相連，以便激發和交換想法。

而且就連這些解釋都在現象本身出現很久後才提出的。創新的激增降低滿足人們需求的成本，以及他們所需工作來滿足這些需求的時間，年復一年地提高生活水準，沒有人能夠真正解釋這些創新發生的原因與方式，更不用說是導致它發生的因素。現在你知道我對專家、政策和策略不抱持多大熱忱的原因了嗎？我們是不知自己身處在巨大的全球性演化狂潮中的小白鼠，而且是來自人類制度中最神祕的一處：市場。

我懷疑，我們永遠無法完整解釋創新的由來，盧克萊修對此作出最好的推理，他表示一種解釋需要全知，要聚集廣泛散布的知識。正如工業革命帶給世界的驚訝一樣，因為它是來自數千個片面的局部知識，而不是一項計畫，到今天為止的每一項創新都是成千上萬的人交流想法的結果。我們永遠無法預知創新；我們只能說，當人們可以自由交流時，這就會神祕地出現。經濟學家賴瑞・薩默斯（Larry Summers）告訴他的學生，「在沒有方向、控制、規畫的情況下，事物會在組織良好的努力中發生，這是經濟學家的共識。」

亞當・達爾文

斯密主義就跟達爾文主義一樣，是一套演化機制的理論，當中的假設是導致變化的原因並不是隨機的，但也不受到指導。正如我在二〇一二年的演講中所指出的，今天很少有人會注意到斯密和達爾文提出的論點間竟有這麼多的相似性。一般來說，亞當．斯密受到右派政治人物的擁護，而查爾斯．達爾文往往受到左派的青睞。比方說，在美國的德州，斯密的突現的、分散的經濟學十分盛行，但是達爾文的理論因為與智能管理的創造論牴觸，經常遭受批評。相較之下，在一般英國大學，則會找到擁抱基因組和生態系突現以及分散特性的狂熱信徒，卻又期待能夠為社會和經濟帶來秩序的干預政策。倘若連生命都不需要一個智能設計者，為什麼市場會需要一個主導的規畫者呢？達爾文揚棄神的地方也肯定就像是斯密揚棄利維坦的地方。他認為社會是一個有序的自發現象，而斯密也和達爾文一樣產生類似的疑惑：社會如何能在完全沒有指導的情況下產生這一切益處？

經濟演化是一場變異和選擇的過程，就跟生物演化一樣。事實上，相似度非常高。我在《世界，沒有你想的那麼糟》（*The Rational Optimist*）中強調，交換在經濟演化中所扮演的角色，就跟性在生物演化中一樣重要。要是沒有性，天擇就不具有累積的力量。發生在不同譜系中的突變就不會相遇，讓生存競爭從中選取。舉個例子來說，要是在哺乳動物的祖先物種中，有兩個不同個體，約莫是在同一時間，分別發展出皮毛和乳汁（這兩項特性是哺乳動物最重要的創新）。要是這個物種是行無性生殖，是由基因複製（cloning）的形式繁衍後代，即子代保有和親代一樣的遺傳物質，那麼這兩項新特徵就會保持在不同的，而且是相互競爭的譜系中。天擇便得從中選出其所偏好的。然而，在有性生殖的物種中，個體可以從母方繼承乳汁基因，從父方獲得皮毛基因。性使個體有機會獲得發生在物種中任何一處的創新。

交易對經濟演化會產生相同的效果。在一個貿易不開放的社會中，一個部族可能發明出弓箭，而另一個則懂得取火。這兩個部落現在會彼此競爭，要是火族戰勝，使用弓箭的部族將會滅亡，他們的想法與創新也隨著煙消雲散。但是在一個交易的社會中，火族有機會得到弓箭，使用弓箭的那一族也學會用火。貿易讓創新成為一種累積的現象。缺乏貿易行為可能就是實際上智能程度相當的尼安德塔人最後失敗的原因。這確實是許多孤立的人類部落在與其他能夠取得廣泛創新來源的人競爭時敗下陣來的原因。不用單靠自己村子的創新，你可以從其他地方獲得靈感。每天我用到的創新商品有成千上萬種，但很少是在我自己的國家研發出來的，更別說是我所住的地方。

神聖的消費者

談到經濟學時，幾乎大家都擺脫不掉創造論，很容易深陷其中。經濟學家唐・布德侯（Don Boudreaux）認為大多數人都是世俗的有神論者，相信社會秩序是「由一些更高階的權力人士精心設計、策畫、施行並引導出一切我們眼前所看到的秩序」。他們也認為「大部分我們所體驗到的經濟和社會秩序是政府施政的結果，因此，若是政府瓦解或不履行職責，必然陷入一片混亂。」

經常聽到有人衣冠楚楚地坐在椅子上，一邊品嚐咖啡，一邊看他們手機上收到的種種訊息，然後評論自由市場已經名譽掃地，卻沒有想到他們身邊的每一項事物其實來自於成千上百個生產商，其中美妙的協調合作，都是透過「市場力量」在沒有規畫的情況下達成的。你會聽到有人說，這一切之所以能夠發生，是因為政府提供道路、交通號誌、航空管制、警察以及讓商業得以運作的法律。確實如此，而且亞當．斯密是第一個觀察到保護貿易免於受到盜賊、強盜和壟斷，正是國家的責任。他完全不是無政府主義者。但是，從這裡就歸結出社會秩序來自於刻意設計或執行卻是荒謬的。是誰下令咖啡館應該用這樣的形式來經營？是顧客。

正如路德維希．馮．米塞斯（Ludwig von Mises）在一九四四年所指出的，市場經濟中真正的老闆是消費者。

他們透過購買以及不購買，來決定誰應該擁有資本和經營工廠。他們決定應當製造的產品以及產品的數量和品質。他們的態度決定企業主的盈利或虧損。他們使窮人變富，富人變窮。他們可不是好老闆。他們任性而為、充滿幻想，是多變而不可預測的。他們不會看在過去的情誼或好處，只要提供給他們的東西更好或更便宜，他們就會選擇哪項商品。

當大公司做出他們的顧客老闆不滿意的事，就可以看出其脆弱之處。可口可樂一推出新可樂就為該公司引發一場災難，是一場恥辱的挫敗。大公司很容易受到客戶衝動的影響，他們自己也明白這個道理。自由市場商業是人類組織中唯一一套由普通人掌控的系統，和封建主義、共產主義、法西斯主義、奴役和社會主義完全不同。

右派思維的人認為有很多東西是市場無法提供的，所以國家必須提供。這種想法內部有一純粹的神祕主義成分，但很少拿出來檢視和討論。因為市場有不能做的事，我們就一定得假設國家知道該怎麼處理這件事嗎？很多時候——這裡借用唐・布德侯（Don Boudreaux）的一句話，這只是「假設那裡有一個奇蹟」。過去幾個世紀以來的歷史顯示出，每當政府出手干預，提供人民無法自己提供的事物時，情況並不一定獲得改善，往往還會變得更糟。大家會琅琅上口地談市場失靈，卻沒有人講到政府失靈。

就拿人的食衣住行和教育與醫療這六項基本需求來說好了。大致上來看，在大多數國家，是由市場提供食物和衣物，國家提供醫療照護和教育，住房和交通則是公民營混合的狀況，是由政府扶植的半壟斷性特權私人企業所提供，可以簡稱為「裙帶資本主義」或是「權貴資本主義」（crony capitalism）。

過去五十年來，食物和衣服的成本穩定向下，醫療和教育的成本卻逐漸攀升，不覺得這件事有點蹊蹺嗎？一九六九年時，一般美國家庭平均的食物花費是二十二%，衣服支出是八%。現在，食物的花費是十三%，衣服是四%。然而，自從一九六九年以來，食物和服裝的品質與樣式都大幅提升，相比之下，保健醫療的開銷上漲一倍以上，從一般家庭開銷的九%上漲到二十二%；教育開銷則成長三倍，從一%增加到三%。但這兩者的品質經常遭到哀嘆和抱怨。成本不斷上升，品質卻沒有什麼改善，創新的過程相當緩慢。至於交通和住房，廣義上來講，由市場供應的部分，如廉價航空和建設公司都提供更便宜、品質更好的產品，但是國家所提供的部分，如基礎設施和土地規畫則變得日益昂貴和緩慢。

因此，乍看之下，市場在提供世人所需的這一點上，做得比國家更好（在滿足世人欲望這方面，比方說娛樂業也相當不錯）。但也許這樣的比較有失公平。醫療保健的成本勢必因為新的療程和人類壽命延長而膨脹。同樣的理由也可用於教育，關於這一點我暫時先不討論它。

此外，究竟是為什麼醫療保健和教育就應該由國家提供，難道就只因為這是一個既成事實嗎？因為市場還沒準備好要邁出這一步？這絕對不是理由。還是因為市場會欺騙不了解情況的消費者？在食物和衣物這方面並沒有如此，至少不是很嚴重。或是因為市場只會供應富人的需求？食物和衣物的例子再度告訴我們事實並非如此，醫學史也展現出一樣的故事。過去醫師對富裕客戶的收費會比窮人高，以前者來補貼後者的治療。之前擔任過醫師，現在在美國從政的榮恩·保羅（Ron Paul）曾經寫過，在醫療補助（Medicaid）和醫療保險（Medicare）出現前，「每個醫師都明白，他們對不幸的人有責任，而且提供免費醫療給窮人是行醫的常態。」

利維坦的替代品

真正要以反事實思考來測試的假設，是消費者能夠透過市場來掌控，而不是由政府官員透過國家體制來規範，醫療照護會變得更便宜、更好。若是食物的供應由政府來統籌，則會變得會更昂貴、更糟糕。美國第三任總統，同時也是《獨立宣言》起草人托馬斯．傑佛遜（Thomas Jefferson）很有先見之明地寫道：「若華盛頓教導我們何時播種、何時收割，那麼很快我們就會面臨飢餓。」在過去的蘇聯體制以及今日的北韓，糧食的供給是由國家整個壟斷，一路從田地到餐桌上，結果那時的蘇聯（和今日的韓國）生產力低落，經常出現糧食短缺、爆發食安醜聞，還要排隊，或是透過特權來配給。過去幾年，這些正是英國醫療保健辯論裡的主要論點。在提供食物時，消費者是強化做法改進、降低成本的監管人，但在醫療保健的提供上，整個系統是透過政府來運作。要追究當中的責任歸屬，往往遙遠而緩慢，而且通常是由生產者把持住監管的角色。

不過真正令人驚訝的是，違反常規完全背離事實的是友好會（friendly societies）的歷史。正如社會科學家大衛．格林（David Green）所顯示的，英國在十九世紀末和二十世紀，友好會像野草一般快速成長。到一九一〇年，全英國有四分之三的手工工人都成為會員。友好會是由小型的地方公會構成的，公會代表會員購買醫療保險，並和醫師與醫院議價。不盡責的醫師會被排除在這份醫療保險外，因此他們等於是直接對患者負責，這和今天回應佣金和管理階層的醫病關係大相逕庭。他們之間的競爭讓醫療費用得以維持在一定範圍，但醫師的薪資仍然優厚。所以，這樣一種國家衛生服務迅速增長，儘管還不是普及全國的，讓廣大工作族群安心工作，因為這能確保他們獲得無法直接自行負擔的昂貴療程。這套系統也是以自發而有機的方式出現，而且在十五年中，會員成長一倍。這是沒有國家參與的社會主義。毫無疑問，將會繼續擴大和演化。

不過友好會也是有敵人的。各家商業保險公司，組織成一個企業聯盟，稱為合盟（Combine），他們對友好會這些對手的作為深感威脅，遂發起反對活動。相當於醫師公會的英國醫學會也有所感，就如作家多明尼克·弗里斯比（Dominic Frisby）筆下所形容的，「令人討厭的事實是，在友好會系統下，客戶或患者具有控制權，而醫師得向他們負責。」傲慢的醫師不喜歡受到公會的指揮，更不用說是和他們議價。這些反對者成功地遊說當時的財政大臣戴維·洛伊·喬治（David Lloyd George）推行一套「國家保險」系統，這其實根本稱不上是一套制度，只是在稅務上動點手腳，抽取人頭稅。洛伊·喬治利用稅收，提高一倍醫師的最低工資，有效地將貧窮工人的財富轉移到富有的醫師那裡。隨著醫師收費提高，整個友好會系統立即開始萎縮。到一九四八年時，醫療照護產業國有化，國家開始提供所有醫療，基本上醫療的提供是免費的，並由最熟知政府的人來為你決定。

當然，在國有化系統中也有好醫師，友好會體系下也有壞醫師，而且醫療體系在友好會出現的那個時代以來徹底改變了，這都要歸功於科學和技術的進步。不過，系統本身也會隨著工資成長和種種新發現的腳步產生演化和創新。我們永遠不會知道二十一世紀的友好會醫療保健系統會演變成什麼樣貌，不過就我們對市場會驅動系統演化這一點的認識，它應當會迎合所有人的需要，特別是窮人，而且是以非常迅速的方式進展，其間的差異，就像是今日的超級市場和一九一〇的小商店一樣大。

這當中最糟糕的地方是「英國國家衛生保險」（British National Health Service）並不完全國

有化。醫療保健的規定已國有化，而且是由委員會來決定。但是，那些來治療你的工人，也就是醫師，是拿到慷慨條件的私人承包商。就跟現代生活中大部分的狀況一樣，國家將成本社會化，獎勵私有化。跟過去靠稅收的君主、靠捐贈的僧侶、尋求獎勵的海軍上尉、腐敗的殖民地首長所做的一樣，也是今日的廣播公司、藝術家、科學家、公務員和醫師甚至是所有的男男女女的作為。他們非常依賴國家提供的工資、預算或撥款。這就是現代知識階層（clerisy）。

在他們周遭圍繞著數千個靠私人收費過活的人，但是令人不可思議的是，他們的收費有相當高的比例直接來自於國家奢華的庫房，這些人包括銀行家、律師、建築師、環保人士等。我（其實不完全）驚訝地發現國會的事務主要是在處理尋找收取經費的專業人士，他們要求利維坦提供大量經費，無論是執行法規、探詢趨勢、研究個案還是興建電廠。商人更糟，說他們熱愛演化的自由市場根本是一個神話，實際上，他們不斷尋求特權和壟斷。亞當．斯密曾說：「同行的人很少會聚集在一起，即便只是為了嬉戲娛樂，但每次會談的結果不是有害公眾的陰謀，就是某種調漲價格的詭計。」他說得一點都不錯。

第七章

技術的演化

在那些日子
銅才是最有價值的東西；
金因為毫無用處而受輕視——
它的刀口很容易就變成鈍鈍的。
今天呢，銅下賤了，而黃金
則已經獲得了崇高的榮譽。
就是這樣，流動的歲月
改變著每一物得意的時節：
曾一度被珍視的東西，
終於變成毫無地位而被鄙棄，
同時另一東西卻脫離卑微的地位
而繼承了顯赫的光芒。

盧克萊修，《物性論》，第五卷，第一二七二～一二七七行

燈泡既可以用來作為發明的代名詞，本身也是一項重要發明。想像一下：你必須想個方法讓燈絲在電流通過時白熱發光（會發亮但不至於燒起來）。你必須把它包在玻璃裡，然後還要抽氣，使其達到局部真空。不管怎麼看，這都不是什麼能夠直接了當產生的想法。發明推陳出新，當中的想法，比起其他任何的想法可能帶來更多好處，產生更少壞處。發明為夜晚和冬季帶來廉價的光，照亮幾十億人的生活，取代會產生煙和失火危險的蠟燭及煤油，也讓更多兒童有機會接受教育。正如我在之前的書中提到的，它大幅降低一般薪資工人獲得人造光的工作時間，現在要獲取一小時的人造光，所付出的工時用不到一秒鐘，相比之下，在煤油燈的全盛時期要花上數分鐘，而燃燒蠟燭的時代則要幾小時的工時。當然，燈泡也曾用為審訊犯人的一種器具，但讓我們保持正面積極的態度，並感謝上帝賜給世人托馬斯．愛迪生（Thomas Edison）。

要是愛迪生在想出如何製作燈泡前就觸電身亡，今天的歷史會經完全改觀嗎？當然不會。還是會有別人會想出來。實際上，確有此人。在我住的地方，我們比較傾向稱新堡的英雄約瑟夫．史旺（Joseph Swan）為白熾燈泡的發明者，這樣的說法並沒有錯。他在愛迪生之前，就公開展示過他的燈泡版本，最後他們是已成立一個合資公司來解決他們之間的糾紛。在俄羅斯，他們則將功勞歸諸於亞歷山大．羅第琴（Alexander Lodygin）。事實上，根據羅伯．弗里德爾（Robert Friedel）、保羅．以色列爾（Paul Israel）和伯納德．芬恩（Bernard Finn）撰寫的發明史，至少有二十三個人在愛迪生發明白熾燈泡之前，就發明出類似的燈泡。雖然對大多數的我們來講，並不會認為一旦電變得普及，電燈泡的發明在所難免。愛迪生儘管聰明絕倫，在燈泡的發明上並非完全不可取代，也不是非他不可的。想想看，艾利沙．格雷（Elisha Gray）和亞歷山大．格拉漢．貝爾（Alexander Graham Bell）在同一天申請電話專利的故事。就算他們其中一人在前往專利局的路上被馬車輾過，歷史也不會有多大的變動。

在這裡，我想要說的是，發明是一種演化現象。從小，我受的教育告訴我，新技術是由像神一樣的天才所發明出來的，他們提出的想法改變了整個世界。蒸汽機、電燈、噴射機、原子彈以及電晶體之所以能夠問世，是因為有史蒂芬森、愛迪生、惠特爾、歐本海默與夏克利這些人物。他們是創造者。我們不僅認定這些發明人改變世界的功勞，還以獎品和專利來回報他們。

但他們真的值得這一切嗎？我確實很感激謝爾蓋．布林（Sergey Brin）設計出的搜索引擎，以及史蒂夫．賈伯斯（Steve Jobs）為我帶來了我的 MacBook 筆電，還有透過花剌子模（Al Khwarizmi）、斐波那契（Fibonacci）以及婆羅摩笈多（Brahmagupta）發展出來的零的運算規則，但是我會真心認為，要是這些人沒有出生，現在這個世界上就不會有搜索引擎、好用的筆電和零的運算規則嗎？正如一八七〇年是讓燈泡的發明「成熟」的一年，一九九〇年則是搜索引擎的發現「成熟」期。等到一九九六年谷歌（Google）出現的時候，世界上已經有很多的搜索引擎：Archie、Veronica、Excite、Infoseek、Altavista、Galaxy、Webcrawler、Yahoo、Lycos、Looksmart……這些僅僅是比較知名的。它們當時也許沒有谷歌那麼好，可是也有可能會變得更好。

事實是，幾乎所有的發現和發明都是在同一時期由不同的人提出，並導致激烈的爭端，互相指責對方盜取其知識財產權。在電力問世的初期，《電時代》（*The Age of Electricity*）的作者帕克・班傑明（Park Benjamin）觀察到「任何一項重要的電子發明，爭取其發明者頭銜的人總是不只一個。」

這樣的現象很常見，顯然透露出一些關於發明的必然性的跡象。正如凱文・凱利（Kevin Kelly）在他的書《科技想要什麼》（*What Technology Wants*）中所收錄的，我們現在知道有六個不同的人發明了溫度計，三個人發明皮下注射針頭，四個人發明疫苗，四個人發明小數，五個人發明電動電報、四個人發明攝影、三個人提出對數，五個人發明輪船，六個人發明電動鐵路。就更為宏大尺度來看，這不是一種多餘，再不然就是神奇的巧合。事物的發明或發現會適時的出現，這是不可避免的。歷史學家阿爾弗雷德・克羅伯（Alfred Kroeber）稱發明的歷史「是一連串無止境的相似案例。」

在科學界發生的故事，也跟在技術界發生的一樣。在英語系國家講的波以耳定律（Boyle's Law）就跟法語系國家的馬里奧特定律（Mariotte's Law）是一樣的。牛頓對萊布尼茲宣稱自己獨自發明微積分大發雷霆，憤怒不已，但萊布尼茲絕對是站得住腳。華萊士在讀了讓達爾文深受啟發的同一本書（馬爾薩斯的《人口論》），並且發展出同樣的想法後，逼得達爾文最後趕忙出版了他的理論。一八四〇年代，約翰・亞當斯（John Adams）和郁赫班・勒維黑耶（Urbain Le Verrier）之間關於誰發現海王星的爭端，在媒體上掀起白熱化的爭論，幾乎釀成英法兩國之間的戰爭。事實是他們兩個都發現了這顆星球。一九七九年在倫敦、巴黎、紐澤西州和紐約四個不同的實驗室分別發現腫瘤抑制基因p53，這對抑制多數惡性癌症非常關鍵。

就連愛因斯坦也無法獨佔他獨特的發現。他在一九〇五彙整出的狹義相對論的想法其實早在之前就有人構思出來，主要是亨利・龐加萊（Henri Poincaré）和亨德里克・洛倫茲（Hendrik Lorentz）。這樣說並不會損及愛因斯坦的能力。顯然，他比任何人都更快、更深入地發展出他的論點，只是我實在無法想像在整個二十世紀上半葉除了他之外，都沒有人提出相對論，就跟我們無法想像到二十世紀下半葉還沒有人發現遺傳密碼一樣。直到今天，大家都還在談將一九五三年發現DNA雙螺旋構造的功勞都歸功於前兩個人，卻忽視了那些努力工作才導致他們最後提出這樣想法的其他人。正如法蘭西斯・克立克在談到和他一起發現雙螺旋構造的夥伴詹姆斯・華生時，講到：「若是吉姆不小心被網球砸死，我相信我無法一人獨自解出這個結構，但又有誰能夠做到呢？」實際上有一大堆可能的候選人：莫里斯・威爾金斯（Maurice Wilkins）、羅莎琳・富蘭克林（Rosalind Franklin）、雷蒙・高斯林（Raymond Gosling）、林奈斯・鮑林（Linus Pauling）與史文・富爾堡（Sven Furberg）等人。雙螺旋和遺傳密碼的發現只是遲早的事。

遺傳學之父孟德爾可說是一個有趣的例外，不符合上述和同時代人有共同發現的規則。他發現的獨立分離律，不可分割的遺傳因子（基因）在一八六〇年代獨領風騷，儘管還是可以找到一位名叫托馬斯・奈特（Thomas Knight）的年輕人，在幾十年前腦中也曾浮現這樣的洞見，當時他注意到紫花豌豆與白花豌豆雜交所產生的後代多半都是紫花。不過有趣的是，孟德爾就跟奈特一樣都超前於他的時代。當時這樣的想法尚不成熟，而且由於它既不符合科學家原有的想法，也不是他們所需，就這樣被忽略了，實際上是完全遭到遺忘。在三十五年後，到一九〇〇年時，突然之間有三個不同的科學家無獨有偶地提出同樣的遺傳觀念，在幾經催促後，才將功勞歸給孟德爾。這是一個同時再發現的案例。此處的重點在於，遺傳學要到一九〇〇年才準備好要開始，而不是在一八六五年。就如同阻止不了事物的發現一樣，或許也無法催促它的腳步。

若你仍然認為許多同時代的相同發現可能是彼此抄襲所致，依舊對這樣的情節流連忘返再三回味，不妨看看核子連鎖反應的案例。所謂的四因素公式（four-factor formula）可以讓人計算出引發核子連鎖反應的必要臨界質量。當時的研發工作完全祕密進行，有六組不同的團隊找到了四因素的公式，分別在美國（三組）、法國、德國和蘇聯。日本也只差臨門一腳，英國則是協助美國的工作。

勢不可擋的技術進步

發現和發明的同時性意味著專利和諾貝爾獎基本上不大公平。事實上，每次頒完諾貝爾獎，幾乎都會造成一堆滿是失望與心懷怨懟的人，而且他們的難過都是基於很好的理由的。這情況也不只侷限在科學和技術界。凱文．凱利（Kevin Kelly）列出許多同時發行具有類似情節的電影，以及類似主題的書的例子。在列出眾多離奇晦澀，預示著哈利．波特主題，但J．K．羅琳從來沒讀過的書籍後，他冷酷地評論道：「因為大量的資金環繞在哈利．波特主題上，我們這才發現，男孩巫師帶著他的貓頭鷹寵物從火車站月台進入另一個世界，去到魔法學校的故事在此時的西方文化中不勝枚舉，不可避免地出現。」

在技術的進步中還有另外兩種現象壓倒性地出現，完全無法避免。首先是相當於生物學家所謂的「趨同演化」（convergent evolution），即在許多不同的地方出現相同的解決方案來處理一特定問題。好比說，古埃及人和古澳大利亞人在沒有相互交流的情況下，都相繼發明出彎把飛鏢。亞馬遜和婆羅洲的狩獵採集者也發明打猴子和鳥的有毒吹箭。值得注意的是，這種吹箭的正確使用方法並不是直覺式的，需要用雙手將其緊貼著臉，緩慢的轉圈，而不是完全固定住吹箭。

另一項透露出技術變革必然性的跡象來自於進展發生的方式，它是逐步增加，強勢地出現而且不可能避免。最明顯的例子就是摩爾定律（Moore's Law）。在一九六五年，電腦專家戈登・摩爾（Gordon Moore）在一矽晶體晶片上，畫上幾個「單位機體電路元件」。僅根據五個數據，他就推論出晶片上可容納的電晶體數量，每一年半就會成長一倍。他向他的朋友兼同事卡爾摩・米德（Carver Mead）請教，請他算出這樣的收縮極限在哪裡。結果米德發現這樣的收縮不僅讓晶片變得更密集，也提高其效能。運作速度上升，功耗下降，系統的穩定性提高，而且成本下降。用穆爾的話來說：「把事情做小，一切都同時變好。幾乎沒有權衡利弊的必要。」

詭異的是，電腦的進展一直遵循摩爾定律，僅有極小的偏差。穆爾本人曾預期當電晶體的尺寸達到直徑二五〇納米時就會達到其極限，但是在一九九七年，它超越了這個極限，並且還在不斷縮小中。要如何解釋這種非凡又可預見的規律性？你可能會說，好吧！這是一個自我實現的預言，因為技術人員知道可以怎樣改進，所以他們會確保它以這樣的速度完成。但是，一個告訴他的員工大步向前邁進的企業家，真的會獲得很大的優勢嗎？歷史上似乎從未發生過這樣的例子。在二〇〇五年，我們不可能想像一台二〇一五年的電腦的樣貌，更遑論是它的打造方式，更不用說是在一九六五年的時候，這中間的進展步驟才是至關重要的。就跟生物物種的演化一樣，每個中間步驟都必須發生在一個存活下來的有機體身上。

不過這一點並不會組止聰明的人以摩爾定律來思考未來。當艾維・瑞・史密斯（Alvy Ray Smith）和艾德・卡特莫爾（Ed Catmull）成立皮克斯（Pixar）來製作電腦動畫電影時，前後只延遲過兩次類似的計畫，因為他們那時認為電腦過於緩慢而昂貴。在不得不放棄第二次嘗試後，史密斯以摩爾定律預測，要在等五年電腦動畫電影才會是可行的，因為可以將摩爾定律重新改寫為「每五年，電腦就會進步十倍。」所以，當迪士尼五年後問皮克斯是否要製作《玩具總動員》時，他們毅然決然地接下這份工作，剩下的就是他們創造出的歷史。

幾年前，瑞・庫茲威爾（Ray Kurzweil）有了一個驚人的發現：早在晶片出現前，摩爾定律就已經存在。以外推法來推估二十世紀初的電腦性能，那時使用的技術完全不同，他在對數曲線上畫出一條直線。他發現早在集成電路存在之前，機電式繼電器、真空管和電晶體都是依循相同的軌跡來進展的。換句話說，這個世紀以來，一百英鎊的購買力，每兩年就成長一倍。若是摩爾定律在技術變革中持續成立，那麼就沒有理由認為它不會再度發生。當晶片最終到達其最小的極限，直線下滑的成本將會在另一項技術出現。

電腦時代也不僅摩爾定律才能預測某種規律性的出現。奎德定律（Kryder's Law）預測電腦硬碟存儲性能的成本會以指數倍率上升，一年約增加四成。庫伯定律（Cooper's Law）發現，自一八九五年馬可尼（Marconi）首次廣播以來，每三十個月可能同時透過無線溝通的數量就增加一倍。這在很大程度上是獨立於摩爾定律的。而且，有點詭異的是，這些定律在二十世紀的動亂時代也照樣成立，技術進展的步伐完全沒有被打亂。正如我在《華爾街日報》上發表的一篇文章所探討的，「大蕭條為什麼沒有減緩技術進步的速度？二戰期間科技支出大幅增加，為何沒有加速科技的進步？」

要解釋摩爾定律和它那幫親戚們的怪異規律，似乎只能說技術是會驅動其自身的進步。每種技術都是下一個技術的必要條件。讓摩爾定律發生的其中一人，這樣描述他的角色：「我們執行每個步驟，看看是否實際上可行，從中獲得勇氣、想法與技術層面的掌握，得以進入下一個步驟。」

事實上，這就是技術發展的故事，從石器時代到今日，不論是在哪個大洲的哪個角落，技術都是以穩定的方式從一個工具進展到下一個，很少出現跨越式的跳躍，或是走上什麼捷徑。正如凱利所言，這樣的順序總是十分一致，而且在各大洲都是顯著相關，「利刃總是在火之後才出現，而人類的墓葬則都是在利刃之後，有了焊接技術之後才出現弓。」一直到今天，都很難找到一個國家，沒有先成功歷經農業和製造業，就轉型為知識經濟體系。這正是近年來日本、韓國、中國、印度、模里西斯和巴西所走的路，也是英國和美國之前在十八、十九和二十世紀以較為悠開的步伐所走的路。

這樣的路徑依賴性（path dependence）在某些方面來說是顯而易見的。發明出鋼鐵、水泥、電力和演算，並理解核子物理之前，開採鈾礦是沒有意義的。科技進展就跟演化一樣，會往演化生物學家斯圖爾特．考夫曼所謂的「相鄰的可能性」（adjacent possible）那邊靠過去。不會跳越到遙遠的未來。最近，我試圖找出一些由來已久的發明，那些應當更早發明出來的事物，那些我們現在視為理所當然，但若祖父母輩能夠擁有會覺得很棒的東西。出乎我意料的是，我找不出幾個例子。想到我年輕時拖著沉重的行李到火車站的慘況，我認為輪式手提箱應當會是一個很好的例子。伯納．沙度（Bernard Sadow）在機場看到搬運工以推車搬運行李後，於一九七〇年申請輪式行李箱的專利。他的專利是四輪的行李箱，加上一條鍊子，基本上就像拉隻狗一樣。多數的行李箱業者都沒有把他的設計當回事。十七年後，到了一九八七年，航空公司飛行員羅伯特．普拉斯（Robert Plath）提出兩輪行李袋加上伸縮手柄的構想。這兩者的結合應該要更早問世吧？關於這一點，其實我無法確定。在一九七〇年之前，機場的規模較小，你可以一路開車進去，直接辦理登機手續，當時火車站也有搬運工用他們的推車幫忙搬行李，所以幹麼要在行李箱上裝輪子呢？而且那時的箱子還是要很重的鋼鐵製造的。現在回想起來，一九七〇年很可能是塑膠和鋁讓輪式行李箱首次變得實用的時刻。實際上，發明很少會遲到，它們會恰好在萬事俱備的正確時機出現。一九八二年，第一台筆記型電腦問世，那時的電腦終於發展到體積夠小，不會粉碎你的膝蓋，掉到地上的程度。

大海打造的船

凱文．凱利二〇一〇年出版的那本書並不是近年來唯一一本以演化的角度來描述技術發展過程的書。二〇〇九年，聖塔菲研究所的布萊恩．亞瑟（Brian Arthur）出版了一本書，明叫《技術的本質：何謂技術以及何演變》（*The Nature of Technology: What it is and How it Evolves*），他在結論中寫道：「新技術透過現有技術的結合而產生，而現有的技術導致進一步的技術……（因此）我們可以說，技術是由其本身創造的。」他在技術的發展中看到有益的創新不斷累積，展現出明顯的達爾文演化模式。我自己在二〇一〇年所寫的《世界，沒有你想的那麼糟》（*The Rational Optimist: How Prosperity Evolves*）書中，也提出類似的觀點，凸顯兩性生殖系統中基因重組會產生新的生物特性，這和貿易系統中想法的重新組合造成新技術之間的相似性。「有性生殖的概念」解釋了為什麼創新往往發生在開放的自由貿易社會。同年，史蒂芬．柏林．強生（Steven Berlin Johnson）發表了《創意從何而來：讓好點子源源不絕的七大模式》（*Where Good Ideas Come From: The Natural History of Innovation*），在當中發技術發展的歷史，就像生物演化一樣，是一「漸進但無止息的探索每個相鄰的可能性，每一個創新都打開新的探索途徑。」經濟學家提姆．哈福德（Tim Harford），在他二〇一一年出版的《適應：為何成功總是源自於失敗》（*Adapt: Why Success Always Starts With Failure*）書中指出，「試誤學習在一個複雜的世界是用來解決問題的強大方法，專家的指導其實沒什麼用處。」以智能設計來解釋社會，就跟用它來解釋演化一樣糟。

若不是我們五個相互抄襲，那就是在二十一世紀的第一個十年間確實又在技術發展的歷史中出現同時發現的各式（哈！又是一個例子）與演化的細節十分相似的模式。這樣的想法已經成熟。當然，我們五個都不是第一個注意到〈機器裡的達爾文〉（*Darwin among the machines*），這是一八六三年山繆・巴特勒（Samuel Butler）一篇文章的標題。沒過多久，人類學家奧古斯特斯・皮特里弗斯（Augustus Pitt-Rivers）繪製出原住民武器的譜系，顯示出在世代之間的改造模式，這正是演化的一大特點。

從這些蛛絲馬跡中浮現了第一個對發明史中那些英雄式敘事手法的挑戰，將功勞全都歸給天才的偶然發現。實際上全然不是這麼回事，技術的發展是漸進且難以阻擋的。一九二〇年代，美國社會學家科拉姆・吉爾菲蘭（Colum Gilfillan）追溯從獨木舟到輪船的船隻發展譜系，顯示出那些講述突然之間發明出來什麼的故事背後都隱藏著漸進的技術進程，以及按部就班的必然性。到一九二二年時，威廉・奧格（William Ogburn）發展出關於發明之所以出現的成熟理論，他表示「有待發明的越多，發明出來的數量就越大。」經濟學家熊彼特和海耶克都是以達爾文的思維來看待經濟，認為這是一套想法在當中重組，趨勢浮現的系統，而不是強加於社會之上的。一九八八年，喬治・巴薩拉（George Basalla）寫了《技術的演化》（*The Evolution of Technology*）一書，在當中強調接二連三的創新之間的連續性。他指出，艾里・惠特尼（Eli Whitney）的軋棉機不是無中生有的全然創新，而是改良自印度的輥軋機（charka）。巴薩拉的結論是，在技術史中，即使是拿渦輪噴射機替代螺旋推進器，或是電晶體取代真空二極管的例子來說明技術突然出現大躍進，與過去毫無關聯，都充滿誤導之嫌。渦輪噴射機和電晶體的背後都有一段漫長和漸進的歷史，儘管在其他應用上可能不是如此，比方說渦輪機和晶體無線電接收器。在強調連續性時，他指出就運作機制與設計來看，第一代的汽車基本上就是加了引擎的四輪自行車。

關於技術演化有一段極為精闢的見解，來自於一九〇八年一位哲學家「阿朗」（Alain），其真名為艾米爾．夏提耶（Emile Chartier）對於漁船的描寫：

> 每艘船都是從另一艘船複製過來的……讓我們以達爾文的觀點來推論。設計不良的船顯然在一兩次航行之後就會沉到海底，所以不會遭到複製……因此可以相當嚴謹地說，是海本身在打造船隻，選擇那些功能良好的，摧毀其他的。

是海本身在打造船隻。正是這樣激進的重新想像所激發出的新浪潮，正在翻轉本世紀全世界對技術演化的思考。

市場差不多也是如此。事實上，正如彼得．杜拉克（Peter Drucker）在他一九五四年那本經典的商務書《管理的實踐》（*The Practice of Management*）中所寫的，客戶大致上也是以相同的方式在塑造公司，「企業是由客戶來決定的。因為是客戶，而且只有客戶，藉由購買一項商品或一種服務的意願，將經濟資源轉化為財富，將東西變成商品。」

技術與生物之間的相似性並不僅限於兩者都展現出世代修改以及透過試誤學習來演化。生物和技術，最終都可歸結成一套資訊系統。就跟人體只是寫入DNA訊息的一種表現，而其非隨機的安排是一種與能量最低、亂度最大的熱力學定律完全相反的「資訊」表現，蒸汽機、燈泡或是軟體組合本身也是一種有秩序的資訊片段。這樣說來，技術也是一種生物演化的延續，將資訊的秩序加諸在一個隨機世界中。

此外，越來越多的技術正發展出一種主體性，並且開始具備生物實體的特點。布萊恩・亞瑟認為技術既然可以自我組織，又能在接收和使用能量來維持其存在的同時加以複製，並且因應和適應環境，那麼它就有資格稱做是一活生物體，至少和珊瑚礁具有同等的地位。當然，要是少了動物（也就是人）的建立和維護，它是沒有辦法存在的，不過，話說回來，珊瑚礁何嘗不是如此。而且誰知道將來技術會演變成什麼樣貌，也許有一天它會開始打造和維持自身？凱文・凱利稱此為「技術體」（technium），用以描述包含今日所有機械的一個集體，它們是一組不斷演化的有機體，已經是「一個非常複雜的有機體，往往會遵循自身的衝動」。它「想要的，就跟每一活生生的系統所想的一樣：延續自身」。到二〇一〇年時，網際網路的超連結大概和人類大腦突觸之間的超連結一樣多，而且有相當的比例源自於設備本身，而不是由人建立的。事實上，已經不可能將網路關閉了。

若是「技術體」真的有其自身的演化動勢，那麼開發新產品的方式應當是鼓勵技術演化，而不是嘗試設計新產品。飛機製造商洛克希德（Lockheed）在一九四〇年就有這樣的觀念，基於此他成立了所謂的「臭鼬工廠」（skunk works），這是一個實驗室，幾乎以隨機方式來把玩種種的新設計。U-2、黑鳥偵察機和隱形轟炸機就這樣在這座臭鼬工廠中應運而生。谷歌也同樣地將自身轉變成一個試誤學習的公司，鼓勵員工花二〇%的時間投入他們自己的計畫。幾年前，跨國公司寶潔（Procter & Gamble）揚棄了獨佔和祕密的研究方式，改走「開放式創新」的路線，準備採用公司外部引進的想法，和他們的創造者合作。這項計畫稱之為「連接與發展」（Connect and Develop），該公司表示目前它正在開花結果中。比方說，他們和辛辛那提大學與其他合作夥伴打造出「活得好聯盟」（Live Well Collaborative），構想出種種設計概念，創造滿足老年人需求的產品。最後推出二十多個產品。

將技術看作是一種不斷演化的實體，不論是誰在主導，都能自主發展，這種新的看法產生的影響相當驚人。人是這個過程中的過客。我們是搭上創新浪潮，而不是加以推動。技術會發現它的發明者，而不是相反過來。除非是毀掉一半的總人口，否則我們完全沒有其他方式來阻止它的發生，甚至就連這樣做恐怕也無法阻止。事實上，禁止技術發展的歷史相當具有啟發意味。明代的中國曾禁止過大型船舶，幕府時代的日本則禁過槍械，中世紀的義大利禁止絲綢紡織，一九二〇的年代的美國禁酒。這些禁令可以持續很長一段時間，以中國和日本來說，足足維持了三個世紀，但只要競爭存在，最終還是會走到盡頭。同時，在世界的其他地方，這些技術依舊不斷發展。

今天，我們無法想像軟體的開發會有停止的時候。不管聯合國採取多麼強硬的態度來強制執行軟體開發的禁令，在世界某個地方還是會有國家培養程式設計師。（這個比喻有點荒謬，不過足以表達我的觀點。）要禁止需要大筆投資和國家規範的大規模技術發展相對容易。舉個例來說，二十年來，歐洲基於預警原則相當成功地維持農作物基因改良的禁令，而且目前看起來對於頁岩氣開發也會採取一樣的做法，在很大程度上這要歸功於「水力壓裂法」（fracking）這個讓人聽起來不太愉快的字眼。不過，即使如此，也不可能阻止這些技術在世界各地的發展。基因改造和水力壓裂法在其他地方都蓬勃發展，分別減少了農藥的使用量和二氧化碳的排放量。

而且，如果說沒有辦法停止技術的發展的話，也沒有辦法讓它轉向。用凱利的話來說，「技術體想要演化所開始的。」技術變革是一個比我們所意識到的更為自發的現象。這不是什麼發明家的英雄事蹟，打造出一場革命的故事，創新是一場勢不可擋、漸增而緩慢的變動。

專利的懷疑論

講了那麼多創新的漸進、必然性和集體性，若說我不大支持專利和智慧財產權，應該也不會讓人太過意外。它們給予個人太多的功勞和獎勵，並且暗示著技術的演化都來自於一些怪人。我不相信專利真的如一般所聲稱的那樣，對於激勵西方社會的創造力有那樣關鍵的作用。莎士比亞在沒有版權的保護下寫出令人驚嘆的劇本，以低廉的售價販售，還有觀眾抄寫下來，在上演的幾週內，就在倫敦到處兜售。

要記住，專利權最初的概念並不是為了透過獨佔利潤的方式來獎勵發明者，是為了鼓勵他們分享自己的發明。只需要一些智慧財產權法規就能達到這一點。但現在已經做得有點過頭。

現在大多數的專利都著重在維護獨佔和遏制競爭對手的部分和分享想法一樣多。而這一點會阻礙創新。許多公司以專利做為屏障，控告那些擅用自己知識財產權的新創者，即便他們的目標不同。在第一次世界大戰爆發前幾年裡，飛機製造商一直以專利訴訟來綁住同業的腳步，使得創新過程變慢，直到美國政府插手干預為止。同樣的情形也出現在今日的智慧型手機和生物技術產業中。新加入者如果要利用現有的技術來打造新的，必須通過「專利叢林」的考驗，殺出一片自己的血路。（我剛剛違反了版權：最後這四句話直接援引自我在《華爾街日報》發表的文章。）

專利在處理同時發現的案例上也很不明確。正如之前所提到的，同時發明是常態，而不是例外。然而，專利法庭卻堅持某個地方的某個人方值得享有優先權和利潤。經濟學家亞歷克斯·塔巴洛克（Alex Tabarrok）畫了一個狀似凸面鏡的曲線圖，藉此說明有一些智慧財產權會比完全沒有好，但若是過多反而有害。他認為，現行的美國專利法遠遠超出了最佳點，並且在他二〇一一年出版的《啟動創新文藝復興》（*Launching the Innovation Renaissance*）中表示，在實際的操作上，模仿往往比創新更昂貴。因此，根本不需要保護智慧財產權，因為模仿者的學習曲線太過於陡峭，根本不划算。就算你在九〇年代末期能夠自由複製谷歌的搜索引擎，等到處理完當中讓谷歌也必須努力解決的所有隱藏障礙，又會落後他們好多年。

複製並不便宜

抄襲模仿不會比原創便宜的主因是「默識知識」（tacit knowledge）。企業家在創造過程中的小撇步和尋獲的捷徑多半都留在自己的腦中。即便是在寫得很明確詳盡的論文或專利中，都無法道盡所有細節，讓外人在諸多可能的實驗迷宮中重新走一遍原來的路徑。一項關於雷射的研究發現草圖紙和書面報告都不足以幫助他人複製雷射的設計：你必須得直接去和設計者交談。海耶克在他的論點中特別指出這一點，「我們必須用到的情境知識永遠無法以濃縮或整合的形式呈現出來，僅會分散在不完整，而且經常與個別的個體所知的相左。」或者如邁可．博藍尼更為簡潔有力的說法，「我們能夠知道的比我們所知的多得多。」賓夕法尼亞大學的艾德溫．曼斯菲爾德（Edwin Mansfield）在一九七〇年代時研究了美國新英格蘭地區四十八種化工、醫藥、電子和機械產品的發展，結果他發現，平均而言要仿製一個產品的成本比產品最初的研發高出六十五％的經費，而且還要多投入七十％的時間。並且這還是由具有技術專長的專家來進行，若是從頭開始摸索，仿製所需的花費更大。商業公司會進行基礎研究，因為他們知道這能讓他們獲得創新所需的隱性知識。

這條規則還是有例外，最明顯的就是複製昂貴的藥品，這些仿製品，即所謂的學名藥或是非專利藥（generics）確實比研發新藥來得便宜許多。這在很大程度上是因為政府的安全把關具有規範作用。國家要求以大型臨床試驗來證明新藥是無害的，而且具有療效，這規定不是不合理，但這也意味著要耗費數十億美元的成本才能讓新藥上市。講白一點，再要求製藥公司花費這樣巨額的資金後，政府當然得在新藥獲得許可後，讓他們多少能壟斷一下市場。儘管有很多證據顯示大型製藥公司都將獨佔市場的獲利用於行銷，而不是研發。

科學是技術的女兒

政治人物以為創新可以像水龍頭一樣開關。最先是從純科學的見解開始，然後轉換到應用科學領域，最後轉變成有用的技術。所以，身為一個愛國的立法者，就是要確保象牙塔頂端的科學家能夠獲得足夠的資金，然後就在塔的底部等著新技術出爐。

這樣以科學推動創新和繁榮的「線性模型」思考可以回溯到詹姆士一世時期的總理大臣法蘭西斯・培根（Francis Bacon）身上，他當時力主英格蘭要趕上葡萄牙人透過科學而推動各項發現和商業利益的腳步。據說十五世紀時身兼航海家的亨利王子在他葡萄牙薩格雷斯半島別墅莊園中以大筆經費挹注一個特殊的學校，研發地圖製作、航海技能和導航，讓他們能到非洲探險，並且獲得龐大的貿易獲益。這就是培根想如法炮製的。

若是沒有先發明出航海針，就不可能發現西印度群島……一個好的政府最值得投資的就是為這世界深化紮實且豐富的知識。

不過，近來的學界已暴露出這樣的傳聞只是一則神話，或者更確切一點來說，這根本就是亨利王子的宣傳手法。就跟多數的創新一樣，葡萄牙的航海技術進展也是透過水手之間的試誤學習累積出來的，並不是來自天文學家和製圖學者的推測。就算有的話，也是科學家受到探險家的需求所驅動，而不是由他們驅動探險。

由生物化學轉行經濟學的特倫斯・基爾利（Terence Kealey）教授以這個故事來說明在科學界和政界普遍流傳的線性教條，即科學推動創新，進而帶動商業的想法，大致上來說是錯誤的。這對創新從何而來有嚴重的誤解。事實上，這個過程大致上完全相反過來。回顧創新史，你會一次又一次的發現，科學突破是技術變革的結果，而不是原因。在探險時代的風潮下，天文學蓬勃發展，絕不是偶然。

蒸汽機的發明基本上跟熱力學毫無瓜葛，倒是熱力學得益於蒸汽機非常多。十九世紀末和二十世紀初，化學的研究成果豐碩，這主要是受到染料製造商的需求所驅動。DNA結構的發現，在很大程度上取決於生物分子的X射線晶體學，這項技術是羊毛紡織業為了改善紡織品所發展出來的。

類似的例子不勝枚舉。紡織業的機械化是工業革命的核心，帶著移動式紡織機、框架、走錠精紡機、飛梭和磨坊陸續走進歷史，為蘭開夏郡和約克郡的產業樹立起里程碑，讓英國在突然之間富強起來。然而，在驅動這場變革的嫻熟技工和企業家之間，找不到一絲絲的科學。類似的狀況也出現在二十世紀末手機的研發上。若是想要找出哪座大學對這場手機革命有作出什麼重大貢獻，那注定是白費工夫。在手機的例子中，技術的進步是來自那些修修補補直到產生更好的機器的實作人員，哲學沉思是他們做的最後一件事。

正如納西姆・塔雷伯所堅稱的，從十三世紀建造大教堂的建築到現代電腦發展所採用的方法，技術的故事是一連串經驗法則的故事，是透過學徒制的學習、偶然的發現、試誤學習，不斷修修補補而成，就是法國人所謂的「修補拼裝」（bricolage）。

源自於技術的技術遠比源自於科學的多。而且科學也是源自於技術。當然，科學可能也會不時回報技術。比方說，若是沒有分子生物學這門科學，就不會有所謂的生物技術。但是培根的線性模式所強調的從科學到技術，從理念到實踐這樣單向的流動，根本是無稽之談。反向的流動要大上許多，是新技術讓學術界有研究的材料。

舉個例子來說，近幾年以水力壓裂技術來開採頁岩氣變成十分熱門的話題，這有可能讓一項政府資助的研究推動一場能源革命，並交付給產業界付諸實行。一份來自加州突破研究所（Breakthrough Institute）的報告指出，由聯邦的桑迪亞國家實驗室（Sandia National Laboratory）開發的微地震成像（microseismic imaging）技術，對於米歇爾能源公司（Mitchell Energy）的工程師尼克・史坦斯伯格（Nick Steinsberger）所領導的「減阻壓裂法」（slickwater fracking）研發團隊在「鑽井工人的探測與鑽孔定位上市絕對必要的。」

為了要釐清真相，我特別去問了一位水力壓裂技術的主要開發者克里斯・萊特（Chris Wright），他自己的品尼高科技公司（Pinnacle Technologies）在一九九〇年代晚期改良原先的壓裂法，在德州沃夫茲附近和周遭的巴尼特頁岩探測到大片的天然氣資源。擁有巴尼特頁岩氣開採權的喬治．米切爾（George Mitchell）一心想要開採出當中的天然氣，他採用了品尼高公司的方式，以減阻的水，而不是厚厚的凝膠，在恰好的壓力下配合砂子衝過多層的裂縫開通出天然氣，最後證明這方法確實是革命性的。萊特在向米謝爾公司的史坦恩斯伯格簡報時，說服他採用減阻水壓裂法。品尼高公司又是從哪裡得到這個想法的？萊特聘請了來自聯邦的桑迪亞國家實驗室的諾姆．魏平斯基（Norm Wapinski）。又是誰曾資助魏平斯基在桑迪亞國家實驗室的計畫呢？是天然氣研究所（Gas Research Institute），這是一個由天然氣產業研究聯盟資助的單位，完全是私人資助的，其資金來自於州際天然氣管道的自願徵收經費。所以，聯邦政府唯一的貢獻就是提供工作的空間。正如萊特所評論的，「要是我沒有聘請來自桑迪亞國家實驗室的諾姆，整件事就沒有政府的參與。」這僅僅只是開頭而已。之後還是花了很多年，很多經費才讓水力壓裂法開花結果，成為一種可行的技術。這其中大多數的工作都是由產業界來完成。一旦萊特開始破解這道難題，政府的實驗室為他開了一條路，提供服務和公共資金，讓他努力改善壓裂法，並研究在地表下一英里的地方岩石的斷裂是如何傳播的。他們搭上了這班列車，還用到一些科學，這是產業界發展的技術的結果。但政府不是源頭。

在亞當．斯密環顧十八世紀蘇格蘭的工廠時，他在《國富論》中寫道：「在製造業利用的機器中，有很大一部分……最初是由普通工人發明的。」而且許多改良都是來自於「機器創造者的聰明才智」。斯密甚至不認為大學是促進哲學進步的源泉。我很遺憾地對我學術象牙塔的朋友這樣說，我很敬重他們的研究，但若是你認為你的想法繆思是那些實用的創新科技的源頭，那你就大錯特錯了。

科學作為一種私人商品

由此可見，政府不太需要資助科學，產業界會自行研發。只要做創新，就能支付背後的研究工作，就像是在微震成像和水力壓裂法的例子中我們所看到的。蒸汽機的發明支付了熱力學的研究。特倫斯·基爾利（Terence Kealey's）的這番結論太過激進，完全超過大多數經濟學家和科學家的理解範圍。幾十年來在這兩者的專業中，都深信要是科學少了政府的資助，根本無法進行，而且要是沒有將由納稅人的錢用來資助科學，經濟就不會有所成長。這樣公認的想法已經流傳了半個多世紀。是由經濟學家羅伯·索洛（Robert Solow）一九五七年提出的，他指出技術創新是經濟增長的主要源頭之一，至少在沒有擴大領土或人口不斷增長的社會中是如此。他的同事，另外兩位經濟學家理查·尼爾森（Richard Nelson）和肯尼斯·亞羅（Kenneth Arrow）分別在一九五九年和一九六二年分別解釋過政府對科學的資助是必要的，複製他人比原創研究來得便宜。這樣一來，科學就變成一種公益事業，一項服務，就像是燈塔的光必須由公費提供，因為不會有人願意提供免費的燈光。私營的個體不會想做基礎科學，因為從中得來的想法等於是免費提供給他的對手。

基爾利寫道：「尼爾森和亞羅的的問題在於他們兩個都只是在談理論，只要一兩個人稍微認真探究，就能跳出他們經濟學的窩巢，注意到在現實世界中確實是有私人資助的研究存在。」基爾利認為目前並沒有找到實證證據支持研究需要公共資金，而且歷史告訴我們的故事正好相反。在十九世紀末和二十世紀初，英國和美國的科學經費幾乎少到可以忽略不計，但他們對科學做出了巨大貢獻，反倒是德國和法國，他們的公共支出背負沉重的科學預算，可是不論是在科學或經濟上都沒有收到很大的成效。基爾利結論道：「工業化國家的政府對科學的投資越少，經濟成長得越好，而且他們的科學也不會變得很糟。」

對大多數人來說，以公共資金資助科學的論點都著眼於一系列以公共資金所得到的新發現，從網際網路（美國的國防科學）到希格斯玻色子（位於瑞士的歐洲核子研究中心的粒子物理學）。但這當中其實存在有很大的誤導。既然政府都已經投資大筆經費在科學研發上，如果沒有做出什麼發現那才是真的很奇怪。我們無法得知，若是資金來自於其他地方會有怎樣的發現。我們也永遠不會知道，因為政府的科學經費，而不可避免地排擠掉許多原先可能佔有不同優先順序的慈善和商業資助資金，會造成哪些新發現無法實現。

二次世界大戰後，英國和美國改變策略，開始大量以公帑資助科學研究。戰爭科學和蘇維埃的國家資金成功促成第一顆人造衛星的誕生，顯然國家資助似乎會造成一番不同的局面。不過，這裡真正讓我們學到的事，其實還有其他路徑存在。這顆人造衛星在很大程度上是藉助羅伯・戈達德（Robert Goddard）的研究，他的資助來自於古根漢家族。而且，英美這種大量提升科學資金的方式，並沒有帶來商業利益。他們的經濟成長速度並沒有比之前快。

二〇〇三年經濟合作與發展組織（簡稱OECD）發表了一篇在一九七一到一九九八年之間「OECD國家的成長來源」報告，其發現相當出人意外，私人資助的研發會刺激經濟成長，是政府資助的研究卻對經濟沒有任何影響。完全沒有。這項驚天動地的發現至今都沒有遭到質疑或推翻。然而，這對當中沒有論及的科學需要公共資金的說法卻造成一種難堪的局面。

二〇〇七年經濟分析局的李奧・斯麥考斯卡斯（Leo Sveikauskas）對此的總結是公共資助的各種研發所產生的收益接近於零，而且「許多大學和政府的研究計畫其回報率非常低，就算有，也都只是間接地促進經濟成長。」正如美國大學（American University）的沃爾特・帕克（Walter Park）所下的結論，之所以會出現這種落差，是因為公共資金研究幾乎排擠掉所有的私人資助。也就是說，如果政府把經費投注在錯誤的科學上，往往會阻礙從事正確科學的人的工作。但是，在大多數國家，由於政府的預算佔了一個國家GDP的三分之一以上，並且將會投入在某樣東西上，要是這些錢沒有流入科學研究，確實非常可惜，畢竟這是人類文化的一大勝利。

創新，是一個突現的現象。過去推行的鼓勵政策，包含專利、獎勵、政府資助，有時可能多少有所幫助，但通常結果都出乎意料。只要條件合適，新科技會以其自己的節奏，在適當的地方和時間點出現。讓人能夠自由交流思想，回到自己的直覺和預感上，創新將隨之而來。科學見解也是如此。

第八章

心智的演化

來吧，現在為了使你能認識
所有生物的心靈和很輕的靈魂
都是有生有死的，我將繼續
來把適合指導你生命的詩章寫下，
長期的探求和愉快的勞動所發現的詩章。
請你在一個名稱下把兩者結合起來，
例如當我將談論著靈魂
指出它是不免一死的時候，
請記住我同時也是在談著心靈——
因為兩者是一物，是結合著實體。

盧克萊修，《物性論》，第三卷，第四一七～四二五行

喜劇演員艾默．飛利浦（Emo Philips）曾經開玩笑地表示，他認為他的大腦是自己身上最迷人的器官，直到他意識到是誰告訴他這一點為止。這是一個彰顯出「自我」、心靈、意志或靈魂荒謬性的笑話。實際上來說，這些全都只是身體的表現，不能將其抽離出來，單獨談論。然而，當我們在談這些時，彷彿真有一個自我存在，宛如一住在機器裡的幽靈，或是根據哲學家蓋倫．史特勞森（Strawson）所構思出的意象，這是一串意志的珍珠，寄居在一個軀體的外殼中。相信在我們頭顱深處的某處灰質區，有一個完整的區域寓居著自我，顯然只是一大錯覺。而且，一旦接受自我只是身體的一種現象，就能夠明顯地看出自我不會統籌身體的一切，這就跟水壺中的蒸氣不會掌控整壺水的道理一樣。自我是思考的結果，而不是原因。要是不這樣想的話，無異是斷定有一神奇的、非物質的精神化身的存在。

要花一番工夫才能讓自己拋下這種心態，從中解放出來，特別是在十七世紀法國哲學家笛卡兒（René Descartes）賦予這種想法粗淺的理性基礎之後。笛卡兒本人並不符合他自己經常意圖呈現給世人的形象，並不是個徹底的二元論者。但是，不論是否公允，他確實挺身支持二元論的想法，認為在我們有形的身體裡，有一個無形的靈魂，不受物理世界的規則所管轄，他認為松果體就是連接身體和心靈的地方。幾個世紀以來，這個觀念一直主導世人的想法，直到今天，都還以某種形式存在著。大多數的我們還是隱隱約約地覺得，好像有一隻侏儒坐在腦中，就在所謂的「笛卡兒劇場」（這是為了紀念笛卡兒而命名）的前排，透過我們的眼睛來觀看這場人生大戲。在電影《黑衣人》（*Men in Black*）中，范倫鐵諾（Linda Fiorentino）筆下的角色就在屍體中找到了這樣一個怪異的小矮人，坐在顯然是人頭的控制室裡。

然而，有一段時間笛卡兒的想法和另一位同時代的葡萄牙猶太後裔的哲學家在荷蘭遭到抵制。史賓諾莎（Baruch Spinoza）所持的觀點更為激進、開明而且具備有演化觀。他的學說不可思議地預示了現代神經科學的結論，卻也因此被當成宣揚邪說的異端，而遭到迫害和流放。史賓諾莎的觀點和笛卡爾完全相反，主張物質和心靈之間是平等的，這是一個具有毀滅性的現代觀點，日後法蘭西斯．克立克稱此為「驚人的假說」，即（以史賓諾莎的話來說），「思考的實體（心靈）和擴延的實體（物質）是同一件事，各自有不同屬性的同一個實體。」

嚴格來說，史賓諾莎並不算是一個唯物論者，他認為物理事件有其心理原因，反之亦然。但他針對自由意志做了一番論證，認為這只是一場幻覺，至少有部分是如此。史賓諾莎認為我們所相信的我們所擁有的個人自由，「事實上僅說明了人意識到自己的慾望，而對決定慾望的成因卻一無所知。」就這點來看，我們對自己生命的掌控，與從山上滾下來的石頭對其運動的掌控相比，所差無幾。

異端

今天普遍傳說這樣質疑靈魂存在的觀點足以讓史賓諾莎在當時被斥為異端。事實上，我們並不知道一六五六年，時年二十四歲的史賓諾莎會被阿姆斯特丹會堂絕罰的真正原因，因為那時候他還沒有發表任何東西。不過很有可能是因為他質疑聖經的正確性，或是暗示上帝是大自然的一部分。是這些異端說法導致史賓諾莎受到打壓，而且即使在他過世之後很久，仍然和盧克萊修的命運一樣，不斷遭到詆毀，從而埋葬了他對思想和自由意志的科學見解。

史賓諾莎的《倫理學》（Ethics）一直到他於一六七七年去世後才出版，並且引起一片譁然與公憤。不論是猶太人、天主教徒、喀爾文教派還是君主專制體系，全都群起反對。這本書遭禁，並且遭到沒收，即使在荷蘭也是如此。一個世紀以來，只有私人圖書館才會有祕密藏書。引用史賓諾莎唯一合法的時機就是貶低他的理論。一七四八年，孟德斯鳩在他的《法的精神》（*l'Esprit des lois*）中援引史賓諾莎時，忘了這一步驟而遭到批鬥，最後為了挽救自己的聲譽他被迫公開認錯。孟德斯鳩的書是在日內瓦匿名發表的——足以證明法國這個天主教國家的知識圈即使在路易十四去世後很久，還是沒有什麼寬容性。當狄德羅（Diderot）和達朗貝爾（d'Alembert）在他們的《百科全書》（*Encyclopédie*）中，關於史賓諾莎的描述頁面比約翰・洛克多了五倍以上，也無法公然稱讚他，而是以異端的說法來偽裝。就連伏爾泰都以嘲弄猶太人的口吻來貶低史賓諾莎，盲目地跟隨潮流。所以有很長一段時間，史賓諾莎刺激啟蒙運動的功勞完全沒有得到任何評價。

史賓諾莎不僅將心靈看成是情緒和身體衝動的產物，他還指出，即使是受到這些衝動所驅使，我們還是認為自己是自由行動的：

嬰兒相信他是自由地想要喝奶，憤怒的孩子認為他完全不受復仇情緒的操弄，膽小的孩子認為他是自由地想要逃跑。同樣地，喝醉酒的人認為他所說的話是來自他心中自由抑制的決定，而在酒醒之後，他會希望自己沒有說出來。因此，神志不清、饒舌以及其他這類人都認為他們能夠依據自己的心意自由決定，而不受到衝動所驅使。

醉酒的人會解釋這是在說酒話，但清醒的人也可以簡單地說，這是因為沒有喝酒的關係（或是受到父母、社會和理性推理的影響）讓他選擇不會隨便去侮辱朋友。用安東尼・達馬西奧（Anthony Damasio）的話來說，「心智是為身體存在的，是用來講述身體五花八門、林林總總事件的故事，並用這個故事來改善生物體的生活。」

尋找小矮人

你可以去搜尋，但你不會在人體的大腦中找到心靈，或是所謂的心。你只會發現腦葉、神經結節、細胞和突觸，它們都各不相同，同時運行，彼此之間相互聯繫。那麼，意識的整體究竟是從哪裡冒出來的呢？

在這個當下，我有一個想法，做一件事、看一處景，但是由誰決定我應該在各種可能性中選出一種？那裡存在有某種形式的競賽嗎？我不覺得自己是透過十億細胞民主裁決後達到的一個共識；我覺得自己只有一個。而且我覺得是由「我」在統籌一切，決定現在是要想其他的東西，或是做另一件事。我有自由意志，這句話我是根據約翰．塞爾（John Searle）對此的定義，也就是說，我可以做得比我實際上做得還要多，只是我沒有去做而已。而且，那些我本當可以做但是沒做的事情，既不是之前的力量造成的產物，也不是在原子層級上隨機量子突然轉向的結果。正如同在決定論中不會感到有令人滿意的自由意志，在隨機之中也沒有。

正如神經學家麥克．加扎尼加（Michael Gazzaniga）所主張的，即使是最頑固的決定論者，實際上也不會完全相信他自己僅是大腦棋盤上的一顆棋子。然而意識本身是建構出來的，這一點無需爭議，是在事後建構出來的故事，讓實際上感知到的種種豐富經驗轉為統一的整體。心理學家兼哲學家尼克．漢弗萊（Nick Humphrey）稱意識是一場「你為自己在腦中上演的魔術表演」。在這場透過視覺錯覺所創造或製造出來的表演中，大腦對其所見的詮釋超越了現實。加扎尼加用一個簡單的方法來說明為什麼意識講述的是一則事後（post-hoc）的故事。用你的手指摸摸鼻子，你的鼻子和手指會同時經歷到觸摸的感覺。然而，神經知覺勢必是在不同時間傳達到大腦的，因為神經衝動傳播的距離不同，手指距大腦有三英尺，鼻子距離大腦只有三英寸遠。大腦會等待兩個信號都到達後，整合成一個單一經驗，再將它它們傳送到意識裡。

大腦研究並沒有發現什麼特別的東西，沒有一個器官或構造裡寓居著自我、意識或意志。我們永遠也不會在腦中找到這樣的構造，因為這些現象都分散在神經元之間，就跟製造鉛筆的計畫分散在許多對市場經濟有所貢獻的人身上一樣。心理學家布魯斯．胡德（Bruce Hood）在他的

《自我幻覺》（*The Self Illusion*）中，提到自我「就像是一首交響樂，在歷經不同的過程中，從大腦樂團中浮現出來」。當要求人們閉上眼睛，然後請他們在從腦袋的側面到前額的範圍中指出他們所認為的自我認知來自於何處時，一般都選擇在兩眼中間，距眉脊三分之一處，這地方，我必須說，離笛卡兒認為極為重要的松果體非常接近。不過當打開大腦時，在這個位置，你不會發現有任何不尋常的結構（松果體並沒有什麼特別，只是一處分泌荷爾蒙的地方）。要是有個外星人，試圖尋找出美國經濟的中心最後也可能像這樣，進入網路伺服器的某處，不知所終。

驚人的假說

這樣看來，目前唯一的結論是，法蘭西斯・克立克在他所謂的「驚人的假說」中的看法才是對的，即「一個人的心理活動完全是來自於神經細胞、神經膠細胞以及構成和影響它們的原子、離子與分子的行為。」他之所以稱這個想法「驚人」，其實只是要凸顯即使到了一九八〇年代，這樣的想法依舊無法與不用動腦筋多加思索的笛卡兒二元論相抗衡。不過，克立克還有更大的雄心壯志，畢竟他曾和詹姆斯・華生發現DNA自我複製的密碼，跌跌撞撞地窺見生命的祕密，他想要找到意識的位置。他想要確定出大腦中表現出相對於潛意識和知覺的意識現象的特定結構。比方說，當人在看一張奈克方塊（Necker cube）之類的錯視圖形時，會從一種感知轉換到另一個，當這樣的知覺轉換發生時，勢必會發生一些神經變化。那麼，究竟是在哪裡發生這些神經變化的？

克立克始終沒有找到答案。在他二〇〇四年臨終前，他正在修改一篇關於一個叫做「屏狀結構」（claustrum）的報告，這是大腦中連結特別好的一處組織，但它對大腦的運作實在太重要，因此很難以此來做實驗。不過，也許就連克立克本人都是太過習慣自上而下的思考方式。也許意識就是分散在神經元之間，以致於我們遍尋不著。稍早，克立克也曾把注意力放在一個腦傷病患上，她的布羅德曼二十四區（Brodman's Area 24），就在靠近前扣帶溝（anterior cingulate sulcus）的地方遭受損傷，變得無法溝通，因為她變得完全無心與人進行溝通。還有另一種病症：「異手症」（alien hand syndrome），患者的其中一隻手似乎有其自己的生命，這也與大腦的相同部位有關，看來好像意志在腦中可能確實有個區域。當然，無意志（aboulia）或缺乏動機確實與大腦這部分遭受損傷有關。但即便這塊區域真是讓我們產生動機的位置，而且少了它，你就無法自動自發地做出任何行為，它還是沒有解決這個哲學難題。你「決定」舉起手來，是你的手運動的原因，但這決定本身是大腦受到的影響的結果。換句話說，二十四區是許多大腦活動的下游，是某樣東西推了它一把，讓它展開行動。

在神經科學中最有名的干擾實驗是二十五年前由班哲明．利貝特（Benjamin Libet）及其同僚所做的的，他們將電極固定在受試者的頭上，然後要求他們按下按鈕，並且記錄下來他們決定按下按鈕時示波器的位置。結果利貝特發現，儘管受試者會在按下按鈕前兩百毫秒記錄他們決定行動的時間，他裝的電極卻顯示出大腦在五百毫秒前就開始有所活動。簡而言之，利貝特可以在三百毫秒前就預先知道一個自願行動即將發生。近來，有更多的實驗也證實此一現象的存在。若是能夠看到一個人在等著按下電腦鍵盤上的按鈕前的頭內活動，就會預先得知道他們即將要按鈕。約翰・迪倫・海恩斯（John Dylan Haynes）和他在萊比錫的馬克斯普朗克研究所（Max Planck Institute）的同僚使用功能性核磁共振成像儀來測量大腦的電性活動，結果發現額極皮質葉（frontopolar cortex）和楔前葉（precuneus）這兩個區域可以可靠地在比受試者認定他決定的當下前整整十秒前就預測到他要按下按鈕。

一個懷疑論者對此可能會回應到這只是因為在回報自己的決定時會出現一點延遲，但在某種意義上，這正是此處的重點：自覺意識是腦中所發生的一切的事後報告。「你」可能不是「你的意識」。正如山姆・哈里斯（Sam Harris）所言：「我能夠隨意改變我的心意嗎？當然不是。只有它能改變我。」

自由意志的錯覺

那麼，我們還有自由意志嗎？近來許多科學家，如加扎尼加坦然地稱此為錯覺，儘管這是非常強大，甚至是一種有用的錯覺。你按下按鈕的決定是由種種力量所決定的，從實驗者的說明指示到兒時的生活習慣，全都有所影響。你想還有什麼會對此產生影響？隨機性？這樣一來等於沒有自由。加扎尼加將「何謂自由」的探討轉變成「自由從何而來」，並且如此提問：

我們想要從什麼當中解脫出來？我們不希望獨立於我們的生活經歷之外，我們需要以此來做決定。我們不希望完全擺脫我們的性情，因為這指導我們的決定。事實上，我們也不想拋下因果關係，因為我們要利用它來進行預測。

作家山姆．哈里斯（Sam Harris）也提出相同的看法，認為自由意志只是一種錯覺，因為「想法和意圖來自於我們沒有意識到的背景原因，而且超過我們的意識控制範圍」。此外，他還指出，就算是意識和無意識之間沒有絲毫延遲，所以直到你思考的一刻前，你都不能做決定，這又算是哪門子的自由？如果說各種衝動之間是採取民主競爭來決定應該先做哪一項，自由又在哪裡呢？

生物學家安東尼．卡許莫爾（Anthony Cashmore）也提出相同的結論，表示任何動作，不管看起來有多自由，「直至行動前的幾分之一微秒，都只是反映出生物體的遺傳組成和環境史而已」。除了影響你的外部和內部因素之外，還有什麼能決定你的行動？他表示相信有自由意志的信念就類似於宗教信仰，或是相信荒謬的生機論一樣，這個長期以來就受到駁斥的概念主張構成生物體的物質具有一些不同的物理特性。儘管如此，卡許莫爾意識到自由意志並沒有像上帝和生機論那樣遭到科學家之間懷疑論者所抨擊。它成了一種便宜行事的虛構物，一個為了懸掛司法系統和其事務實際需求的天鉤。也許，卡許莫爾猜想，我們遺傳到對自由意志的信念。

這些秉持決定論傳統的思想家，至少可以一路追溯到史賓諾莎。但他們常常以決定論者（determinist）的身分自居，逃過宿命論者（fatalist）的標籤。還記得混沌理論嗎？初始條件若出現微小的差異會帶來截然不同的結果。就拿足球賽來說好了，每一場開始時球員數量相同、間距也大致相同，而且是用類似的球，相同的規則，但每場比賽都是獨一無二的，這其實很不可思議不是嗎？一個人的生命當中，充滿了偶然的相遇和錯失的機會，這為人生增添多少變數呢？就是連在同一個家庭成長，同一所學校受教的同卵雙胞胎仍然有些許差異。過去的一切都在影響我們，但這不是在說我們的未來已經注定，命運已經寫下。

哈里斯、加扎尼加、克立克、虎德以及卡許莫爾對我們真正的影響，是要我們拋下偏見，接受我們不過就是我們大腦的神經訊號的事實，受到作用在我們身上多重影響所加總的結果。自我可以受到影響其實是件好事，否則當我們在一個陌生的城市時，要如何請計程車司機載我們到旅館呢？司機的行為和他的經驗有部分是可以由你決定的。所有的決定論者都在請你接受一件事：有果必有因。

這些思想家無疑是揚棄了普遍流行的二元論版本的自由意志，因為這和決定論不可能並存共容，但是大多數哲學家拒絕否定所謂的自由意志。這些「相容論者」（compatibilist）指出，無意識的自由源自於身體，其自身就是意願的來源，在這一點上，決定論便能與某種形式的自由意志相容。哈里斯強調這並不是一般人認為的自由意志，他們所指的是有意識的意志，這可以獨立於我們所受到的任何影響：在我們自身歷史之外的自由到底在哪裡呢？對哈里斯而言，相容論只是主張在我們身上某些類型的影響受到偏好而已，「木偶是自由的，只要他熱愛那些牽動擺弄它的線。」實際上，或是就哈里斯的看法，相容論也是一種天鉤：「超出所有其他學術理念分支，這結果類似於神學。」最為活躍的共容論者丹尼爾・丹尼特（Daniel Dennett），他同時也是哈里斯的朋友，和無神論的鼓吹者，對此反駁，表示這是一記不光彩的攻擊。但哈里斯實際上是在說，他發現了一個實例，在其中就是連首先使用天鉤這樣說法的丹尼特都沒有徹底地剖析過。

毫不意外，丹尼特並不同意哈里斯這樣的說法。他雖然稱讚哈里斯駁斥二元論的自由意志論點非常清楚傑出，他說，「一旦你理解什麼是真正的自由意志（而且為了維持我們的道德責任感，非如此不可），你會發現自由意志可以和決定論相處得很好——如果科學界最後有確定決定論為真的話。」丹尼特說，哈里斯是他的書的作者，那為什麼他不能是自己性格的作者呢？「就這一點來看，我們也可以用哈里斯的批評來攻擊他自己的主張？」丹尼特繼續深究下去，甚至進一步指責哈里斯將笛卡兒的二元論過度簡化成一個沒有任何空間向度的「我」，他說，「我，作為自己經驗的自覺見證，在我的前額葉皮質所激發出的活動，並沒有比促成我心臟跳動多多少。」但是說哈里斯的大腦沒有在前額葉皮質層引發活動顯然是錯誤的。總之，丹尼特是在批評，哈里斯將自由意志當作是大腦的一種突現性質的論點上，發展得還不夠深入。

這裡顯然可以看到，不論是丹尼特，還是哈里斯，都沒有試圖要提出一個心智第一（mind-first）的論點，更別說是將自由意志重新塑造成一種脫離肉體的精神。這兩人提出的論點都是在說明自由是一種突現的特性。但是，這對責任的歸屬會產生什麼樣的影響呢？

決定論中的責任歸屬

對很多人來說，之所以執著於民間流傳的自由意志的想法，其主要原因就跟相信神或政府這樣的天鉤是一樣的：他們的理由都是為了維護社會秩序。如果沒有自由意志的假設，就用不著告訴孩子要努力，以便將來有所成就，殺人犯似乎反而成為受到他們生活中種種因素影響的受害者，而不是自己行動的主導者。屆時勢必會充斥著種種無政府主義的藉口，無法追究任何人的社會責任，社會逐漸瓦解。

就某方面來看，確實如此。西方世界的歷史顯示出，當我們日益接受自下而上的解釋觀點時，我們漸漸停止不當的指責，人不用為不是他們的錯而遭到責罵。過去曾經指責病人是因為他們本身的罪惡而生病，或是否些遭逢意外事故的受害者是因為其罪惡而遭到天譴。一直到一九六〇年代（某些國家到今天仍然是如此），我們都還因為性傾向的問題而譴責和懲罰同性戀者，拒絕相信他們是受到其內部的影響，是受到遺傳或發育過程所導致的。今天，同性戀是天生而且身不由己的事實成了支持寬容精神最有說服力的論據。一直到上一個世代，我們都還在指責閱讀障礙者的無能，以及自閉症孩童家長的怪異舉止。今日的我們不再這樣做。在面對因為憤怒情緒而犯下暴行的罪犯時，我們也逐漸改變態度，改以治療而不是懲罰來處理他們。我們對自由意志的政策也演化了，不再採用責怪的方式。

毫無疑問，科學會在潛移默化之中將我們帶往這條路。正如神經科學家大衛・伊格曼（David Eagleman）所指出的，我們對大腦運作的解剖學、神經化學、遺傳學或生理學認識得越多，對犯罪行為的原因也會越清楚。如此一來，我們將會揚棄在許多情況下人類具有意志行為的想法。生物學家羅伯特・薩波爾斯基（Robert Sapolsky）認為，我們對大腦不斷增長的知識，會「讓人深深質疑起意志與罪責的概念，最終動搖整個刑事司法制度的前提」。安東尼・卡許莫爾（Anthony Cashmore）指出，以疾病為由來原諒犯罪卻不肯以貧窮為由去原諒一個人，這種做法在道德上完全不合理。但是神經科學知識的進步將會縮減刑法的範圍。

不過，這條路勢必有個限制。丹尼爾・丹尼特強調我們過去懲罰過嚴的事實並不會讓所有處罰都失去正當性。他稱讚哈里斯的動機，是為了要「洗刷掉我們文化中古代的原罪觀，並且廢除殘酷以及所有我們太過熱切地裁量為有罪而過於輕率的懲罰」，這僅僅是人類對報復的渴望，只是把它打扮成看似可敬的做法。不過丹尼特隨後拒絕哈里斯合乎邏輯的結論：所有的懲罰都是沒有道理的，應予以廢除，他認為「懲罰可以是公平的，可以是合乎情理的，而且事實上，我們的社會運作少不了它」。

在二十一世紀初期，維吉尼亞州有一位過素行良好的四十歲的教師，開始蒐集兒童的色情照片，還試圖騷擾他八歲的繼女。他被送去接受治療，但這只讓他的行為變得更糟，最後他被判刑入獄。在宣判的前一天晚上，他開始抱怨頭痛和眩暈。電腦斷層掃描顯示他的前額葉皮質層左側長了一顆奇異果大小的良性腫瘤。在取出腫瘤之後，他的戀童癖傾向消失了。可是過了幾個月，他又開始表現出對少女的興趣。原來是當初手術沒取出的腫瘤細胞重新長大，在移除之後，他的行為又恢復正常。

這樣的戀童癖患者的行動自由和其他人，好比說沒有長腦瘤但還是騷擾少女的知名電視節目主持人相比，到底差在哪裡呢？兩者都是受到來自於他們的大腦或內部某處的無意識的影響所提示。兩人都知道他們的作為是錯的。但我們顯然對其中一個的「責難」要比另一個少，但他真的比較不自由嗎？山姆．哈里斯認為，一旦我們認識到，即使是最可怕的掠食者，都只是很倒楣才成為這樣的個體，「恨意（相對於恐懼）的邏輯就開始瓦解。」

當然，還是會有針對不同成因的爭論。保守主義者會強調個體經驗，而自由主義者則強調是階級的環境條件。當然，也將會有濫用這種以「了解」取代懲罰犯罪的趨勢的情況出現，會有人虛假地提出主張，以此逃脫嚴厲的刑罰。但只要公眾受到保護，這樣的情況真的會變得很嚴重嗎？即便是今天，我們關押神智清楚的殺人犯，主要是為了要保護公眾，以及恫嚇其他罪犯，而不是為懲罰而懲罰。

同樣地，我們每次稱讚某人克服生長環境中的一切阻力，而有所成就，其實就是在默默地詆毀那些克服不了自身劣勢的人，比方說歌頌那位儘管具有性別與出身劣勢，但還是採用溫和的手段，在一間雜貨店上方的小公寓中認真打拼，最後成為近代任職時間最長的英國首相（柴契爾）。或是，每當我們稱讚一位戰勝癌症倖存者勇氣可嘉的時候，難道不也是在暗示著那些失敗者的膽怯。在這裡，我想要說的是，認為一個人，或是一個非物質的自我，具有能力來做決定的幻覺，比起假設每個人的決定都是來自其所受影響的總和這樣完全相反的看法，不必然是比較公平或公正的。

所以，放棄二元論的自由意志，擁抱行為是大腦演化突現出來的特性的想法，確實讓世人比較不會輕易審斷他人，而且這不必然是一件壞事。這讓我們的社會政策更為人性化，而不是更趨向於無政府狀態。讓我們做得更徹底一點，承認自由意志和我們如何審判罪犯根本無關。我們對待一個不小心殺死父母的孩子，比一個預謀殺害兒童的虐待狂要來得寬容，這不是因為一個人的自由意志比另一個多。謀殺的行為是一連串事件、情境和基因的產物，但孩子的犯行主要是意外造成的。這會改變了我們懲罰他們的方式，可是這並不意味著其中一人擁有更多的自由意志。

一旦我們排除腦內小人的存在，要認識自由本身就來得容易些。正如丹尼特在他的《自由演化》（*Freedom Evolves*）一書中所指出的，「鳥能夠自由飛到任何牠想飛去的地方，這絕對是一種自由，這顯然比隨波逐流的水母隨處漂浮的自由要好得多，但和牠的人類表親的自由相比，可是差了一大截。」丹尼特此處精闢的說法是在強調自由意志並不是可以用二分法來看待，或是一種全有或全無的狀態。影響自己命運的自由，幾乎充滿無限的變數，這是一項生物學結果。移動的能力讓生物往自由邁向一步；快速或是長距離移動的能力又邁出更大一步。視覺、聽覺、嗅覺以及思考能力讓人有更多自由來改變自己的命運。技術、科學、知識、人權與天氣預報，凡此種種都增加改變自己命運的自由度。事實證明，政治自由（political liberty）和哲學自由（philosophical freedom）確實植根於同樣的事情。要懂得珍惜、沉浸與欣賞它們，不並需要相信自由意志的簡化版，即這樣的意志獨立於物質宇宙之外，就像讚賞自然之美時，不需相信這是一位長著白鬍子的人所造的，也不用在享受世界貿易帶來的奇蹟時，相信這都是世界政府的功勞。盧克萊修，你不需要突然轉向。

將意識和自由意志看成是一種從無生命的物質中突現和演化出來的現象發展，其實很弔詭地讓所謂的超越以及對靈魂的信仰變得更有可能，更為真實。正如意識哲學家尼克．漢弗萊（Nick Humphrey）所主張的，化約論的優勢之一便是，「它可以藉由說服世人所有化約論必定都是錯的來解釋意識經驗是如何附加在人的生活上的。」他認為人是意識的鑑賞家，對於存在於此世的形上學後果很感興趣，這一點賦予意識一真正的功能。意識是一個「不可能的虛構物」（impossible fiction），對「意識主體帶來許多益處，改善其生活」。對意志和不朽靈魂的信仰本身乃是大腦演化的後果。這樣的概念，比起主張靈魂和意志是一沒有歷史、沒有起源的真實存在的事物，要來得有說服力。

第九章

人格的演化

你難道還看不見雖然外力驅使人向前，
並且常常叫他們違反自己的願望
向前運動，被迫一直向前衝，
但在我們胸中仍然有著某種東西，
足以和它鬥爭並抗拒這種外力？
可見同樣地在種子中間，
除所有的撞擊和重量之外，
你必須承認還有運動的另一種原因，
作為我們自由行為的天賦力量的根源——
既然我們看到無物能從無中生。

盧克萊修，《物性論》，第二卷，第二七七～二八三行

命運的一個小波折，真的就如蝴蝶振翅一拍，便讓茱蒂・瑞奇・哈里斯（Judith Rich Harris）一腳踏入以演化的角度來解釋人格的學術生涯。一九七七年五月，她一個正在離婚的朋友，請她寫篇文章刊在當地報紙的分類廣告欄，幫她那隻稀有品種的狗找一個家。幾個月後，她這位朋友瑪麗蓮・蕭（當時是心理學系的助理教授）依舊對哈里斯的行文用字很有印象，想請她幫忙重寫一篇遭到心理學期刊退稿的文章。哈里斯在幾年前才因為缺乏「原創性和獨立性」遭到哈佛心理學博士學程退學的要求，又因為健康狀況不佳而辭去貝爾實驗室的研究助理工作，所以那時的她很樂意提供幫助。在編輯蕭的文章時，她發現自己具有寫作的天分，兩年後，在蕭的推薦下，她獲得出版社的聘用，代筆撰寫兩章基礎心理學的教科書。這為她帶來另一個機會，成為另一本教科書的共同作者，之後還重刷了好幾版。一九九一年時，哈里斯簽下一份合約，這次她可以獨自寫一本發展心理學的專書。

只是，後來她開始懷疑起她自己所寫的內容。

當時的心理學完全臣服在後天教養的觀念下，主張家長會塑造子女的個性，而孩子之間的差異是由父母造成的，唯一剩下的問題就是這一切是如何發生的。哈里斯一再詳細引述的實驗明確證明了兒童會展現出與父母類似的特點，不論好壞，並強調人會受到他人對待的方式所改變，是這層人際關係的產物，父母的影響尤其深遠。以隨便一份當時典型的研究報告為例，在回顧過去關於兒童情緒表現的研究後，發現自由表達自己意見的父母會養出自由表達的孩子，沉默內斂的父母則會養出寡言內向的孩子。這些研究的作者對此下的結論是，這展現出「情感的社會化」

（socialisation of emotion）。他們甚至沒有討論遺傳在此可能扮演的角色，完全沒考慮到家長和孩子的內向性格也許是與生俱來的天性。

上述這些正是主宰二十世紀心理學的教條，人生來宛如一張白紙，幾乎你腦中的一切都來自於外在，不僅是你的語言、宗教與記憶，就連你的個性、智商、性向以及愛人的能力也都是如此。這樣的中心思想在二十世紀下半葉幾乎征服所有學術領域，不僅在心理學如此，在人類學、生物學、政治學中也奉此為圭臬，所有其他人文科學也無一倖免。無論你是佛洛伊德（Sigmund Freud）精神分析理論的信徒，還是史金納（B.F. Skinner）行為主義的追隨者，又或者是強調文化和飲食的影響，全都可以收編到這個教派之內：人是他人影響的產物。人的人格和能力都是由那些影響他們生活的人印刻在他們的「白板」（*tabulae rasae*）上的。當時，這樣的想法不僅應用在智性的解釋上，連道德也做如是觀，這意味著人並沒有受到不公平的先天遺傳所詛咒。越來越多的政策都是依據人性是一片空白的觀點來制定。

在某種程度上，這是對十九世紀和二十世紀初期盛行的遺傳決定論的反動，那個時代有些人把一切都歸咎於遺傳，尤其是種族之間的文化差異。但問題是，這份新的教條完全以環境決定論來取代遺傳，這樣一來，同樣會危及到人權。共產黨歡欣鼓舞地提倡塑造新型態的人性，並以科學之名提出許多再造教育計畫，修改人的惡性，甚至還有一位仁兄——特羅菲姆．李森科（Trofim Lysenko）——堅稱，他可以重新教育小麥的生物特性，並下令逮捕懷疑他的反對者。不過，環境決定論者還是為自己的推論邏輯所困。他們表示抱持性別主義和種族主義是錯誤的，因為根本沒有所謂人類本性（human nature）這樣的東西的存在，根據這樣的邏輯推理，他們主張任何一個說有人類本性存在的，必定就是性別歧視和種族主義者。事實上，反對性別歧視和種族歧視的論點，甚或是關於謀殺的論述，並不在於性別歧視、種族歧視或謀殺是否在某些情況下是從人性中自然流露出來的。這些本來就是錯的，但其錯處並不是因為這些是不自然的。

到一九六〇年代時，對父母和早期影響的責難發展到荒謬的地步。電影和小說經常會把童年時的創傷當成是影響人格的唯一原因。同性戀是因為父親嚴厲；自閉症是因為母親冷漠；誦讀障礙是因為老師不好。有科學家發現在行為表現上而不是結構上突變的果蠅，但其他人都告知他這是不可能的，因為行為不存在於基因裡。所有出版的書籍其書名都表現出這樣的中心思想，如《不在基因中》（*Not in Our Genes*），彷彿宣告著ＤＮＡ與此完全不相干。若是科學家提出智商有部分可能來自遺傳的主張，或是說女性和男性的心智和身體可能由於性別而有差異，就會遭到詆毀責罵。如果有人提出基因會影響到行為，哪怕只是一丁點，就會被當成是無情的宿命論者，是要幫回歸納粹主義鋪路。到了一九六〇年代末期，一張白紙這樣的中心思想幾乎已征服整個人類科學，撲滅所有在學術界角落偶爾燃起的零星反抗火花。

但終究反動的趨勢還是爆發出來了。首先，動物行為學的學生完全無法坐視不管有大量證據顯示出可能會由本能產生極其複雜的行為。即便從來沒有見過父母，布穀鳥的幼雛還是知道如何把寄主的蛋從巢推出，遷徙到非洲，返回家園、鳴唱、再挑選下一位幫忙牠育幼的苦主，重新開始一個生命的循環。當時，有些動物學家開始探究為何天擇會透過試誤的過程，賦予絕大多數動物精心打造的本能，唯獨人類僅能依賴身旁個性獨具的導師，來填補他們空洞的頭腦，弄得整場人生像是買彩卷一樣，端視其境遇而定。遺傳學家也開始注意到，就算是分開撫養的雙胞胎，往往也具有非常接近的智商和相似的個性。在同一個家庭成長的收養來的孩子，也多半展現出很大的差別。

當我在一九七〇年代求學時，每次有人提出人類行為可能來自於先天因素的假設時，立即會遭到白紙教條守護者憤怒的譴責。當時，先天與後天之爭非常激烈，有點像是今天探討全球暖化的氣候科學，每次一有不同的意見提出來，就馬上被打成極端份子：你怎麼敢說這一切都取決於基因！你一定是納粹的同路人！

力不從心的父母

一九九三年，茱蒂．哈里斯開始撰寫她那本發展心理學教科書，並且循規蹈矩地重複這領域的白紙教條，然而，她開始對父母透過賞罰方式來塑造其兒女人格的想法感到懷疑。雙胞胎研究的證據似乎顯示出基因在性格的決定上扮演相當的角色，演化心理學的證據也展現出人類心智的普遍特點具有演化的意義。人類學證據顯示，「傳統社會撫養孩子的做法和現在這些專家顧問所建議的完全不同，但那時的孩童還不是都好好地長大了。」哈里斯過去已經和其他人共同撰寫過三個版本的教科書，都是基於父母影響個性的假設，但她開始注意到多數證據根本不支持這一理論。

兒童的個性確實會和他們的父母類似，但這也有可能是因為他們分享了父母的基因所致。所有的實驗都無法排除這樣的可能性，只是逕自假設遺傳沒有影響而已。而且同一家庭中兄弟姊妹之間的差別似乎與父母決定每個孩子人格的概念難以相容。正如哈里斯日後所言，每當研究方法中納入控制組，排除家庭之間的遺傳差異，那「就看不出家庭環境和父母養育子女的風格方式對孩子人格塑造的影響」。

哈里斯要求解除那份撰寫教科書的合約。到一九九五年時，她在《心理學評論》（*Psychological Review*）這份學術期刊上發表了一篇內容很長的文章，一開頭就挑釁意味十足的發問：「父母對孩童的人格發展真的具有長期的影響嗎？」這篇文章檢視了種種證據，最後以否定作結。一開始這沒有引起什麼特別的反應，倒是引來不少的好奇心。這個女人是誰？為何她沒有在任何機構工作，也沒有博士學位？但隨後美國心理協會（American Psychological Association）投票決定頒給哈里斯該協會的喬治・米勒獎（George A. Miller award），獎金五百美金，獎勵她在心理學領域發表這樣一篇傑出的文章。頒獎時，哈里斯透露，三十八年前正是喬治・米勒本人寫信給她，要她退出哈佛大學的博士課程。不久後，她將自己的論點寫成一本巨著《教養的迷思：父母的教養能不能決定孩子的人格發展？》（*The Nurture Assumption*），迅速登上暢銷書排行榜。

哈里斯毫無保留地陳述她的論點。在書中，她表示育兒的重要性過於誇大，為人父母者完全被蒙騙了，他們有權感到受騙。內疚感應該就此打住。教養的假設，非但沒有幫助家長，還譴責許多人，讓他們為自己孩子變壞感到內疚和羞恥。對其他人來說，完全沒有證據支持教育專家與心理學家和那些苦口婆心的婆婆媽媽們所提供的撫養孩子的建議會對孩童的成人人格造成任何差異。當然，以殘忍或疏忽的方式對待孩子是一件壞事，但這純粹是因為這樣對孩子不好，而不是因為它會造成孩子的人格差異。父母當然很重要，這是因為他們提供孩童關心和愛護，而不是因為他們是造成人格之間的差異的主因。無父無母確實會造成差異，可是不同的養育方式則不會造成什麼變化。

同時，有越來越多行為遺傳學研究的證據都指向同一結論：人格差異，大約有一半是基因直接或間接影響的，其他近一半則是來自其他因素，但完全沒有受到家庭環境的影響。哈里斯總結這些實驗時，提到，「在同一個家庭成長的兩個領養的孩子，其人格之間的相似性並沒有比在兩個領養家庭長大的孩子來得大。一對在同一個家庭成長的同卵雙胞胎，其人格之間的相似度也中沒有比分別在不同家庭中成長的雙胞胎來得高。」在兒童發展的相關文獻中，一次又一次地假設父母行為和兒童行為之間的相關性是一種因果關係，一個會家暴的父親會讓兒子也成為一個施虐者（比方說），但這些假設根本沒有納入遺傳學來解釋。父親的暴力傾向可能是透過基因傳給兒子的。善體人意的女兒的可能是從母親那裡遺傳到善心的特點，而非後天養成的習慣。家庭破碎的衝突也不見得會造成孩子的反社會行為，更有可能的原因是父母和子女雙方都具有相同的內在因子：孩子是從父母親身上繼承到反社會的傾向。哈里斯以一個笑話來凸顯先天和後天的辯論中，導因為果的混淆問題，「強尼來自一個破碎的家庭。」「所以，強尼可能會破壞任何一個家庭，這一點並不會讓我感到驚訝。」哈里斯強調，這種「兒童對父母」（child-to-parent）的影響非常普遍。

可想而知，兒童發展心理學界對哈里斯的書反應非常憤怒，因為這等於是在質疑這整一門學科所有的研究都疏於檢視其基本假設。儘管遭受到許多這個領域學者的強烈反對，兒童健康和人類發展國家研究所（National Institute of Child Health and Human Development）還是安排了一場會議來討論這本書，讓哈里斯公開接受這個學門的高手，特別是艾莉諾・麥科比（Eleanor Maccoby）和史蒂芬・蘇歐米（Stephen Suomi），與其對談。報章雜誌上的文章抨擊哈里斯忽略與她的發現相左的良好證據。但是當她引經據典地一一陳述時，反對聲浪漸漸消失了。蘇歐米主要援引的猴子的交叉養育實驗，顯示出父母的教養方式確實影響到猴子的脾氣是平和還是焦躁，但這項結果其實是有問題的。他最終承認唯一的資料是來自於一項尚未發表的研究，當中以極少數的猴子進行的試驗。其他實驗則沒有發現他所主張的效果，甚至與他的結論矛盾。傑洛姆・卡根（Jerome Kagan）說他在人類身上看到和歐蘇米所講的相同效果（不過反向追蹤），但這項研究原來僅是由一名學生追蹤少數幾個天性害怕的嬰兒二十一個月後所得到的結果，很難說究竟會不會造成終身的影響。總之，哈里斯成功地一一平反心理學界對她的指責，聲譽完全沒有受損。批評的箭頭後來指向行為遺傳學的方法學，日後證實這些攻擊大多是毫無根據的，而且支持父母會影響到孩童人格發展的證據非常薄弱，尤其是關於父母對待孩子的方式會因基因而異這一點。

勝利無疑是屬於她的，但是心理專業和相關從業人員還是認為父母有一定的影響，不過這個想法也日趨式微。孩子的人格多半來自他們自己的內在。

位階商數

哈里斯在她二〇〇六年出版的後續相關主題書中，開始觸及到行為遺傳學研究中真正有趣的謎團：究竟是什麼造成那百分之五十不能由基因直接或間接解釋的差異？這種差別真正令人難以理解的地方在於，同卵雙胞胎之間的差異似乎跟兄弟姊妹或是收養子女一樣大。換句話說，在同一個家庭中，同卵雙胞胎比兄弟姊妹相像，又比收養的兄弟姊妹更為相似，而這樣的相似性完全來自於共同的基因。在經過遺傳校正後，同卵雙胞胎人格之間的差異就跟兄弟姊妹之間以及收養的兄弟姊妹一樣大。造成兄弟姊妹之間非遺傳差異的因素也同樣作用在同卵雙胞胎之間。即使是連體嬰之間也存在有差異，比方說一個通常比另一個來得外向健談。同卵雙胞胎中有一個罹患精神分裂症時，另一個罹患同樣疾病的機率僅有百分之四十八。

若不是父母的話，到底這些龐大的非遺傳差異來自於何處？哈里斯逐一檢視五大可能的因素，並將其一項項地排除掉。人格中無法解釋清楚的差異無法以家庭環境來解釋：一旦經過遺傳相似性校正，家庭的影響趨近於零。基因與環境的相互作用（家長對待兒童的方式會因其遺傳組成不同而有所差異）也無法解釋這一點。機率似乎也無法說明這一切，家庭中的不同環境和出生順序中也不行。唯一一份宣稱找到出生順序效應的大型研究很快就破功，陷入以未發表數據來支持其主張的爭論。基因環境相關性是最後一道煙幕：聰明的孩子似乎就是愛讀書，有吸引力的孩子容易吸引更多關注……等等。誠然，這種情況都會發生，但這是包括在歸屬於受到基因直接或間接影響的那一半差異中。這根本就不需要解釋。

哈里斯提出一精闢而有說服力的解釋。她指出，人類在成長過程中會發展出某些社會系統，也就是社會化、發展關係並且達到以及認可某種位階。社會化是指學習如何和同年齡的人相處。兒童會從他們同儕那裡學到他們的習慣、說話的口音、偏愛的用語以及大多數的文化。他們花大量的時間學習如何和同齡人一樣。但是在形成關係時，他們則學習要區分不同的人，以不同的行為對待不同的人。

到了十幾歲時，他們開始評估自己在同儕之間的相對地位。在男性的例子中，多數時候這意味身高體壯與領導能力的較量，並會據此調整自己的野心和個性。經濟學中有項有趣的發現，身高高的人在其整個職業生涯中會賺到更多的錢，但是這項預測是以十六歲時的身高最能準確預測其收入，而不是三十歲的。其他研究探討了這現象的緣由，這是因為十六歲是男人決定其地位，並據此塑造他們人格的時候。所以，老闆今日所獎勵的，其實有部分是昔日學校裡高大強壯的足球運動員的自信和企圖心的特質，而不是一個人現在的高度。女性則往往是根據自己的相對吸引力來決定其地位，會依據他人的評斷來決定自己的吸引力。因此，哈里斯表示男女雙方都是在十幾歲的時候，就開始確定人格中的某些面向，基本上是依據自己在同儕中的相對地位有多高來判定。她認為這就是人格中不受遺傳直接或間接影響的另一半主要差異的可能來源。

這種解釋的優點在於它也能夠解釋同卵雙胞胎的差異，他們在身高或外觀的吸引力上差異很小，但往往個性迥然不同，外人很快會注意到這一點，並且加以強化。「我們怎麼區分他們？X比較健談。」就是連體嬰也決定要特立獨行，幾乎達到任意而為的程度。一個總是比另一個更有自信，自身的差異又因為他人的回饋而強化。正如哈里斯所言，地位系統「能夠產生與基因無關的個性差異」。你可能不喜歡哈里斯對地位的強調，但這樣的解釋是基於個體的內在，是根據個人對其社交環境的判讀，基本上相當具有說服力。你的人格是你自己的，你不是其他人的創造物。天擇不會讓他人輕易幫我們洗腦，現在是時候停下來追究或頌揚父母所扮演的角色了。

父母會塑造孩子人格的想法根深蒂固，而且許多心理分析從業人員都還是靠這個概念在執業，因此任何一個對此的挑戰，都會遇到很多阻力。然而，證據一再顯示出人格變化是由基因和隨機影響的組合所決定的，跟父母扯不上關係。佛洛伊德心理分析的核心前提是童年事件會導致成年時的心理問題，這一點根本沒有什麼好的證據可以支持。哈里斯表示，「沒有證據支持童年的經歷對心理治療具有任何價值。」還記得在二十世紀初期，所有給家長的建議都強調紀律，但是到二十世紀後半葉，所有的建議都強調放任。然而，我們完全找不到證據顯示這樣的轉變有扭轉西方世界居民的人格。因為人希望能夠對他們自己的行為和傾向做些什麼，所以認為一定要有個什麼東西存在，好來擔負類似替罪羊的功能。後天教養的假設受到許多因素推波助瀾，比方說擔心回到納粹的優生學、盧梭式的理想主義或是馬克思、佛洛伊德以及涂爾幹的學說教條，問題是其訴求的根基奠定在需要有某人為此負責的概念上。事實是人格的發展與此相反，是從內部展開因應環境而生，完全符合演化這個詞的意義。

天生我材

談了這麼多的人格差異，那智商呢？三十年前這樣的主題在學術界中大家都噤聲迴避，沒有人敢談遺傳對智商的任何影響，儘管在日常生活中，大家對談論這話題倒是沒有什麼禁忌。如今，每個人都接受雙胞胎和領養孩童的研究結果，這全都指向一個殘忍的結論：智力確實在很大程度上受到基因差異的影響。目前爭論的焦點在於這是百分之三十還是百分之六十，是直接影響，比方說基因會創造出學習的天賦；或是間接促成，像是基因創造學習的欲望以及嗜好閱讀的傾向。堪稱是全世界智力遺傳專家的羅伯特．普洛明（Robert Plomin）教授表示，過去世人下意識的反應是「智力是不可能測量的」，或是「這不可能是遺傳造成的」。但現在的論調則比較像是：「當然，智力多少會受到遺傳的影響，但是……」

許多人一直擔心這一刻的到來，因為這將導致對兒童前景的宿命論看法，教導聰明的孩童比較優秀的觀點無異是否定愚昧的人，並因此創造出一個自我實現的預言。然而，沒有證據顯示這樣一個關於智力是遺傳而來的觀點導致任何一種宿命論的出現。實際發生的正好與此相反，目前投入在教導天賦差的孩童的努力日益增加，而不是激發有天賦者內在的智慧。閱讀障礙、注意力缺陷等學習障礙的醫療化趨勢，實際上反應出世人承認這些事情是天生的、遺傳的而且是有機的，但不見得是不可逆轉的。

再者，若說智力和遺傳沒有顯著關係，那麼那些大學的擴大入學方案，或是尋找清寒背景的優秀學子的計畫就顯得毫無意義。如果培育就是一切，那麼那些在爛學校就讀的孩子的一生不是早就完全被否定，因為爛環境成長的他們顯然心智不夠優秀。沒有人會這樣想。社會流動的想法就是為了尋找弱勢族群中的人才，找出具有天分卻錯失培育的人。二〇一四年英國一家報紙的文章批評倫敦市長鮑里斯・強生（Boris Johnson）相信智力會受到遺傳的影響，但這篇文章的標題卻是「有天賦的兒童沒能得到教育系統的支持」，這難道不是假設有天才兒童（智力受到遺傳影響）的存在嗎？

行為遺傳學研究中有一項相當令人驚訝的發現，智力的遺傳性質隨著年齡增加而變得更加顯著。同卵雙胞胎智商之間的相關性，相較於收養的兄弟姊妹，會隨著年齡增長而顯著提高。這是因為家庭和情境在很大程度上會決定幼兒的環境，但年齡較大的兒童和成人則會尋找並打造出適合自己天生喜好，加強自己本性的環境。你活得越長，越能表達出你自己的本性。

讓許多人更為震驚的是，在經濟越為平等的條件下，遺傳對智商的影響就越為顯著，而不是降低。在一個食物較為充裕，而且更為平等分配的世界，遺傳跟肥胖症的相關性也變得更顯著。這是因為在許多人挨餓的世界中，主要是由財富來決定誰能夠得到脂肪。一旦每個人都有足夠的食物，發胖的就是那些帶有肥胖遺傳傾向的人，且肥胖症會在家族中盛行起來，遺傳給更多後代。智力也是一樣的道理。一旦每個人都獲得類似的良好教育，成就高的孩子多半都來自於父母也是高成就的家庭，而非擁有最多資源的家庭。接下來就會顯現，父母的成就和他們孩子的成就之間有很高的相關性，這絕對不是因為父母為他們的孩子帶來不公平的環境優勢，而是在機會逐步拉平的情況下所產生的現象。普洛明教授說「可以將遺傳視為社會人才流動指數」，這樣的想法，或許很多人會覺得有違常理。我們現在離機會均等還遙遠得很，但假使有一天我們到達那個境界，我們不會找到結果的平等。

這裡我所要強調的重點是，遺傳確實有所影響，且智力是一個孩子在養成中浮現出來的特性，不是由社會所加諸的，認識到這些新知並沒有什麼好害怕的。這是一個菁英系統的結果，讓人能夠掌握自己命運，不會輕易遭受他人洗腦。在二十世紀先天與後天的爭論中，最具諷刺意味的是，在一個後天養育至上的世界裡，其實會比待在一個相信先天特質讓人有機會以自身才能擺脫劣勢與缺點的世界，更為可怕與殘酷。只因為誕生在貧民窟，或是由冷淡的父母撫養長大，就否決了這個人的一生，這也太淒慘了吧！這些日子以來，大家多半都誤解了赫胥黎在他的《美麗新世界》（*Brave New World*）中所描繪的社會，將其視為一種宿命的遺傳決定論。事實上完全與此相反，那是一個對菁英進行早期栽培，讓他們具有不公平優勢的地方。所幸，從經濟學家格雷戈里·克拉克（Gregory Clark）的著作中，我們得知長時間下來，菁英階級還是會回歸到一般平均值。就算是把孩子送到名校的學前班，好比說是紐約富人中的富人所讀的學校，也無法彌補自己孩子的遺傳平庸。相較之下，儘管沒有什麼機會，在貧民窟長大的孩子也可以成就一番大事業。天賦是社會流動力的朋友。

性向天生

對性向的理解初露曙光，其所造成的混亂倒是帶來無比的歡樂。一九九〇年代，當確定同性戀比一般人所假設的受到更多來自先天的影響，難以逆轉，並且跟早期的生活經驗或是青少年時代所接觸的人事並沒有太大的關係時，在社會間引起歷來最大的驚愕與震撼。這是多麼可怕的結論！世間彷彿落入宿命論者和偏見之士的手裡，難道人就注定是他們基因的俘虜嗎？完全不是這麼回事。讓世人驚愕的是，最熱烈支持這個消息的竟是同性戀族群本身。他們說，看吧！我們並不是執意要以我們的同性戀性向來激怒保守人士。我們天生如此。是與生俱來的內在因素造成的。左派人士對此稍有微詞，擔心這個新觀點可能導致優生學的迫害，但是當事態變得明朗，同性戀者對性向天生這件事展現出熱烈回應，他們的聲音很快就平息下來。另一方面，右派的論調一直以來都是以他們不希望看到年輕人受到年長同性戀的影響而「轉變成」同性戀，以此來合理化他們的偏見。現在支持他們偏見的基礎已然受到動搖，世人明白性向是天生的。同性戀不是在青少年時期接受他人想法的灌輸所造成的，保守派認知到這一點，接受這個事實後，也不再那麼反對同性戀的人權。

在我看來，對於結束先天和後天之爭，沒有一件事的成效能夠比得上性向的認識。（我在二

○○三年曾出版一本關於先天和後天的書，過去幾十年這個話題一直引發熱烈討論，但這本書儘管得到好評，卻沒有引發世人的興趣，沒多久這話題就沉寂下去。）現在家長可以停止「責怪」自己或他人造成自己孩子的性向偏差，僅需乾脆地接受事實即可。同性戀者、聰明人、喜怒無常或是開朗的人，都不用再聽到他們之所以如此是由於過去別人對待他們的方式。在知道這是因為某樣東西從他們內部突現出來後，或許可以感到輕鬆點。突然之間，一切都豁然開朗，政治左派早該擁抱著天賦這一點不放。最人性化的方式，是接受人類在很大程度上是從內部、從下方建立起來的，而不是從上方，從外界。

人類行為中性別差異的起源充滿天賦和文化的誤解。我們的文化不斷強化男孩喜歡玩卡車、女孩喜歡洋娃娃這樣的刻板印象。玩具店還將店內區分成粉紅女孩區和藍色男孩區，就是要迎合成年人樂於看到傳統上的男女有別。這激怒不少女權主義者，他們堅信這些性別差異真正的根源，就是在於主流文化加諸兒童身上的價值觀。這種說法其實把因果關係弄混了。家長買卡車給男孩，買娃娃給女孩，並不是因為他們是這種文化霸權的奴隸，而是經驗告訴他們，這是孩子想要的。一個接一個的實驗顯示，在任意選擇的情況下，女孩會玩娃娃，男生則是玩車子，不論他們之前有過怎樣的經驗。大多數家長都樂於強化這樣的性別差異，卻不會有什麼興致讓孩子一開始隨意亂選，看看有什麼結果。

在二十一世紀初期，行為學家梅麗莎．海因斯（Melissa Hines）決定真的來測試一下這樣的偏好傾向，結果顯示連雄性和雌性的猴子也會展現出類似人類這樣的偏好。讓牠們選擇時，母猴會玩娃娃，公猴會玩卡車。這個實驗引起其他心理學家的憤怒，大加撻伐，並決心要挑出當中的錯誤。但至今已在不同物種的猴子身上重複過相同的實驗，每次都得到相同的結果。完全沒有接受過文化刻板印象荼毒的母猴，會喜歡有臉的東西。而公猴，在不知道自己成了人類性別主義的標靶之際，還是喜歡會動的東西。在茱蒂．哈里斯的一項反駁論點中，已經明確顯示出，玩具店的展示分區以及那種幾近猖狂的性別歧視，其實是為了迎合人類與生俱來的偏好，不是導致這種差異的原因。這些差異不是強加的，它們是演化而來的。

殺人的演化

若說人與人之間的差異來自內部，那麼其間的相似度也是如此。大戰後主導學界的中心思想強調動物有本能，人類則是靠學習。不過這樣的概念隨著對演化的認識，以及用演化理論來解釋許多人類的典型行為而逐漸瓦解。比方說，幾乎在所有的哺乳動物物種中，雄性的體型都長得比雌性大，脖子和前肢都更有力，更常為了配偶或地盤而打鬥，更為性自主，對後代的關注較少，並展現出更大的生殖成功差異（有的有很多後代，有的完全沒有）。教人感到不可思議的是，在人類身上也展現出這些特點，儘管人一直被視為是文化，而非本能的產物。這些特徵的起源其實不難辨別，就生物學的角度來看，哺乳類的雌性會花更多時間和精力在養育和哺乳後代，這遠比雄性花在產生精子的能量來得少，這造成不可避免的事實，讓雌性的生殖能力成為一項雄性之間相互競爭的稀有資源。在雄性幫助育幼會增加其後代存活率的物種中，這樣的行為在族群中會散播開來，變得普遍，我們人類就是一個活生生的例子。因此，人類兩性之間的相似性要比大猩猩或鹿來得高。但是，雌雄之間不對稱的差異也沒有完全喪失。

一項調查顯示，綜觀古今，從十三世紀的英國到現代的加拿大，從肯亞到墨西哥，男殺男的比例遠比女殺女來得高，平均約高出九十七倍。社會科學家過去以特定文化來解釋這個現象：女性被教養得溫和與服從，社會期待女性扮演多重的角色；過去女性的謀殺罪責比男性嚴重很多（過去或許如此，現在已經沒有這回事）。這項學說的中心法則認為女人和男人的差別僅是因為他們受到社會的差別對待。在一九七〇年代，一位傑出的犯罪學家總結了他這個學門的普遍看法，他寫道，不論是生物學還是心理學都無「益於解釋男人犯罪率大幅高於女性的原因」。

馬丁．戴利（Martin Daly）和瑪歌．威爾森（Margo Wilson）在一九八〇年代後期寫了一本關於謀殺的書，請我們重新思考這一切。他們認為，文化決定論的解釋與事實不符，男人比較暴力的原因更有可能是基於和其他雄性哺乳動物類似的理由，因為在過去他們的生物特性迫使他們要爭奪交配的機會。他們在書中指出，男性成為受害者或殺人犯的機率遠高於女性，在所有文化中都是在同一年齡（青年期）達到高峰，而且這不僅是在謀殺率低的和平文化中如此，在謀殺率高的暴力社會中亦然。《經濟學人》（*Economist*）一九九九年繪製了一張男性凶殺案與年齡的關係圖，相當引人注意，當中顯示出犯案率在十八九歲時突然增加，於二十歲到二十五歲達到頂峰後便急劇下降，然後趨於平穩，這樣的曲線在一九六五年到一九九〇年的芝加哥與一九七四到一九九〇年的全英國都相同，只不過在芝加哥的高峰值是每百萬人中有九百名謀殺犯，在英格蘭和威爾斯則是每百萬有三十名。

在一個地方文化非常重要的物種中，為何會出現這樣的普遍性，這種暴力傾向又為何會跟其他哺乳動物一樣，在男人爭相競爭交配機會的時期達到高峰，這些數據著實讓人難以理解。謀殺案的統計顯示，謀殺犯主要是以年輕、未婚，想改善自己地位或贏過其他性對手的無業男性佔大宗。這在世界各地狩獵採集的小規模社會中也是如此：年輕男子會為了女人和地位而殺死其他年輕男性。當然，對大多數謀殺的解釋都是基於一個事實，即天擇賦予人類一種本能，這意味著（按照達利和威爾森的說法），「一旦生命朝向生殖完全失敗的軌道行進，任何生物勢必都會想辦法來改善目前的狀態，即便這通常意味著要冒生命危險。」現在該是揚棄文化決定論的魔力，尋找以演化來解釋行為成因的時候了。

性徵的演化

或可再看看另一項令人吃驚的事實，最能吸引男人的女性，是處於生育年齡、身體健康、個性開朗，並且擁有他們最希望自己孩子能夠繼承的特質。最近有一項研究，要求男性和女性回答他們認為哪個年齡的異性最有吸引力，不論是發展短期或長期關係。結果兩性之間展現出鮮明的差異。女性表示在這兩種關係中，都會選擇與自己年齡大致相仿的伴侶。在三十歲左右之前，女性比較偏好比自己年齡稍長的男人，三十歲之後則偏好稍微年輕一點的，不過即使到了五十歲，女性還是表示最有吸引力的的男性年齡約是在四十三歲。相較之下，所有年齡層的男性（承認吧！你早就知道結果會什麼！）都認為短期交往和性幻想的對象以二十歲女性最有吸引力。有些四十多歲的男人會稍微將他們偏好的年齡提高到二十三或二十四歲，其魚的人則繼續堅持二十歲。不過在尋找長期伴侶時，年長的男人會喜歡年齡稍大一點的女性，但仍比自己年輕得多。換句話說，所有年齡層的男性，都認為正值生育年齡的女性最吸引人。要尋求這種現象的解釋，在文化規範中是找不到的，而要到演化的世界裡：受到正值黃金生育年齡、身體健康的女性所吸引的男性，比起偏好年長、不成熟、病態或是抑鬱寡歡的性伴侶的男性，平均而言會留下更多的後代。認為強壯、自信、成熟具有野心的男人比較有吸引力的女性，往往比那些喜歡軟弱、膽怯、年輕或退休的人，留下更多的後代。真正令人感到不可思議的是，在我年輕的時候，社會普遍禁止以這種觀點來解釋人類普遍的特性。

哈佛大學心理學家史蒂芬·平克認為，我們的情緒和個性是經過天擇適應出來的，我們的推理和溝通具有一跨文化的共同邏輯，這是難以抹滅或重新設計的，這和之前中心法則中所假設的一張「白紙」截然不同。他們來自內部，而不是外界。學習是因為我們有先天的學習機制才會發生。學習不是本能的對立面。它本身就是一種本能的表達，或者說是很多本能的展現。人類的大腦生來就自動配備許多性能——雖然不見得從一開始就有——讓人具有學習語言、識別臉孔和情感、認識數字、物體的整體感以及顧及他人想法的傾向。

社會、文化和父母決定論的崩解，以及用更為均衡的人格和特性的演化理論來取而代之，是從具有壓迫性的謬誤文化創造論中的一大解放。

第十章

教育的演化

然則我們就必須去說明天上各種現象，
和那包含在日月運行裡面的規律，
以及那催促地上一切生命的力量；
最重要的是我們必須以銳利的推理
去看精神和靈魂是由什麼所構成。

盧克萊修，《物性論》，第一卷，第一二七～一三一行

強制莘莘學子上課，接受老師的教導與準備考試是普世皆然的教育模式，而且從來沒有遭人質疑過。我們就這樣認定這是學習的方式。但稍微反思一下，在我們的經驗中，其實還有其他種種學習方法。我們可以透過閱讀、觀看、模仿以及實作來學習。我們會和一群朋友一起學習，也會單獨學習。然而，這些幾乎沒有人稱之為「教育」，因為在大家心中，教育始終是一種自上而下的活動。可是，在教室裡上課真的是年輕人學習的最佳方式嗎？還是這樣對正規教育的偏執排擠掉其他更為自然的學習模式？要是我們允許教育演化，它會變成什麼樣子？

當你仔細想想，就會覺得這整件事真的很古怪，那些不受拘束、自由思考的人，竟然會在孩子滿五歲時，將他們送到類似監獄的地方，一待就是十二到十六年，他們在那裡受到懲罰，囚禁在稱為教室的牢籠裡，還規定他們一定要坐在桌子前，依循特定的程序。當然，這並不像過去狄更斯筆下的時代那樣悽慘，有許多傑出的人還是應運而生，但學校始終是一個高度專制的地方，施行教導和教化之類的填鴨式教育。就拿我自己的例子來說，監獄這個比喻真是再貼切不過。我在八歲到十二歲之間讀的寄宿學校，校規非常嚴格，還有體罰伺候，基本上跟我們在書中讀到德國納粹虐待戰犯的故事情節有許多雷同之處，甚至有同學開始挖地道，儲存食物，規畫逃往到鄉下火車站的路線。逃學的事件頻傳，他們都會遭到嚴格的懲罰，不過事後會被大家當成英雄看待。

普魯士模式

經濟歷史學家史蒂芬・戴維斯（Stephen Davies）認為現代學校是在一八〇六年拿破崙打敗普魯士時出現的。飽受屈辱的普魯士政府決定採取當時傑出的知識份子威廉・馮・洪堡（Wilhelm von Humboldt）的建議，制定出一套嚴格的義務教育方案，主要目的是要將青少年培養成服從的士兵，不至於在戰場上臨陣脫逃。正是這些普魯士學校推出了許多我們現在認為理所當然的教育措施與制度。他們依年齡而不是能力來分班，這種做法目標是為了招募新兵，而不是全面發展公民教育，所以在那個時代當然是合理的。他們還推出一套正式的教學方法，讓學童一排排地坐在課桌椅上，教師則站立在前方，沒有採行古希臘時代師生走在一起的形式。有固定的課表，以鐘聲來區分一堂堂的課。有預定的教學大綱，不是開放式的學習。一天要上好幾個科目，而非針對一個科目或主題講上好幾天。戴維斯認為，如果你想打造一批適合加入軍隊對抗拿破崙的新兵，採行這種教育方式確實是有道理的。

這套普魯士教學實驗，在大西洋的對岸引起相當關注。北卡羅萊納州公立學校的創始人亞奇博爾德・墨菲（Archibald Murphy）在一八一六年說過，「在國家對人民福利的感情和關懷中，必須負起照顧這些孩子的責任，把他們安置在學校，使其心智得到啟發，陶冶身心、發展德性。」在美國廣泛認為是公共教育創始人之一的霍勒斯・曼恩（Horace Mann）是普魯士教育模式的熱中信徒。他在一八四三年訪問普魯士後，決定效仿這個國家的公立學校制度。一八五二年美國麻薩諸塞州正式採用普魯士的教學系統，不久後紐約也跟進。在曼恩眼中，公共教育的主要目的不是為了提高教育水準（畢竟在一八四〇年時，美國北部各州識字率已經達到百分之九十七%），是為了把不守規矩的孩子教育成有紀律的公民。對此，他的態度再清楚不過，這一切都是為了國家利益，不是個人的需求。在維基百科上，關於曼恩的詞條，是這樣描述的，「灌輸對權威的服從、準時上課等價值，以及依據鐘聲來幫助學生為將來的就業做好準備。」無獨有偶的是，那時許多人認為美國的價值觀因為天主教移民大批湧入而有消失的危險，這也是促成國家接管教育的一大動機。蘭特・普里切（Lant Pritchett）在他的《教育的重生》（*The Rebirth of Education*）一書中，引用了十九世紀日本教育部長的話，這位部長坦率地承認：「在所有學校的管理上，必須牢記一切都是以國家為考量，不用為學生著想。」

私校倍出

幾年後，英國也走上同樣的道路，主要是為了培養種種行政人員來協助帝國的運作。正如蘇伽特・米特拉（Sugata Mitra）在他那場二〇一三年精彩的TED演講中提到的，英國當時相當於打造了一台大型電腦，以此操作他們遠方的財產。這是一台行政機器，這台機器全是由可互換的零件所組成，只是每個零件正好都是人。為了製造出這些零件，他們需要另一台機器，一個具有教育功能，能可靠生產出可以快速閱讀、字跡清楚，還會加減乘除等基本運算的個體。正如米特拉所言，「他們必須具有很高的一致性，這樣才可以在紐西蘭挑出一位，運送到加拿大後，立刻開始工作。」

在美國，國家規定的義務教育並不如多數人所設想的，是有益窮人學習的唯一途徑。當英國在一八八〇年推行全國義務教育時，全國人口幾乎都已經識字。從一七〇〇年開始到一八七〇年，英國識字率穩定上升，從男性五〇%，女性一〇%，增加到兩性皆為九〇%。到一八八〇年，當英國政府實行義務教育時，十五歲的青少年中有超過九五%都識字。在一八七〇年之前，國家還沒有什麼相關的教育政策，半個多世紀以來，他們完全是透過家庭、教會和社區學習。這套自發性的教育系統，在接下來的年月，也沒有什麼理由不會繼續拓展下去。整個教育系統早已自發演化出來，完全沒有受到政府的指導。

一九六五年日後移居到加拿大的英國新堡大學經濟學家艾德溫．魏斯特（Edwin West），在他那本現在十分著名的書《教育與國家》（*Education and the State*）中指出，英國從一八七〇年以來推行國家教育系統，於一八八〇年改成強迫式的義務教育，實際上僅是取代了原本應當得以繼續發展得更為健全的私人教育體系。魏斯特生動地指出，政府僅是「跳上一匹已經在飛奔的馬的馬鞍上」。

印度也發生類似的情形，一八二〇年代的一項調查，發現私人資助的學校系統在當地非常普遍，男童受教的比例甚至高於一些歐洲國家，早在英國人於這片南亞大陸推展公立教育體系前就已經如此。聖雄甘地日後對英國頗有怨言，他表示，英國以公立學校取代原本的私立學校網絡，但這種集中式、難以究責又迎合種姓制度的教育系統，帶來一場災難性的失敗，「連根拔起一棵美麗的樹」，還讓印度的文盲比例增加。英國當然對此指控強烈地駁斥，但證據顯示當時的做法確實錯了。

一八一八到一八五八年之間，英國私立學校的入學人數增加了兩倍。一八七〇年時，教育在英國已經非常普及，雖然按照今天的標準來看，學年時間還是太短，課程也不算完善。但，這正是關鍵所在，我們不能用今天的標準來判斷過去。隨著工人階級發現能夠閱讀日益便宜又豐富的印刷報刊以及書寫能力所帶來的優勢，這套系統便迅速成長。正如魏斯特所評論的，「相信現代大眾印刷業的出現源自於一八七〇年的福斯特教育法案是一種迷思……早在一八六〇年代後期，大多數人便能識字，多數兒童也都接受了一些學校教育，大多數的家長都花錢支付學費。」

重新審視一下當初福斯特提出的建議，其實非常有趣。他完全不是想要提供一個免費而普遍的公共教育體制，實際上他只是建議國家，唯有在私立學校教育有嚴重落差的地方才需要出手干預、建議應當收取的學費，以及家長應該得以選擇送自己的孩子去哪所學校就讀。一旦國家真的干預起來，他這些希望很快就破滅，政府很快就提供幾乎整套的教學系統，不僅決定授課內容、授課教師，還決定哪個孩子該進入哪間學校就讀。若是在一八七〇年之後，教育仍維持私有化，僅讓國家資助那些難以負擔學費的家庭，幾乎可以肯定這樣的情勢會繼續提供一個不斷擴大和演變的教育體系，在當中，創新和競爭會自然產生出日新月異的課表與標準，而且就像過去一樣快，也許還會更為迅速。然而，事與願違，最後還塑造出一個神話，傳頌英國政府在沒有教育的地方辦學，造就後代的教育。

這樣的系統或許可以避免近年來國家教育的品質惡化，還導致前所未有的絕望訴求，要政府想辦法讓公立學校的孩子也能進入好大學。私校學生進入牛津和劍橋的比例異常地高，確實造就出大量優秀的學生，這代表著兩種可能性，一是富人天生就比窮人聰明，但這一點似乎不太可能。二是私校提供的教育比公立學校來得好，這無異是對國家教育品質的指控，確實令人相當震驚。而且，私校的教育成本並沒有比公立系統高出多少。主要的差別是，在私校系統中，錢來自於學生家長，在公校系統中則是來自國庫中納稅人的稅金。唯一費用低的選擇是居家教育，而這些孩子的學術成就甚至也留下許多輝煌的紀錄。簡言之，國家提供義務教育讓窮人得以將個人收入（相對於他們的稅金）花費在其他事情上，但這顯然沒有增加他們社會地位流動的機會，甚至還有反效果。

教育創新

這樣的現象不僅在英國如此。安德魯．庫爾森（Andrew Coulson）為美國卡托研究所（Cato Institute）進行一項「市場與教育壟斷」的長期國際研究調查，發現英美兩國之間和兩國國內都是「私校教育優於公共教育體系，這是基於大量經濟學研究所得的結論。」蘭特．普里切特

（Lant Pritchett）在印度和其他地區做的國家教育調查，也得到同樣令人寒心的結論，多數國家支持的學校，教學品質低落到令人沮喪的地步，而且幾乎都採取集中管理。若是教育無法讓孩童學習，那現在的孩子花更多時間待在學校，以及政府投資更多的經費在教育上，也無需感到自豪。普里切特以蜘蛛和海星來比喻兩種教育系統。蜘蛛透過大腦中的單一節點來掌控蜘蛛網上發生的一切，這是一套高度集中的系統。海星沒有大腦，是一種輻射狀的生物，神經控制分散在每隻腕上。在教育的歷史中，蜘蛛系統是在十九世紀設計出來的，基本上是為了建立國家合法政權。這些集中系統在面對今日的教育問題以及創新教育時，完全沒有用。普里切特對此提出的解決方案是鼓勵地方教育系統演化，對各種變化與實驗抱持開放的心態，讓教育系統往海星的周圍神經系統移動。

教育國有化的真正悲劇在於幾乎看不到什麼創新。即使不用學拉丁文，儘管我在一些堪稱是世界上最好的學校接受良好教育，我所接受的一切體制還是顯得不可思議地古老僵化，跟中古世紀沒有多大差別。這一切讓人不由得感到教育並沒有如生活中其他領域那樣隨著技術發現向前邁進。科學的教法——不僅在我身上如此，連我的孩子也接受類似的教育——就好像它是一本詳載種種事實的目錄，需要我們反覆背誦，卻沒有一連串等待接受挑戰的迷人奧祕。讓孩子看看星系和黑洞，不要在講什麼波以耳定律了！愛因斯坦曾經說過這簡直可以說是一個奇蹟，「現代教學方法尚未完全扼殺探究的神聖好奇心；這些精緻的小樹苗，除了刺激之外，主要的需求是自由」。

教育國有化肯定和創新失敗脫不了干係。長期擔任美國教師聯合會（American Federation of Teachers）主席的亞伯特．香克（Albert Shanker）說：「是時候承認，公共教育的運作就像一套計畫經濟一樣。每個人在這套官僚體制中的角色都已經明定，毫無創新和生產力的誘因。我們的學校系統無法進步毫不奇怪，因為這比較往共產主義的經濟體靠攏，而不是我們自己的市場經濟。」

教育的漸進式改革正在展開。新堡大學教育系的教授詹姆斯．圖里（James Tooley），編目出（在這裡用「發現」一詞可能更貼切）世界各地城市中最貧窮的貧民窟以及最偏遠的村莊所成立的許多低成本的私立學校，在諸如印度、奈及利亞、加納、肯亞乃至中國等地都有。他最初是在兩千年時為世界銀行在印度的海德拉巴（Hyderabad）研究這個現象，最近則開始深入非洲各地。他前去海德拉巴的舊城區，在許多擁擠還有污水流經的貧民窟內，偶然發現了五百間提供窮人教育的私立學校。其中一間是和平高中（Peace High School），他發現那裡的教室都沒有門，窗戶沒有裝設玻璃，牆上到處是塗鴉，人力車夫和短工的孩子每個月只要付六十到一百盧比（約為新台幣四十到八十元左右）的學費，視其年齡而定，就可以在那裡接受教育。然而，教育品質好得相當令人驚訝。在另外一間聖瑪斯高中（St Maaz High School），他發現一位頗具領導魅力與數學天賦的總教師，二十年來他建立了一間學生近千名的學校，請了一群主要沒有教師資格的人（但通常都是大學畢業）的教師來教學，就在三間租來的地方上課，他也從中得到合理的利潤。公立學校一直都存在，當中已取得國家文憑的教師在其中，但多數海德拉巴的父母對公立學校的教育品質甚感不滿，許多私立學校的教師也對教師培訓的品質感到憤怒不已。一位教師告訴圖里，「政府的教師培訓就像是在沒有游泳池的地方學游泳。」

當圖里把他的這些閱歷告訴他在世界銀行的同事，他們告訴他，他所發現的只是商人剝削窮人的例子，再不然就是大多數地方上的私立學校都會先挑選富有的家長，這對剩下的人很不好。但是，這與他所觀察到的事實不符：海德巴拉的和平高中對那些家長在寺廟當清潔工，一個月賺不到四五百元台幣的赤貧以及文盲的孩子給予相當優惠，甚至學費全免。為什麼這樣的人家寧願把孩子送到私立學校，而不是提供制服、書籍甚至還有免費餐點可吃的免費公立學校呢？這些父母告訴圖里，這是因為公立學校的教師根本沒有去上課，不然就是教得不好。他參觀了一些公立學校，發現這些指控都是真的。

圖里很快就意識到，大家並不是不知道在貧困社區有這些低成本的私立學校存在，只是在很大的程度上，這些機構都遭到行政單位所忽視，並繼續堅持只有擴展國家教育才可以幫助窮人。低收入國家公共教育不佳是舉世公認的，可是大家對此的共識僅是投入更多的錢，並不打算採行一個截然不同的辦法。比方說，印度籍的諾貝爾經濟學獎得主阿馬蒂亞．沈恩（Amartya Sen）就曾呼籲投注更多的政府經費在教育上，並且將私人教育貶為菁英享有的特權。不過在同一篇文章中，他也承認越來越多窮人將孩子送去私校就讀，「尤其是在公立學校境況不佳的地區」。他認為公立學校狀況不好，是由於私校吸收掉中產階級的家庭，而不是因為老師是向官員，而不是父母負責。然而，窮人也紛紛離開公立系統，其數量至少和中產階級一樣多。為了支持教育一定由上方加諸的理論，大家寧可忽視學校教育可以由下而上出現的經驗。

印度只是圖里的開始而已。他後來又到不同國家參訪，總是聽聞那裡並沒有低成本的私立學校存在，但他所發現的往往與傳聞相反。在加納，他發現一位老師創辦了一所有四間分校的學校，教授三千四百個孩子，學費僅需五十美元，還提供獎學金給那些負擔不起費用的孩子。在索馬里亞，他發現了一個沒有供水、沒有道路也未鋪設路燈的城市，那裡私立學校的比例是公立的兩倍。在奈及利亞的拉哥斯（Lagos），政府官員和西方援助機構都否認存在低成本的私立學校。可是他發現，在拉哥斯的貧困地區，有百分之七十五的學童都是在私立學校就讀，當中很多都沒有向政府登記。在他參訪的所有地方，無論是城市還是農村，不論是在印度，還是非洲，圖里都發現，低成本的私立學校招收到的學生比公立學校來得多，當地人都花費收入的百分之五到十在孩子的教育上。當他問一個英國政府援助單位裡的人員，為什麼他的機構不考慮支持這些私校，提供貸款，卻總是把錢投入加納正式的教育官僚體系中，他得到的回答是經費不能提供給營利機構。

假設你是拉哥斯貧民窟的父母。孩子的學校老師經常缺席，還在課堂上睡著，醒著時也不好好上課。然而，在這樣一間公立學校裡，憤而將孩子帶回家完全不會受到校方理會。你唯一的辦法是向老師的「老闆」抱怨，但他是一個官員，辦公室在你不會經常去到的城市遠方。再不然你可以等到下次選舉時，投票給願意認真做事，派督學前來檢查教師出席狀況和授課品質的政治人物。祝你好運。圖里援引一篇世界銀行的報告，當中絕望地指出績效薪酬制度在公立學校無法作用，「功能不佳的官僚體系墮落成貪腐的泥淖，低階者會賄賂上級，花錢購買好的職位或是評等。」

倘若你的老師是在一間私人且營利的學校，你將孩子帶回家，學校的負責人很快就會從他口袋感覺到這樣的效應，將會解聘不良教師。在一個自由的系統中，身為消費者的家長就是老闆。圖里發現，私立學校的業主會不斷監測他們的教師表現，並且聽取家長的投訴。他的研究團隊在印度和非洲各地參觀各個教室，發現在他們參觀的公立學校教室中，實際教學的教師比私校教師來得少，有時僅比一半略多一點。這些未受認可的私校，儘管沒有公共資金或援助資金，卻擁有更好的設施，如廁所、電和黑板。他們的學生也學得較好，尤其是在英語和數學這兩個科目上。

教育技術

營利機構的教育所產生的影響並不侷限在貧窮國家。在瑞典，營利的私人學校具有相當的競爭力，足以鞭策公立學校，提高標準，增加和老師接觸的時間。在英國，多數優秀的私立學校之所以建立了相當的慈善形象，可能和他們的投資與擴張策略有關。

科技即將改變教育，而且還會以更為激烈的方式來進行。橋國際學院（Bridge International Academies group）集團目前正在肯亞經營兩百多個低成本的營利學校，提供老師撰寫好的課程大綱，並以平板電腦來授課，這樣一來，電腦也可作為監測教師是否認真教學的檢查設備。這麼做的想法是希望學生不受到當地教師品質的限制，而透過地方上的老師接觸到世界各地最棒的授課環境。這樣的經營方式，與可汗學院（Khan Academy）類似，現在他們提供超過四千部高品質的短片，提供私人的教學輔導，任何人都可以使用，而且幾乎涵蓋任何主題。或是轉向日益增多的「大規模線上開放課程」（massive open online courses簡稱MOOCs），現在多數菁英大學的頂級課程都可以在網路上觀看，有數千名莘莘學子在修習這些課程，不是只有那些能夠進入史丹佛大學或麻省理工學院的幸運兒才能聽課。在現代世界，你不必只聽地方上的歌手演唱，還能聽到知名男高音普拉西多．多明哥（Placido Domingo）的演唱，你的求學過程也是如此，不僅限於地方上的教師。你可以找到最好的。在光譜的另一端是密涅瓦學院（Minerva Academy），是由舊金山的班恩．納爾森（Ben Nelson）這位高科技產業的企業家所成立的私立學校，這是一間小型，實際上是迷你的實體大學，跟一般大學一樣，學生住在一起，但是沒有學校機構的其他特徵，尤其是講座，這由網路上互動式的書報討論所取代。密涅瓦的史蒂芬．科斯林（Stephen Kosslyn）表示，講座授課是「一種很棒的教學方法，但是是一種糟糕的學習方式」。

傳統大學必定會在五十年內消失，全都為科技旋風清除殆盡。為什麼要付大筆學費在一個校園裡待上三年，然後在現實世界中，賺取沒有比不具大學學歷的人高出多少的薪水，為什麼不嘗試組合自己的網上課程，在網路上接受評分和升級，聆聽任一領域中最傑出的老師的課程，無論你身處何處都可以上課？當人工智能專家塞巴斯提安．史朗（Sebastian Thrun），發出一封電子郵件，宣布他會開一門課程，不只是給他在史丹佛的學生，是要開放給任何想在網路上聽課的人，結果有成千上萬人報名了這項課程。當中有超過四百人得到的成績比史丹佛大學的高材生還高。

為什麼不乾脆取代大多數的人力呢？當蘇伽特．米特拉（Sugata Mitra）在德里貧民窟的牆中洞裡放置一台可以上網的電腦時，他其實不知道接下來會發生什麼事。他看到孩子們圍著電腦螢幕，開始上網玩。幾週之內，他發現，就連不會說英語的孩子都能摸索出一套方法，發展出令人驚訝的專業知識。

這項牆中洞（hole-in-the-wall）實驗激發了拍攝電影《貧民百萬富翁》（*Slumdog Millionaire*）的想法。三年來，米特拉的同事發現裝置在新德里的二十台電腦，讓六千名兒童在沒有任何教學的情況下學會電腦知識。孩童可以在沒有成人的指導下學習使用電腦。在這裡，關鍵的是，這並不是一個自學的過程，而是透過彼此教導，這是一個集體的、突現的現象。

在米特拉心中，這項發現很快就激發出在一個網路相連的世界，不需教學也可能出現的另類學習的想法。他在一個說泰米爾語，靠近龐地伽立（Pondicherry）的偏遠小村落卡里庫邦（Kalikuppam）的一間學校，展開一場實驗，教導幾乎不認識英文，也對分子生物學基本原理一無所知的十至十四歲兒童，而且是由完全沒有生物學背景的教員來教導。在短短兩個月內，孩子自學而成生物技術的知識，平均測試成績為三〇％。整個學習過程僅是讓他們使用牆中洞的電腦，在電腦上呈現一些精心設計的問題，然後讓他們自由使用這項設備。

這項實驗，現在在全世界重複進行，催生出「自辨學習環境」（self-organised learning

environment，簡稱 SOLE）的概念。米特拉堅持要讓三到五個孩子共用一台電腦，然後向他們提問，讓他們自行尋找答案。誰是畢達哥拉斯？一台 iPad 怎麼知道它現在的位置？何謂英國統治？樹可以思考嗎？我們為什麼做夢？維京海盜很臭嗎？米特拉說，這些問題全都會引發爭論，但不約而同地都會開啟學習的大門。

有趣的是，就某方面來看，米特拉的作法其實是重拾古代和印度曾經採用過的教學方法，只是後來因為普魯士教學系統壯大，而為歷史所埋葬。在一七〇〇年代後期，英國有一位在馬德拉斯（Madras）任教的老師，名叫安德魯·貝爾（Andrew Bell），他發現印度學校會讓年長的學生教導年紀小的男童，這麼做成效非常好。他將這個想法帶回英國，介紹給許多學校，並出了一本極為影響力的書：《馬德拉斯男性庇護所的一場教育實驗：一種學校或家庭，在師長或家長監督下，可以推行的自我教育系統》（*An Experiment in Education, made at the Male Asylum at Madras; suggesting a System by which a School or Family may teach itself, under the Superintendence of the Master or Parent*）。

米特拉的下一步是發明「奶奶雲端」（granny cloud），這主要是由英國的退休人士組成的網路，在網路上指導偏遠村莊或貧民窟學校的孩童。米特拉寫道：「我有一個新的假設，只要有適當的數位基礎設施、安全和自由的環境、友善但知識不用太豐富的講員，兒童群體可以自行通過學校的畢業考。」

米特拉認為自我組織學習的一大障礙是考核制度。只要考試仍然是在測試記憶力和智力，自我教育就顯得沒有多大意義，學校也難以演化出新的形式。好比說，最近在英國有一道試題是：「何謂牛軛湖（oxbow lake）？」停下來想想這問題。在地區長官是搭著地方人士的船，沿流而下才能到達司法機構的時代，提前知道這樣的資訊或許會有點用處。但今天，還有多少人需要知道牛軛湖呢？只要按幾下智慧型手機，答案馬上揭曉。要是考試考的是「什麼是自我相似？這領域的最新成果有哪些？」這類問題的話，米特拉告訴我，那在考場就一定得使用網路，而這將改變一切。

繼續灌輸教導

在思考教育時，我們需要擺脫創造論的思維模式，讓它得以演化。若能適當地辨教育，它會成為一種浮現的、演化的現象，是鼓勵人認識這個世界的過程。然而，這也是種宣傳和灌輸的工具，是約翰．斯圖亞特．穆勒所謂的「心智專制」（despotism over the mind）。即使國家不再將教育系統產線的產品視為送上戰場的炮灰，或是需要教化的野蠻人，公立學校一直到二十世紀都還是在教導學童自己的國家是光榮的，並且通常都是對的，而競爭對手多半都背信忘義，並且通常是錯的，以及神是基督徒等等。誠然，今天的學校課程裡少了很多這樣特定的宣揚課程，但不少政策制定者仍因為有些學校的課綱為激進伊斯蘭分子把持，而感到困擾。但是，如果要說的話，不管在哪裡，其實都還是存在有另一種宣傳式的課程，基本上可說是在傳授多元文化和尊重地球的福音，這是一種「好」的灌輸，可是仍然是一種灌輸。你並不需要成為一個怒目而視的陰謀論者才能在現代學校中看到啟發心智的活動遠低於訓練學童該思考什麼主題的課程。世界的現況或是風能的可用性這些老生常談，出現在孩子教科書上的頻率驚人地高，即使是在歷史或西班牙文這樣的課程裡都會出現。

近來一份由安德魯・蒙弗特（Andrew Montford）和約翰・謝德（John Shade）所寫的報告指出，二〇一四年的英國課表亟欲將孩子教育成環保份子，反而造成「學校教材的氣候議題」中，充滿了「嚴重的錯誤、誤導性的聲明和偏見。這些包括許多廣泛使用的教科書、教學輔助資源以及學童計畫」。教科書和教材建議學童寫信給政治人物、參加各項活動以及死纏爛打地要求父母。「全球暖化」這個字眼出現在經濟學、化學、地理、宗教學、物理、法語、人文科學、生物學、公民、英文和科學等科目的考試卷上。

幸運的是，孩子不見得永遠會照大人告訴他們的去做。而填鴨式教育也不是什麼新鮮事。多麗絲・萊辛（Doris Lessing）曾經寫道，我們應該對孩子說：「你現在是在接受填鴨教育的過程。我們的教育制度，沒能從灌輸式的教學方法中演化出什麼新的形式。關於這點，我們很抱歉，但我們已經盡力而為了。」似乎有一套教育系統能夠抵抗這種灌輸教學，至少在受教初期是如此。蒙特梭利學校以及他們的合作學校，採行沒有考試、混齡教室並強調自主學習，而且成效非凡，培育出許多優秀的企業家。亞馬遜、維基百科和谷歌的創始人（兩者）都讀過蒙特梭利學校。根據谷歌的創辦人賴瑞・佩吉（Larry Page）表示，這套教育模式的祕訣可能在於學校培養出學童「不遵守規則和命令，並且主動積極地探究這個世界是怎麼回事，以及做些有點不一樣的事」的自然傾向。

以教育來促進經濟增長

教育的根本目的往往扭曲成一種自上而下灌輸的幻想。國家教育的目的鮮少是增進學術研究和創造知識，反而是在培養出聽話服從的公民，忠於國家，有可能促成經濟增長，並接受最新意識形態的洗腦。美國文化評論家門記者孟肯（H. L. Mencken）說：「公共教育的目的完全不是要啟發大眾。純粹只是要盡可能地將多數人降低到同一安全水準，培育出標準化的公民，放下異議和創意。」這就是為什麼當權者並不在乎教育缺乏創新和進步的部分原因。在哲學和美學教授史蒂芬．戴維斯（Stephen Davies）眼中，今日的學校不過就是一具向雇主發送訊號的設備，告訴他們已經灌輸年輕人足夠的基礎，讓他們能夠堅持一項任務，並完成指派給他們的工作，這正是當初霍拉斯．曼恩所想要的。左派的政治人物往往強調要增加經費，右派則著重在課程和教學方法的改革。但雙方都同意教育是以國家利益為考量，不是以個人為優先。對個人產生的任何可能影響都是次要的，都在國家之後。不要問你的國家的學校能為你做什麼……

過去二十五年來，政府除了執著於灌輸下一代對這顆星球狀態的焦慮之外，也一直企圖用教育來挽救他們的經濟競爭力。從右到左的各個政治派別都假設更好的學校、更好的大學、更好的職業教育和更好的培訓將會帶來一個更加繁榮的社會。教育程度越高的人，前途比較看好，這一點確實是千真萬確的，學歷越高通常薪水也越高。教育良好的國家一般都變得更為繁榮，這一點也是事實。但這些事實，真的能夠證實教育是促進經濟成長的靈丹妙藥嗎？有任何證據顯示教育會驅使國家繁榮，或是國家繁榮能帶動教育普及嗎？艾莉森．伍爾夫（Alison Wolf）在她的書《教育重要嗎？》（*Does Education Matter?*）中詳盡檢視各種資料，所得出的結論竟然是「不會」。她指出，根據世界銀行的研究，教育水準和經濟成長之間存在一個負相關性。國家投入越多資源在擴大教育系統上，反倒成長得比那些投入較少資源在教育上的國家來得慢。埃及投入相當的努力來改善、延長和普及教育，經濟成長卻很緩慢。從一九七〇年以來的三十年間，這個國家的中級學校和大學的招生人數增加一倍，可是在此期間，只從全球最窮國家的排行榜上往後移一位，從四十七名降到四十八名。一九六〇年時，菲律賓的識字率遠高於台灣，但今天的人均收入只有台灣人的十分之一。上個世紀的阿根廷是全球最糟糕的經濟體之一，人民識字率卻是非常高的。一個國家越是採用中央規畫的方式，教育體制表現得越好，經濟表現反倒變得越來越糟，好比像是在埃及，這套教育系統生產出很多未來的官僚，他們就是訓練來繼續維持中央的規畫。

順便說一下，職業教育理應要更好，但很少是如此。你可能會認為它會受到經濟體中的各行各業，也就是客戶的需求所主導。令人驚訝的是，根據艾莉森．伍爾夫另一篇針對職業教育的報告，職業教育也是受到國家集中管理的。「幾十年來，職業教育已經受到中央的微控管理。這其實是個壞主意。不僅是因為在本質上毫無效果，這也意味著，政府需要直接負起成敗的公共責任，但實際上，國家不可能是誠實以對的。」

的確，不論是在一個國家內部，還是國際之間，受過良好教育的人往往比低學歷的人更富有。但是，正如伍爾夫所言，這裡的因果關係遭到混淆。她問道：「難道不可能是經濟成長導致教育，而非得是教育造成經濟成長嗎？」肯定可以找到刻意規畫並大幅改善教育，不論是基礎教育還是技職體系。同時，經濟成長迅速發展的國家，如南韓便是一個經典案例，新加坡也是。伍爾夫繼續探究教育是否真的造成這樣的經濟成長，甚或是在當中扮演什麼關鍵因素，她所得到結論是，教育不見得是重要的。香港和瑞士的經濟成長也一樣快，在教育上的中央規畫或教育投資上則遠不及前兩例。瑞士的大學入學比例遠低於和其經濟規模相當的國家。伍爾夫總結到，香港「經濟的突飛猛進也和中央計畫的教育政策毫無關聯」。實際上香港的家長只要有足夠的經濟能力，便會開始將孩子送到好的私立學校就讀。

在香港對面，橫跨過太平洋，有一個更明顯的例子。幾十年來，美國在國際間的學校教育成就排名表上一向表現不佳，在經濟方面卻表現得相當好。就經濟生產率成長來看，教育最普及的國家完全沒有展現出比那些教育較不普及的更高的表現。每年花在教育或大學的花費應該要提高，使員工的工作效率提高，但在經濟數據方面，完全沒有展現出這樣的跡象。正如伍爾夫的結論，「若優質教育真的造成一個國家經濟表現的任何差異，可能是以非常不明顯的方式來進行，因為它的影響看來完全為其他因素所淹沒或是中和。」教育顯然有利於個人賺錢的能力，可是對整體經濟的成長速度沒有決定性的影響。

伍爾夫非但沒有看見教育對經濟帶來的好處，還發現提振教育水準最多的國家往往比那些坐視不管，不會花這麼多教育支出的國家成長緩慢。她的結論讓人震驚得啞口無言，「我們的政治人物和評論專家口徑一致地喊出，投資教育支出，帶動經濟成長，但這樣一個簡單的單向關係其實根本不存在。當然，她承認具備一些教育是必要的。沒有良好的識字和計數能力，根本不會有高薪工作的機會。不過這並不是重點。這裡的問題在於，是否在超過一定的教育水準後，更多的教育——更不用說連帶產生的更多教育支出——會產生更多效益。伍爾夫說：「教育程度越高會讓人越有前景的想法，只是一種幻覺。」今天有許多工作只開放給具有大學以上學歷的，儘管有許多證據顯示，即便是非大專畢業生也能夠處理得很好。

請記住，這完全不是在說高等教育對個人來說不是件好事。這是很棒的事情，但這是經濟成長帶來的效益，不是驅動經濟成長的因素。很顯然，完全缺乏教育對現代經濟將是災難一場，然而這並不等於是在說，要改善經濟的最好辦法，是花更多錢投資教育。教育不是用來懸掛經濟政策的天鈎，這是一個突現性的現象。

當前的教育充滿太多創造論式的思維。課程裡有太多指示，而且變化緩慢，這套系統鼓勵教師教授如何應付考試，卻不是針對學生本人的稟賦，或是他們本身具有的優勢來引導，教科書裡滿是該思考什麼主題的指示，而不教導思考的方法，教學方法中關於指導的，比關於學習的要多，自我組織式的學習可能性多半遭到忽視，世人毫無疑問地接受政府主導教育的地位，教育支出是為了國家而不是個人的說法也獲得合理化。提出這一切，並不是暗示就算沒有學校，教育也會發生，不必有任課教師的存在，在小學裡推行以孩子為中心的學習方法會是最終的解決方案，或是說政府的某些教育政策並不足取。這些東西當然很重要。可是還有一條路是我們沒有嘗試的，在當中，政治人物和教師都能夠允許最佳實踐的演化和出現。在當中，國家只是擔任推動者，不是決策者的角色。在當中，鼓勵學生學習，而不是被動接受該思考的主題。在這種教育系統中，熱切的學習者是老闆，不是僕人。

請讓教育演化吧。

第十一章

人口的演化

而且將要有一天，那時候
你也會被巫卜的嚇人的鬼話所迫，
而力求離開真理和我。
就是現在他們也能捏造多少夢兆
來破壞你的生活的計畫，
用恐懼來騷擾你的全部幸福。

盧克萊修，《物性論》，第一卷，第一〇二～一〇五行

兩百多年來，在西方歷史上談起人口這個主題時，總是令人難安，這當中滿是惡行惡狀，卻以生物學為藉口，來辯解其殘忍作為，幾乎到了令人無法想像的地步。在我開始動筆寫這本書時，我認為馬爾薩斯的人口論、優生學、納粹屠殺和現代人口控制，都是在人類歷史上單一和獨特的事件。但現在我不再那麼肯定了。我認為確實有些令人信服的證據，直接或是稍微間接地顯示出，濟貧法、愛爾蘭饑荒、奧斯威辛集中營的毒氣室，以及中國政府的一胎化政策之間，其實存在一些思想上的連結。在所有的例子中，殘忍的政策都是基於一錯誤的邏輯，相信只有當權者最明白什麼對弱勢族群是最好的。以事態緊急作為施行殘酷手段的理由。將演化看作是干預的處方箋，而不是對於一種突現過程的描述。

帕森・羅伯・馬爾薩斯（Parson Robert Malthus）——這些日子以來也有很多人稱他為托馬斯，但在他的一生中，他都是用他的中間名，羅伯——在過去兩個世紀以來，向世界投下一道長長的陰影。身為富有的英國數學家、教師兼文筆優美的牧師，在今日，他則是單憑一篇短文就舉世聞名，這篇《人口論》（*Essay on Population*），最初是在一七九八年出版的，在接下來的幾年間經過多次修訂。對許多從事環境運動的人來說，他可算是位英雄人物，因為他非常堅持地認為成長是有極限的。當土地、食物、燃料或水耗盡之時，人口成長必然導致貧窮、飢餓和疾病。在巴斯修道院的墓碑上，後人形容他「脾氣和善、舉止文雅、心腸溫柔，善良和虔誠」。他顯然不是一個討厭鬼，他對人口過剩提出的主要補救方案是晚婚——這也算不上是一項殘忍的對策。但他確實認為，在無法教導晚婚的地方，推行殘忍的政策能有效遏止人口增長：必要時，我們得鼓勵饑荒和「採行暫緩處理疾病肆虐的具體措施」。

不幸的是，大多數人從馬爾薩斯那裡學到的，就是最後這堂殘忍的一課：必須使用不良的手段來達到善良的目的。對待窮人和病人太好是個壞主意，這樣的措辭說法不僅出現在優生學和人口運動中，時至今日仍然十分活躍。當我寫到或談到今日非洲兒童死亡率降低時，我可以肯定會有人以這些馬爾薩斯的想法來回應：但阻止窮人死亡真的是件壞事嗎？促進非洲經濟成長會為非洲帶來什麼好處？他們只會生下更多的孩子，還會購買更多的汽車。與其仁慈，不如殘酷。讓我們姑且稱此為「馬爾薩斯厭惡人類觀」（Malthusian misanthropy）。可是這想法完全錯了。讓人口增長放緩，反而提高嬰兒存活率，為所有人帶來健康、繁榮和教育。

在馬爾薩斯生前，有很多人都認為他的建議過於殘酷。恩格斯稱馬爾薩斯主義是個「情節惡劣、惡名昭彰的學說」。皮耶約瑟夫・蒲魯東（Pierre-Joseph Proudhon）則稱此為「政治謀殺，以及基於慈善動機和對上帝的愛的謀殺理論。」

馬爾薩斯理論在愛爾蘭的應用

不過，在十九世紀，馬爾薩斯式的學說教條直接而且經常影響到政策，但通常都沒有特別強調結婚年齡。英國一八三四年的新《濟貧法》（Poor Law），讓赤貧之人無法獲得幫助，除了那些待在研習一技之長的收容所的。而收容所的條件並沒有比外面的世界好到哪裡去，這顯然就是基於馬爾薩斯的觀念：太多的慈善措施只會鼓勵生育，特別是非婚生子，或「私生子」。一八四〇年代愛爾蘭之所以爆發馬鈴薯饑荒，就是因為受到英國掌權的政治人物所抱持的馬爾薩斯式的偏見，最後讓情勢惡化到難以收拾的地步。根據一位傳記作家的描寫，當時的首相約翰·羅素爵士（Lord John Russell）「懷有馬爾薩斯式的擔心，恐懼救災的長期效應」。愛爾蘭的郡尉，克拉倫登勳爵（Lord Clarendon），認為「發放少量的食物讓人維生，對任何人都不好。」（甚至連對接受食物的災民也不好？）。財政部助理次長查爾斯·特里維廉（Charles Trevelyan）曾在東印度公司學院受教於馬爾薩斯，在這位弟子的眼中，饑荒是一種減少過剩人口的有效機制，」同時也是「全智全能的仁慈天神」給「自私、乖張和暴動」的愛爾蘭人的教訓。這裡又見到馬爾薩斯的厭惡人類觀，甚至還動用到最終極的天鉤：神。特里維廉表示，「至高的智慧會從瞬間的邪惡中得出永恆的良善。」這裡我們再度回到伏爾泰在《憨弟德》中那位潘格洛斯博士對里斯本大地震抱持的態度：大規模死亡是一件好事。總之，上百萬愛爾蘭人之所以餓死，是因為刻意推行馬爾薩斯主義政策的緣故，造成的傷害程度至少不亞於當時生態層面的災難。

對於像我一樣，從小就認為大英帝國主義和其他形式的風俗習慣相比，還算是良性的制度的人來說，更是難以接受整個故事的走向。正如一八七七年羅伯·祖布林（Robert Zubrin）在他的《絕望的商人》（*Merchants of Despair*）裡所描述的，英國首相班傑明·迪斯雷利（Benjamin Disraeli）派他一位有抽鴉片習慣總是迷迷糊糊的波希米亞詩人羅伯·布爾沃利頓（Robert Bulwer-Lytton）朋友去當印度總督。布爾沃利頓可能聽起來不像是個壞人，除了他出身豪門以及是個嬉皮之外，但不幸的是，他是一個馬爾薩斯信徒，或者也可能是他的顧問群中有這樣的人。當時印度的某些區域發生乾旱，整體來看這個國家還是有充裕的食物（接連兩年印度的食糧出口增加一倍），但稅收和盧布貶值讓饑荒的災情持續下去。布爾沃利頓幾乎直接採行了馬爾薩斯式的回應措施，「印度人口增加的趨勢比土壤中產生糧食的速度更快。」所以他推出的政策是將飢餓的災民趕到發放飢餓口糧的餵食營中，真的就是從字面上的意思（而且每人所獲得的熱量比納粹集中營中的俘虜還少），最後釀成每個月九四%的人口死亡。布爾沃利頓還特別阻止幾個企圖救濟饑民的民間單位。他的政府所秉持的理由就是，要仁慈就得先殘忍，就因為抱持這樣一個馬爾薩斯的目的，便可以將其惡劣手段正當化。最後一共造成上千萬人死亡。

馬爾薩斯對歷史的影響不全然都是負面的。他對查爾斯．達爾文和阿爾弗雷德．華萊士的影響深遠。但是就連最溫柔、最富有同情心的達爾文，也都受到這想法的誘惑，至少有一段時間是如此，致使他相信他所心愛的天擇理論應該是一道處方，而不光只是描述。在《人類原始與性擇》中，有一段明顯帶有馬爾薩斯論調的話語，他在當中指出，收容所和醫師拯救了「低能兒、殘疾和病人」，體弱者則因接種疫苗得以維持生命。「如此一來，文明物種中較弱的成員得以繼續繁衍散播他們這一類人」，這樣的做法，在牲畜飼養員眼中是「有害於種族」的。他繼續感嘆「赤貧和鹵莽之人，通常都是德性退化，而且幾乎都是早婚，反倒是那些細心和節儉的，一般都是善良有德性，卻經常晚婚」。這並不算是什麼政策建議，只是在他精心經營的非政治職業生涯中一個罕見的失誤，但顯然這個段落反映出達爾文年輕時確實吸收了馬爾薩斯的學說。

婚姻國家化

達爾文的幾位追隨者，特別是他的表親法蘭西斯．高爾頓（Francis Galton）和他的德國翻譯恩斯特．海克爾（Ernst Haeckel）熱烈地接受這樣的暗示。高爾頓希望人能夠更審慎地選擇自己的婚姻伴侶，這樣適者得以繁衍後代，不適者則否。他認為「大自然盲目、緩慢並且毫不仁慈所做的，人或可謹慎、迅速並善意地來完成。」他還希望以較不愚蠢的「中國佬」來取代那些從非洲大陸運來的「幼稚黑鬼」，他認為猶太人是「特化的寄生蟲，專門依附在其他國家裡」。即使以他的時代標準來看，高爾頓也算是個非常挑剔和充滿偏見的人，儘管他從來沒有真正鼓吹過將人群中的「不適者」予以絕育或撲殺。

高爾頓的追隨者倒是爭先恐後地擁抱結婚國家化、發放生育許可和不適者結紮等想法。多數激進的優生學份子，如辛妮和碧翠絲．韋伯（Sidney and Beatrice Webb）、蕭伯納（George Bernard Shaw）、海芙拉克．艾理斯（Havelock Ellis）以及威爾斯（H. G. Wells）都是主張必須由國家來實施人類選擇性育種的社會主義者。許多政治人物，從左派到右派，從英國的邱吉爾到美國的羅斯福，都成為優生學的熱中倡導者，直接涉入其公民的私生活。事實上，在當時的英國、法國和美國的上層階級中，若是不倡導優生政策，會被視為是一種政治不正確。反對優生學等於是漠視人類種族的未來。

在德國，海克爾將馬爾薩斯式的競爭帶往一個類似宗教的方向，試圖將達爾文的理論與基督教的宗教觀融合起來，發展出他所謂的一元論（Monism）。在他一八九二年於亞騰堡（Altenburg）的演講中，引用了馬爾薩斯和托馬斯·霍布斯（Thomas Hobbes）的話語，「這就是達爾文，特別是在三十三年前，他以**生存競爭**的學說和基於此發展出來的天擇理論讓我們大開眼界。現在我們知道這顆星球上整個有機自然界之所以存在，都是靠著**一場萬物之間無止境的爭鬥**」（粗體是我自己特別強調的部分）。海克爾的追隨者賦予了優生學種族的色彩。他們主張要合法化殺死畸形嬰孩的行為，還倡導為了改善種族的系統性謀殺，而戰爭是「生存競爭最崇高、最雄偉的形式」——這句話是奧托·亞蒙（Otto Ammon），在一九〇〇年所寫。「生存競爭」（struggle for existence）這個用語，首先是出現在馬爾薩斯《人口論》的第三章，接著達爾文用來形容他從馬爾薩斯那邊所學到的（「在排遣時間時，我偶然讀到馬爾薩斯的《人口論》，完全懂得他所謂的每個人都逃不掉的生存競爭。」），因為一元論者的關係，這句話很快就成為支持德意志帝國皇帝和希特勒發動戰爭的理由。在第一次世界大戰前，德國軍國主義者經常提到達爾文，次數多到令人不安的程度，但在其他國家也是。一八九八年發表在英國皇家聯合服務研究所（Royal United Services Institution）期刊上的一篇文章問道：「戰爭難道不是大自然淘汰退化、瘦弱或其他有害狀態生物的宏偉計畫嗎？」義大利未來主義份子菲利波·馬里內蒂（Filippo Marinetti）稱戰爭是「這世界唯一的衛生計畫」。

一九〇五年海克爾的四位追隨者成立了「德國社會種族衛生學會」（German Society for

Racial Hygiene），此舉無異是直接向反猶太的「紐倫堡法」（Nuremberg laws）、納粹德國將領聚集的萬湖會議（Wannsee conference）以及毒氣室的興建直接邁進一大步。從馬爾薩斯的追隨者對於人類生存的選擇性干預，到奧斯維辛集中營的骨灰，這之間的關聯不難追蹤，當中存在著一條相當清晰的路徑。這麼說並不是將納粹的罪惡推到我們這位無辜的數學家兼牧師身上。將生存競爭描述成人類族群的一個特點並沒有什麼道德上是錯誤的。真正錯的是將它作為一種政策。每一個步驟所犯的罪，是主動的意圖干涉，是以目的來正當化手段。約拿．郭德堡（Jonah Goldberg）在《自由法西斯主義》（*Liberal Fascism*）中寫道：「幾乎所有居領導地位的激進知識分子都將達爾文理論解釋成一種『干預』人類天擇的說詞。就算這些進步主義者表面上和優生學沒有關聯，他們也和這事業的主導人密切合作。在進步主義人士的圈子中，帶有種族主義色彩的優生學絲毫不會引來任何恥辱。」

嚴格來看，這項政策的科學基礎非常薄弱，但這一點顯得無關緊要。事實上，當一九〇〇年世人熟知孟德爾的發現時，理應就整個推翻掉優生學。遺傳因子和隱性基因的存在，讓人明白要以選擇性育種來避免人類種族衰退是非常困難，而且不切實際的。那些負責育種的人要如何找出具有基因但不表現出愚蠢或無法適應的特性的異型合子（heterozygote）呢？我們要花多久的時間才能淘汰這些從異型合子婚姻中出現的不適者？這將需要花上幾百年的時間，而且這樣一來會造成更多近親交配的狀況，讓問題變得更糟，使得越來越多的同型合子結合起來。然而，遺傳事實對這場爭議並沒有造成任何差異。各界政治人物，懷抱著規畫人類社會的幻想，不分左右，全都積極推動國家生育計畫，以防不良血統的傳播。

一九一二年第一屆國際優生學大會在倫敦舉辦，大會主席李奧納德・達爾文（Leonard Darwin）正是查爾斯・達爾文的兒子。當時與會的還有三位大使和時任首席大法官兼海軍大臣的溫斯頓・邱吉爾。在大會主席的講演中，李奧納德・達爾文對將演化論中純粹的描述轉變為人類社會處方箋的態勢毫不避諱，「作為一個推動進步的機構，必須要以有意識的選擇取代天擇的盲目力量。」幸運的是，英國這個優生運動的發源地，從未頒布一條優生專法，這在很大程度上要感謝一位難搞的國會議員，喬賽亞・韋奇伍德（Josiah Wedgwood），他意識到這當中的危險，並在下議院阻擋了優生法案。

絕育開始

在美國，則是另一個截然不同的故事。一九一〇年充滿活力的優生學家查爾斯・達文波特（Charles Davenport）獲得鐵路大王遺孀哈里曼（E.H. Harriman）的資助，在紐約冷泉港成立優生學檔案局（Eugenics Record Office），很快就開始對政策產生巨大影響。第二屆優生學國際大會於一九二一年在紐約召開，由亞歷山大・格雷漢・貝爾（Alexander Graham Bell）擔任榮譽主席，主持人則是美國自然歷史博物館館長，亨利・費爾菲爾德・奧斯本（Henry Fairfield Osborn），大會的邀請函是由美國國務院發出的。這可不是一場隨隨便便的會議。李奧納德・達爾文由於身體不適，無法出席，但還特地送來訊息，表達他「堅持相信……要是在未來的一百年左右，沒有進行廣泛的優生改革，我們的西方文明注定要走上緩慢而漸進的衰退中，就如同過去每個偉大的古代文明所經歷的一樣。」

優生學辦公室（Eugenic Records Office）主任哈利．勞夫林（Harry Laughlin）在一九三二年草擬出優生法的模型，再加上他和達文波特大力遊說，最終說服三十個州通過這項法案，允許公權力對低能、瘋狂、癲癇、酒醉、病態、眼盲、耳聾、畸形和依賴他人者進行強制絕育。等到一九七〇年代初期廢除這法案時，已經有約莫六萬三千人被迫進行絕育手術，還說服更多人自願接受結紮。

優生學的厭惡人類觀流行起來沒多久，就又出現另一股思潮：自然崇拜。一九一六年時，紐約一位律師同時也是自然資源保育人士，麥迪遜．格蘭特（Madison Grant）——他還創立了布朗克斯動物園（Bronx Zoo）、保存紅杉聯盟（Save-the-Redwoods League）和德納利國家公園（Denali National Park）——在一本名為《偉大種族的傳承》（*The Passing of the Great Race*）的書中，歌頌北歐式的陽剛美德，並說到他們的優勢因為地中海和東歐移民湧入而遭到威脅。這本書促使一九二四年《移民法案》（Immigration Act）的通過。它也成為希特勒的「聖經」，甚至還熱情地寫信給葛蘭特。

在德國，自然保育也與摧毀人類生命的工程齊頭並進。納粹喊出的其中一個口號便是，「問問樹木，他們會教你如何成為國家社會主義份子！」納粹經常抨擊現代的耕作方法，將親近自然理想化，並歌頌從事有機農業的農民。他們最喜歡的哲學家，諸如海德格（Martin Heidegger），就津津樂道地強調，人的生活要與自然和諧相處，「拯救地球而不是掌握地球，不要征服它，這和無限掠奪僅僅只有一步之遙。」正如馬丁・德金（Martin Durkin）所說的：綠色思想在納粹的中心思想中絕對不是簡單的枝微末節：

> 這是納粹的綠化工程，重現一個農民社會的企圖，促使他們入侵波蘭尋找「生存空間」。是他們對中世紀的綠色鄉愁導致他們產生「血與土」的種族主義思想。是他們綠色的反資本主義和對銀行家的厭惡導致他們對猶太人的憎恨。

一九三九年美國社會改革家瑪格麗特・桑格推出所謂的「黑人計畫」（Negro Project），打算在各部會首長和醫師的幫助下推行黑人節育。這計畫絲毫不掩飾當中的優生種族主義，「大量黑人仍然毫不節制的生育，簡直是一場災難，這樣黑人人口增加的結果便是增加人口中最不聰明和最不適的那部分。」

加州對優生學特別熱情。到一九三三年時，被迫絕育的人已經超過全美其他州的總和。因此，當第三次優生學國際會議在一九三二年於美國紐約的自然史博物館召開時，擔任大會主席的查爾斯・達文波特（Charles Davenport）問道：「我們能夠透過優生學研究找出產生超人和超級大國的方式嗎？」加州是在向崇拜超人的德國代表團尋找答案。代表團中的恩斯特・魯丁

（Ernst Rudin）是德國「種族衛生學會」（German Society of Racial Hygiene）的一員，當選為領導優生學國際聯合組織的主席。之後的短短幾個月內，魯丁就被納粹政府任命為優生學政務專員（Reichskommissar）。到一九三四年時，德國每個月結紮的人數超過五千人。加州的保育人士查爾斯．歌德（Charles Goethe），就跟麥迪遜．格蘭特一樣，同時具有保護野生景觀與絕育的先驅熱情，會在未經精神病患者同意下將其結紮。他在從德國參觀回來後，歡欣鼓舞地表示加州成了「六千萬人政府偉大行動」的範例。德國的種族主義來自他們自己的海克爾傳統，但執行絕育的實際訣竅則是從美國的西海岸學到的。

謀殺正當化

接下來發生的更讓人震驚。納粹德國在希特勒上台六年後，將四十萬人絕育，當中包括精神分裂症、憂鬱症、癲癇及各類殘疾人。明令禁止猶太人和非猶太人之間發生性行為，然後又開始有系統地以多種方式迫害猶太人。在種種宣傳活動的壓力下，許多德國百姓泯滅自己的良心，開始對同情猶太人感到羞恥：他們認為掩蓋這樣的感受才是道德正確的——這裡我們再次見識到馬爾薩斯的厭惡人類觀。

英國、法國和美國政府積極抵制來自德國的猶太移民，往往是基於明確的優生學考量。一九三九年一項意圖允許超過兩萬配額的猶太人兒童進入美國的草案，在哈瑞．勞夫林領導的本土人士和優生學壓力團體聯盟施壓下，在國會中闖關失敗。到一九三九年五月聖路易斯號，載著九百三十名德國猶太人到美國。在等待進港許可時，勞夫林寫了一份報告，要求美國不要降低其「優生學和種族標準」。最後，大部分的乘客都被送回歐洲，許多人因而喪生。

一九三九年納粹政府成立了一個名為T4行動的計畫，更進一步屠殺殘疾人士和精神病患者，主要是以注射方式來結束他們的生命。第一批遭到處死的人是罹患先天性疾病的兒童，當中有五千人遭到處死。早在一九四一年相關人士抗議應當廢止這項計畫之前，已經依計畫殺死了七萬名成年人。這非但沒有結束，還導致另一項新計畫：將「不適者」關進集中營，進行大規模的消滅行動，包括有同性戀者、吉普賽人、政治犯和幾百萬猶太人。前後造成六百萬人死亡。如果說要是這世上沒有馬爾薩斯、達爾文、海克爾以及勞夫林，這件事就不會發生，其實太過牽強。然而，納粹的種族滅絕行動基礎顯然是來自於根據馬爾薩斯最初勾勒出來的生存競爭概念所衍生出的優生學。

再談人口

第二次世界大戰後，隨著這些政策走向極端，展現出其所產生的駭人結果，優生學頓時失去光環。但真是如此嗎？在控制世界人口的運動中，相同的論點再度復出，其速度之快，其行徑之招搖，真的到了令人驚訝的地步。戰前十分活躍的優生學家亨利．費爾菲爾德．奥斯本（Henry

Fairfield Osborn）其兒子繼承和父親一樣的名字，並在一九四八年出版了一本書，名叫《我們遭到掠奪的星球》（*Our Plundered Planet*），再度引發馬爾薩斯式的憂慮，讓世人關注起人口快速增長、資源枯竭、土壤耗盡、DDT過度使用、過度依賴技術以及往消費主義快速邁進的問題。富有的奧斯本寫道：「獲取利潤的動機，若是走向極端，勢必會產生一個特定的結果：土地的終極死亡。」奧斯本的書出版後，在當年度就再版了八次，還翻譯成十三種語言。

幾乎在同一時間，懷有保育野生動物熱忱的生物學家威廉・沃格特（William Vogt）也出版了一本非常類似的書《生存之道》（*Road to Survival*），當中更是明確認可「有遠見的牧師」馬爾薩斯的觀點。「不幸的是」，沃格特寫道（沒錯，真的是相當不幸）：「儘管歷經戰爭、德國大屠殺以及局部營養不良，歐洲人口，不包括俄羅斯在內，於一九三六年到一九四六年之間，增加了一千一百萬的人。」他認為英國在印度的統治讓饑荒失效，這是一個遺憾的貢獻，因為這導致了更多的嬰兒，或是讓印度人「跟鱈魚一樣不負責任地繁殖。」

費爾菲爾德・奧斯本創立了保育基金會（Conservation Foundation）並擔任該基金會的主席，利用他的人脈建立一個財務支持計畫，時至今日仍資助許多大型環境團體，包括山脈俱樂部（Sierra Club）、環境保護基金（Environmental Defense Fund）以及歐洲的世界野生動物基金會（World Wildlife Fund）。他的表兄弟弗雷德里克・奧斯本（Frederick Osborn）曾擔任第三屆國際優生學會議的財務長，並繼續擔任美國優生學學會（American Eugenics Society）主席。一九一六年瑪格麗特・桑格（Margaret Sanger）創立父母生育計畫基金會（The Planned Parenthood

Foundation），她認為慈善事業會「延續不斷地增加殘疾人、罪犯和依賴他人者的數量」。這個組織的國際分支則是一直遲至一九五二年才在英國優生學協會的辦公室設立其總部。那時的人口控制運動已經發展到令人很不舒服的程度，淪為優生學運動的下一代。

在大西洋的另一側，這之間的關聯也顯而易見。一九五二年，傑出物理學家查爾斯・達爾文・高爾頓爵士，也就是倫納德的侄子，查爾斯・達爾文的孫子，出版了一本總結他自己悲觀想法的書，名為《下一個千禧年》（*The Next Million Years*）。「以一句話來總結馬爾薩斯主義，人口永遠不能超過能供應的食物，」他繼續寫道：「那些非常擔心馬爾薩斯所提到的人口威脅的人認為，解決人口問題的方案是以繁榮的手段來降低人口。他們沒有意識到這麼做會造成種族的衰退，或者他們願意接受這樣兩害相權取其輕的結果。」這位達爾文先生認為人口增長是不可能控制的，除非是透過激烈的手段，以戰爭、殺嬰或是將部分的成年人口結紮，但他擔心這會遭到「強烈抵制」。他就是不認為人口爆炸性的成長會帶來一個快樂的結局，因為他那時只是用自上而下的角度來思考「我們」要如何解決這個問題。

擔任聯合國教科文組織第一屆主席的朱里安・赫胥黎爵士（Sir Julian Huxley）也是人口控制的早期倡導者，在英國的環保運動中扮演先鋒的角色，有點像是美國的奧斯本。戰前他就對優生學懷抱著憧憬，這樣的熱情一直到一九六二年都沒有消退，當他在席巴基金會（Ciba Foundation）的會議上，針對「人與其未來」的主題談話時，他提到：

目前，大家肯定不會容忍強制性的優生或絕育措施，但若展開一些實驗，包括一些自願的，看看成效如何，或是努力教育民眾，讓他們明白問題的癥結所在，或許可以在一個世代的時間，對一般民眾造成影響。

查爾斯．達爾文．高爾頓爵士、朱里安．赫胥黎爵士、亨利．費爾菲爾德．奧斯本二世以及威廉．沃格特並不是當時的異類，完全為尷尬的知識分子所忽略。他們抓住了時代的情緒，並產生極大的影響力。

人口勒索

到了一九六〇年代，這些想法轉變了當權者的觀念。一整個世代的學生都在讀奧斯本和沃格特的書，其中包括德國細菌免疫學家同時也是諾貝爾生醫獎得主保羅．埃爾利希（Paul Ehrlich）和美國前副總統同時也是諾貝爾和平獎得主的艾爾．高爾（Al Gore）。不過，他們最有影響力的弟子要屬威廉．德雷珀（William Draper）將軍，他在一九五九年外援任務的報告中，向艾森豪總統表示，援助應當明確用於生育控制上，以減少共產主義的新兵來源。艾森豪沒有採納他的建議，繼任的總統甘迺迪，信仰天主教，也沒有接受這一點。

不過，德雷珀並沒有放棄。他的人口危機委員會（Population Crisis Committee）逐漸贏得許多美國公眾人物中極具影響力的人士，說服他們強制人口控制是擊敗共產主義必需的步驟。最終，靠著一項智庫蘭德公司（RAND Corporation）的研究，主張孩童具有負面的經濟價值（但用的是荒謬的一五％門檻比率），德雷珀和他的盟友在一九六六年贏得了當時美國總統林登·強生（Lyndon Johnson）的首肯，讓人口控制成為美國外交援助的正式項目。在汲汲營營的人口成長辦公室（Office of Population）主任萊默·雷文霍特（Reimert Ravenholt）的帶領下，這間辦公室的財政預算不斷成長，超過其他美國援助預算的總和。雷文霍特展開一系列令人震驚的活動，他買了有問題的避孕藥、未經消毒的子宮內避孕器和未經批准的避孕藥，前往貧窮國家發送散布，進行援助。他毫不保留地表達出自己的觀點，認為在非洲降低嬰兒死亡率，對「**非洲社會極為有害，尤其是所防止的死亡數量無法以預防大致相等出生人數來平衡時**……許多一九七〇和八〇年代透過介入計畫預防疾病所拯救起來的嬰兒日後都成為拿刀砍人的殺手。」（粗體強調為原文）。

在雷文霍特主掌人口辦公室時，世界銀行總裁羅伯·麥克納馬拉（Robert McNamara）拒絕貸款給沒有回報是否達到銀行為該國所設定的絕育配額的國家，因此，對於像印度這樣的國家，為了得到食物援助，不得不採取強迫絕育政策。一九六六年英迪拉·甘地（Indira Gandhi）抵達華盛頓乞求糧食援助，以緩解印度的饑荒，這場饑荒有部分原因是當時與巴基斯坦的戰爭造成的，國務卿迪安·洛斯克（Dean Rusk）告訴她，「援助的條件是他們要盡力來控制人口」。她明白這項訊息，並同意設定每一省的絕育和裝置子宮內避孕器的配額。印度各地設立了數以百計的絕育營，在當中有上千名護理人員進行輸精管切除術、放置子宮內避孕器和輸卵管結紮。進行這些絕育手術的人，可以獲得微薄的獎勵，約為十二到二十五盧比，但光是這樣就足以吸引數百萬饑民前來，尤其是赤貧階級。絕育的人數在一九七二到七三年間達到每年三百萬。

一些西方評論家認為飢餓是更好的做法。威廉和保羅・帕達克（William and Paul Paddock）在一九六七年寫了一本暢銷書叫《饑荒一九七五！》（*Famine 1975!*），書中強調饑荒迫在眉睫，而糧食援助是徒勞無功的。他們說美國必須把低度開發國家分為三類：那些可以幫助的，那些舉步維艱，若沒有幫助難以度過難關的，以及「絕望地走向或已經處於饑荒中（無論是因為人口過多、農業不足或政治失能），我們對最後一類國家的援助將是一種浪費；這些『沒救』的國家將被忽略，讓他們自生自滅。」就該讓印度、埃及和海地以這種方式滅亡。

一年後，保羅・埃利希（Paul Ehrlich）的《人口炸彈》（*The Population Bomb*）所持的論調近乎絕情。埃利希十分堅決地認定，印度永遠無法養活自己。身為強制實現人口控制的倡導者，他將人類比作是癌症，並建議採取手術治療，「這場手術將會需要許多顯然是殘酷和無情的決定。可能會出現劇烈的疼痛。」若是自願絕育推行失敗，需要強迫進行居家人口控制。他建議將絕育用藥加在供水中，以達到「意欲的人口規模」。至於在海外，他希望要對印度的糧食援助設立條件，必須讓所有具有三個以上子女的父母強制接受絕育才行；他稱此為「基於一個良好理由的脅迫」。強生總統將對印度的援助和人口控制綁在一起的做法引發美國國內的批評聲浪，這讓埃利希感到「震驚」。在與他的妻子安妮以及現在歐巴馬總統的科學顧問約翰・霍爾德倫（John

Holdren）共同著作的一本書中，埃利希建議，以一套「全球性的政權系統」來「擔負起決定世界適當人口的數量以及仲裁各地區的人口限制之內各國配額的責任」。

當甘地夫人在一九七五年向世界銀行貸款時，她明白要更加把勁在印度推行人口控制。於是她轉向採取強制推行這條路，她讓她的兒子桑傑（Sanjay）推行一項計畫，必須要進行絕育手術才能取得很多類型的許可證、執照、口糧甚至是住房申請。貧民窟遭到剷平，追捕窮人進行絕育手術。爆發了多次暴力事件。到一九七六年，約有八百萬印度人遭到絕育，羅伯・麥克納馬拉前去訪問，並祝賀「印度終於找到有效解決其人口問題的途徑。」

人口懷疑論者

然而，這才是令人驚訝的地方。不論是在印度，還是其他地方，出生率早已下降，糧食產量的增加速率遠超過人口的增長，完全與馬爾薩斯的預言相反——這要歸功於綠色革命帶來的合成氮肥和新的短稈品種穀物。人口爆炸的解決方案竟然不是強迫或鼓勵提高嬰兒死亡率，恰好相反。到目前為止，減緩人口增長最好的辦法就是保住嬰兒的生命，因為這樣一來當大家在規畫小家庭時，自然就不會生那麼多。

更令人震驚的事實是，這樣一種演化解決方案早在世人對人口爆炸感到恐慌的一開始就有人知道。甚至是在一九四〇年代新馬爾薩斯人口報警出現時，也有人看出這樣的判斷和解決方案其實是大錯特錯。他們認為更多的嬰兒並不會造成更多的饑荒，而是剛好相反的另一種結果。人面對高兒童死亡率時會以增加出生率來因應。讓人更富裕、更健康，他們反而會生下較少的嬰兒，這正是過去在歐洲發生的，社會繁榮會導致出生率下降而不是上升。帕克·漢森伯爵（Earl Parker Hanson）以《浮現中的新世界》（*New Worlds Emerging*）一書來回應威廉·沃格特的說法，在書中，他提到解決糧食短缺和過多嬰兒的方法是促進繁榮，而不是馬爾薩斯式的饑荒。人「在擔心要送孩子上哪間大學時，比較有可能考慮少生一點孩子。」

巴西外交官約蘇埃·德卡斯特羅（Josué de Castro），在他的著作《飢餓地理政治學》（*The Geopolitics of Hunger*）中甚至更大膽地批判新馬爾薩斯主義，表示「因此，生存之路並不是依照新馬爾薩斯主義所開出來的處方，消除剩餘的人，也不是生育控制，而是努力讓每個人面對充滿生產力的地球。」

在一九七〇年代，保羅·埃利希對人口問題抱持的悲觀論調受到經濟學家朱利安·西蒙（Julian Simon）一系列的文章和書籍攻擊。西蒙認為這種抱持嬰兒誕生是件壞事而小牛誕生卻是好事一樁的論點存在有嚴重錯誤。為什麼只將人看作是需要餵養的一張嘴，而看不到能夠幫忙的一雙手？過去兩個世紀以來，人類的福祉難道沒有隨著人口增加而改善嗎？

一九八〇年時，西蒙以一場很有名的賭局來挑戰埃利希，他們打賭的東西是原物料未來的價格。埃利希和他的一名同僚很樂意接受這場賭注，選擇了銅、鉻、鎳、錫和鎢，他們認為在未來十年這些原物料會因為日益稀少而變得更為昂貴。西蒙則打賭情況剛好相反。十年後，儘管在公開場合稱西蒙是個「低能兒」，埃利希還是心不甘情不願地寄了一張五百七十六美元的支票給西蒙，當初打賭的五種金屬的價格全都下跌，不論是實際價格，還是牌價。（我最自豪的一項收藏就是用由這五種金屬製成的朱利安西蒙獎。）西蒙還公開提出另一個賭注，「我敢打賭，幾乎所有和實現人類福利有關的趨勢其每週或每月工資都將會改善，而不是惡化。」在他一九九八年過世前，沒有人願意和他打這個賭。

最後，人口爆炸的解決方案竟然是綠色革命和人口結構的轉型。這完全是一突現的現象，而不是強迫和規畫。這是演化而來的，而不是規範出來。人口增長減緩是一場演化的、自發的和未經規畫的現象。人開始趨向小家庭，人變得更富有、更健康、更為都會化、更自由、教育程度更高，這完全是當初意想不到、始料未及和前所未聞的。這不是因為有誰告知他們該這麼做，世界上只有一個國家，採行極為強硬的手段來強制推行人口控制並達到目標，那就是中國，但中國所達成的人口增長減速幾乎和沒有採用強迫措施的其他國家一樣。

一胎化政策的西方起源

中國的一胎化政策理當和西方的馬爾薩斯傳統沒什麼關聯。但事實並非如此。這項政策其實是直接從由新馬爾薩斯主義的著作中衍生出來的。而更讓人坐立難安的是，這可能是有史以來由科學家展開的第一項，也是影響力最深遠的政策。這項先例對熱愛科學的我們來說，實在沒有什麼鼓勵作用。

儘管他擔任中國人民主席讓人備受煎熬，但毛澤東在人口政策上的做法其實相對收斂和人性化，喊出「更晚、更長和更少」的口號，以晚婚、拉長生育間隔，以及兩個恰恰好的方式來降低出生率，而且是採取柔性、非規範式的方法。這大致上就是馬爾薩斯本人一直以來所主張的。最後，不知道是因為這個原因，還是兒童死亡率降低，中國的人口出生率在一九七一到一九七八年間減少了一半。然而在毛澤東逝世後，中國轉向一種更為僵化和規定性的辦法。正如哈佛大學人類學家蘇珊・格林哈爾希（Susan Greenhalgh）在《就一個孩子》（*Just One Child*）一書中所描述的，在一九七八年時，中國一位熟知控制系統專業的導彈設計師宋健前往赫爾辛基參加一場技術會議。在那裡，他聽到神祕色彩濃厚的組織「羅馬俱樂部」（Club of Rome）中的新馬爾薩斯警示份子所出的兩本書，一本是《成長的極限》（*The Limits to Growth*），另一本是《生存的藍圖》（*A Blueprint for Survival*）。

羅馬俱樂部是由一位義大利實業家和一位蘇格蘭化學家在一九六〇年代成立的，是一個清談偉大美好理想的地方，特別崇拜馬爾薩斯，選在豪華的場地展開閉門會議。連同其附屬組織，吸引到許多當代知名人物，從艾爾・高爾、柯林頓到達賴喇嘛與比安卡・賈格爾。羅馬俱樂部在他們一九九三年出的一本書中振振有詞地講到，「真正的敵人，就是人類自己，民主不是萬能的。它不能組織一切，也沒有意識到自身的極限。」在一九七四年，他們發出的第二篇報告，題為「站在轉折點上的人類」（Mankind at the Turning Point），羅馬俱樂部以一種創造論的思維，充滿技術官僚傲慢無比的態度，大言不慚地寫道：

在自然界，有機成長乃是基於一總體規畫，一份藍圖來進行的。在目前世界體系的成長和發展過程中，這樣一份「總體規畫」正在消失。現在是時候依照基於總資源的全球配置和新的全球經濟體系來設立一套可持續成長和世界發展的總體規畫。

《成長的極限》售出一千萬冊，當中聲稱依據電腦模型的運算，他們能證明人類將因為人口過剩和資源枯竭而滅亡。這本書還預測，在一九九二年時，有好幾種金屬可能會耗盡，加速文明和人類在下個世紀的崩潰。

《生存的藍圖》這本書是由富有的英國商人愛德華・哥德史密斯爵士（Sir Edward Goldsmith）撰寫，但署名的都是科學界的知名人士，包括赫胥黎爵士、彼得・梅達沃爵士（Peter Medawar）和彼得・史考特爵士（Sir Peter Scott），卻還謊稱環保運動是草根發起的，是激進的。這擺明了是由那些看不順眼變化、技術和消費主義的菁英階級所策畫的。這本書對於一個消費社會及其中「偽劣」商品竟然來自於一般人可及的世界大感不滿與不屑。將這一切說成是一項錯誤，正好讓富人他們聽到他們所想聽的。根據《生存的藍圖》，「我們」當中很少人會考慮到必須要進行「枯燥和乏味的工作」，才能製造出能夠幫助家庭主婦節省時間的家用電器。至於對全球窮人，「假設農業生產量會增加以滿足所預期的糧食需求是不切實際的。」於是此書的作者群要求政府必須體認到人口問題，以及「宣布他們會致力於停止人口成長；這當中應包括停止移民的承諾。」這是一份高度反動的文件，就是連今日的極右派政黨看了也會感到難堪。

這兩本書正是一胎化政策之父宋健，在赫爾辛基挑選出來帶回中國的。《成長的極限》有應用到控制系統理論，這是宋健的專長，他不僅懂得導彈的軌跡，也明白人口與資源利用的軌跡。宋健回到中國後，用自己的名義在中國重新出版這兩本書的主題，在中共政權中一炮而紅。他的軍事經驗讓他很快意識到「一胎化政策應當也需要採用在社會中大力推廣以及自上而下的方式」（此語出自人類學家蘇珊·格林哈爾希）。宋健的提議，真的就是一場名副其實的社會工程。當時的中國人民副主席王震在讀到宋健的報告後，立即接受這樣的想法，並拿去給鄧小平的左右手陳雲和胡耀邦看。鄧小平顯然很喜歡宋健在解釋中國的貧困時，是以人口過剩，而不是經濟管理不善造成的論點，又受到當中大量的數學所唬弄，而沒有質疑他的假設。一九七九年十二月在成都的大會上，宋健打壓所有擔心人道主義後果的批評，並說服黨中央接受他的計算，他預估，基於生態考量，中國在二〇八〇年之前需要減少三分之一的人口。

黨中央任命錢興將軍負責落實這項政策。他命令所有具有兩個以上孩子的婦女必須絕育，有一個孩子的婦女必須裝入子宮內避孕器（移除這項裝置是非法的），二十三歲以下的女性禁止生育，未獲授權而懷孕者，除非超過八個月的身孕，都得進行強制性墮胎。那些想要祕密生子的會遭到追查和監禁。在某些情況下，整個社區的人都會遭到罰款，以此來鼓勵鄰居舉報。大規模絕育、強制墮胎和殺嬰的殘酷活動又因為幾乎達到種族滅絕規模的自發性殺死女嬰而加劇，因為在當時，為人父母者都試圖確保他們那唯一合法的孩子是男孩。生育率確實下降了，但速度遠不及改善經濟發展、公共衛生和教育政策的效果來得好。

國際社會對這樣的大屠殺有什麼反應呢？聯合國祕書長在一九八三年頒獎給錢興將軍，並記錄到他「由衷感謝」中國政府「調度所需的資源來實施大規模人口政策」的方式。八年後，儘管這項政策的慘況變得有目共睹，聯合國計畫生育局的負責人在提供援助給中國，執行教導其他國家如何推行人口管制之前，仍表示在人口控制上，「中國有充分的理由對這樣了不起的成就感到自豪」。對這種獨裁暴行的樂觀看法一直持續到今天。媒體大亨泰德・透納（Ted Turner）在二〇一〇年時告訴一位報社的記者，其他國家應該效仿中國一胎化政策的創舉，這樣長時間下來，便能減少全球人口。

馬爾薩斯的窮人法則是錯的，英國在印度和愛爾蘭對饑荒所抱持的態度也是錯的，優生學是錯的，大屠殺是錯的，印度的絕育計畫是錯的；中國的一胎化政策也是錯的。這些都是委任授權的罪行，不是粗心大意的無心之過。馬爾薩斯的厭惡人類觀點強調，為了人類這種族，應該硬著心腸，默許饑荒和疾病肆虐，對自己的憐憫之情和同情之心感到慚愧——這不僅在實務上是錯的，在道德上更是錯的。對待貧窮、饑荒和生育的正確做法從古至今一直都是給他們希望、機會、自由、教育、食物和藥品，當然也包括避孕，這樣不僅會使他們更快樂，也會讓他們能夠擁有更小的家庭。請放棄技術專家悲觀的創造論，忘了那些科學菁英對資源特性的簡化和反覆的誤解所不斷散播的厄運，簡單訴諸於「我們」這樣一個懶散的複數代名詞和「必須」這個可怕的詞彙。該是轉而擁抱演化、未經規畫以及突現的人口轉變現象的時候了。

在此我以賈克伯·布洛夫斯基的話作結，在他的電視節目《人類的演化史》（*The Ascent of Man*）的最後一集，他站在奧斯威辛的池塘旁，當年他有很多親戚都在此處的集中營離開人世，他彎下身，撿起一把泥土，說：「在這個池塘裡，大概沖進了約四百萬人的骨灰。這不是毒氣造成的，是由傲慢造成的，是因為教條造成的，也是因為無知。當人們相信他們有絕對的知識，卻沒在現實中測試，這就是他們所採取的行動。這就是當人渴望神的知識時會做的事。」

第十二章

領導的演化

做帝國的占有者。讓他們去吧；
讓人們去流盡他們生命的血汗，
徒然弄得筋疲力竭；去在憎恨中
沿野心的狹窄的道路鬥爭著。

盧克萊修，《物性論》，第五卷，第一一二九～一一三二行

在狄德羅（Denis Diderot）和達朗貝（Jean d'Alembert's）合著的《百科全書》（*Encyclopédie*）裡，關於法國啟蒙運動的宣言中，幾乎找不到以人名為主的詞條。比方說，若是要讀艾薩克·牛頓的簡介，必須得查找「Wolstrope」這個古字，這是牛頓生長的村莊林肯郡的古英文名。之所以會採用這種怪異的遮遮掩掩手法是有原因的。狄德羅和他的朋友認為歷史已經賦予領導者太多的功勞，而忽視了事件和情況。他們希望削減一下國王、聖人甚至發現者的威風，也想要提醒讀者，歷史乃是由成千上萬的普通人所推動的過程，而不是僅由少數的超人英雄所造就的。他們想要將歷史中的天鉤移除，連帶也拆除掉政府、社會和科學中的。（不過，就算是他們，在寫「Wolstrope」時，除了描述這是牛頓的出生地以外，也找不到什麼好寫的。）

和狄德羅同時代的前輩，夏爾·孟德斯鳩男爵（Charles, Baron de Montesquieu）也堅信領導者之所以獲得功勞，是因為不可避免的必然性。他認為人僅僅是附帶現象，歷史是由更普遍的原因所推動的。「宗教改革的功勞都歸給了馬丁·路德，」他寫道：「但它必定是會發生的。就算沒有路德，也會有別人來推動。」一場戰爭的結果，可能會加速或延遲一個國家的毀滅，若是這個國家注定會毀滅，遲早還是會發生的。孟德斯鳩區分出「遠因」（ultimate cause）和「近因」（proximate cause）這在社會科學中成為一個非常有用的概念。有時，他會成為一個極端的氣候決定論者，尋求造成事件的非生命因素，無怪乎他對教會與國家總是把一切榮耀歸於神和國王感到憤憤不平。

十九世紀在托馬斯·卡萊爾（Thomas Carlyle）「偉人」（Great Man）歷史理論的影響下，

傳記體裁又變得熱門起來。卡萊爾說，拿破崙、路德、盧梭、莎士比亞和穆罕默德這些英雄的豐功偉業，是讓他們生活的時代之所以為那個時代的原因，而不是結果。深具影響力的一九一一年版的《大英百科全書》（*Encyclopaedia Britannica*）和法國狄德羅編撰的《百科全書》的風格背道而馳：社會史完全為個人傳記所掩埋。要透過這套書認識羅馬帝國之後的世界，必須得查詢匈奴王阿提拉（Attila the Hun）的條目。哲學家赫伯特．史賓塞（Herbert Spencer）[1]反對這樣由上而下的歷史觀，認為卡萊爾的觀點是錯的。俄國作家托爾斯泰（Leo Tolstoy）在他的小說《戰爭與和平》中，也以很大的篇章來駁斥這樣的英雄史觀。然而，在接下來的二十世紀，歷史的走向似乎證明卡萊爾是對的，一個個了不起的男男女女，不論好壞，都不斷在改變歷史，像是列寧、希特勒、毛澤東、邱吉爾、曼德拉、柴契爾。正如倫敦市長鮑里斯．強生（Boris Johnson）在《邱吉爾因素：一個人如何創造歷史》（*The Churchill Factor: How One Man Made History*）中所主張的，在一九四〇年五月時，幾乎無法想像任何接近權力中心的其他英國政治人物，會選擇拒絕與希特勒進行和平談判，不論有多麼羞辱。在二戰期間，英國內閣中，除了邱吉爾之外，沒有人有足夠的勇氣或瘋狂，就是要不顧一切地對抗這場不可避免的戰鬥。強生確實舉出由一個人改變歷史的例子。所以，歷史真是由偉人所驅動的嗎？

二十世紀的重大事件和共產主義造成的億萬具屍體，證實了他那憤世嫉俗的觀點，正如迪爾德麗．麥克洛斯基（Deirdre McCloskey）所言，「在二十世紀之後，還認為貫徹社會主義、民族主義、帝國主義，採行動員、統一規畫、調控、分區、價格控制、稅收政策、工會、企業集團、政府支出、侵入監管、冒險的外交政策、對宗教和政治結合的信仰，或相信大多數十九世紀提出來的政府行動仍然是改善我們生活的良好而且無害的想法，顯然是完全沒有注意這個世界到底發生了什麼事。」史賓塞也沒有主張要冷酷無情地對待不幸之人。無奈今日對他的認識多是來自於馬克思主義史學家道格拉斯・霍斯伏塔德特（Douglas Hosfstadter）在一九四四年那個東西方都對威權政策充滿熱情的時代所寫的充滿敵意和誤導的描述，這對他的名譽實在是很不公平。

1 赫伯特・史賓塞是歷史上遭到最不公平待遇的人物之一，到今天無情的社會達爾文主義者還是樂於見到他的聲譽爲邪惡之人所撻伐。這是第一層次的中傷。他主張對那些在生活競賽中落於人後的人給予同情、憐憫和施捨，但他也倡導競爭，因爲這樣會提高所有人的生活水準，而不是因爲這有益於那些最爲成功的人。他是一個心思縝密又傑出的思想家，滿懷慈悲心，並抱持自由主義。大力反對軍國主義、帝國主義、國教、國家暴政以及一切形式的脅迫，他是一個女權主義者，而且支持工會組織。因此，指責他認爲「強權即公理」（might is right）是大錯特錯的。不過，他確實譴責與他同時代的對手馬克思，批評他將國家看作是解放的手段，這也是不爭的事實。他一直都不信任政府，擔心會「在應當保護人民時卻只是稱王稱霸」，寧願鼓勵自發性的合作。

參見：Richards, Peter 2008. Herbert Spencer（1820–1903）: Social Darwinist or Libertarian Prophet?, *Libertarian Heritage* 26 and Mingardi, Alberto 2011. Herbert Spencer. Blooms-bury Academic. 迪爾德麗・麥克洛斯基（Deirdre McCloskey）的評論請參見‘Factual Free-Market Fairness’。亦可見：bleedingheartlibertarians.com。

中國改革中的突現性質

關於中國的英雄，我也不是那麼肯定。中國的經濟改革開放是從一九七八年鄧小平當權時開始，促成經濟發展的大鳴大放，讓五億多人擺脫了貧困。就這一點來看，鄧小平確實對歷史產生重大影響，在這個意義上，堪稱是個「偉人」。但是，若仔細審視一番中國在一九七八年發生的事情，這其實比較接近一則演化的故事，而不是一般所設想的偉人事蹟。這一切都是在農村展開的，當時的集體農莊逐漸「私有化」，允許個人擁有土地和收成。但這種變化並不是來自於一個正在改革的政府的命令，而是從民間出現的。在鳳陽縣小崗村，一群十八位農工對他們在集體制度下慘淡的生產量和自己還需要去其他村莊乞求食物的困境感到絕望，於是在一個晚上，暗中聚集在一起，討論他們可以做些什麼。在那個時候，光是聚會本身就構成一項嚴重的罪行，更不用說是他們提出來這樣一個讓人震驚的想法。

第一位勇敢發聲的人是嚴宏昌，他建議每個家庭應該擁有他們所耕種的作物收成，他們應該把集體耕種的土地畫分給每戶人家。在一張珍貴的廢紙上，他寫下這份合同，在場的人都簽了名，決定包產到戶。他將紙捲起來，封在竹筒內，藏在房子的屋頂椽架中。之後，這些人家便在他們各自的土地上工作，每天在上工的正式哨聲開始前就工作，在理應下工的時間結束後很久才離開。因為明白他們可以從自己的工作中獲利，他們更有動力工作，在立下合約的第一年，他們那塊地的產量就比過去五年來生產得還要多。

要不了多久，地方黨工的主委就對這一切的工作和豐收起了疑心，派人前去調查嚴宏昌，他恐怕將面臨監禁或更糟的下場。但在審訊期間，區黨務主委出手挽救了嚴宏昌，並建議在其他地方複製小崗村的這項實驗。這項提議最終到達鄧小平的辦公桌上。他當時做的事情，只是選擇不阻擋這項計畫，如此而已。不過，一直要到一九八二年，共產黨才正式認同，允許家庭農場的存在——到那個時候，早就遍地都是這樣的農場了。私有化的誘因讓農業迅速轉型，工業緊隨其後。這項改革可能因為鄧小平不太務實的馬克思主義版本而延遲了，但肯定還是有一天會到來。不過這裡的重點在於，整起改革其實是一個普通人所引發的，正如狄德羅過去所預期的。威廉·伊斯特利（William Easterly）表示，「這個故事的寓意是告訴我們獨裁者在增加經濟自由方面的功勞，實在是言過其實。」

當然，說毛澤東的故事也是這麼回事就有點離譜。他對中國人民幾十年來的巨大危害確實是從上頭開始的。農業集體化，把飢餓農民的糧食拿來支付核武的經費，在大躍進時期提出熔掉村莊裡所有金屬來煉鋼的瘋狂計畫，以及文化大革命期間策動個人的惡性復仇——這些確實都是由一個「偉人」的行動所造成的，雖然意義完全相反過來。正如阿克頓勳爵（Lord Acton）所言，絕大多數的偉人都是壞人。

打贏戰爭的蚊子

今天，我們仍然受限制於這樣一部充斥著偉人的歷史，要是我們真的很喜歡讀名人傳記，那也就算了。美國的總統政治完全是在講述一個完美的、全知的、有德行的以及廉潔的救世主的神話故事，基本上每四年會出現在新罕布夏州一次，然後繼續帶領他的人民前往應許之地的。這樣一種救世主的情懷在歐巴馬當選總統的那一天達到最高潮。他自己在二〇〇八年六月時說道「這是海平面上升的速度開始放緩，我們這顆星球開始得以治癒」的時刻。他要「拯救這個國家」，關閉設立於古巴的關塔那摩灣（Guantánamo Bay）監獄，推動醫療保健改革，為中東帶來和平。他獲頒諾貝爾和平獎的理由純粹就只是因為他當選美國總統而已。在這樣一片預期中，這個可憐的傢伙很難不讓世人失望。波士頓大學的政治學家安德魯．巴西維奇（Andrew Bacevich）在二〇一三年針對讓人大失所望的歐巴馬醫改，做出這樣的評論，「歐巴馬本人可能失去光環，但是幾十年來主導美國政治圈對總統的個人崇拜仍然存在。」當發現這個接近半神的人物，仍然如一般人一樣行走在地，一樣會沾上塵土，當發現世界上最有權勢的人原來沒有多大的力量能夠改變世界，每四年注定要失望一次，但美國人永遠不會喪失這種對總統的信仰。不過，這種對總統莫名的信仰，在其他國家其實也沒有太大的不同。

或是再回過頭來觀察人類歷史上幾次最重大的變化：文藝復興、宗教改革與工業革命，這些全是其他事件發生的意外副產品。貿易讓義大利商人變得富有，他們對於放高利貸感到內疚，於是委託藝術家製作無與倫比美不勝收的宗教作品，並支持以開放的學習心態來探究古典世界。印刷術讓文本變得廉價，得以廣泛傳播，才讓幾世紀以來飽嘗失敗滋味的宗教改革者有機會破壞教宗和其心腹的權威。正如技術專家史蒂芬．強生（Steven Johnson）所主張的，歷史事件造成的意外後果可能極其深遠。古騰堡讓印刷書變得便宜實惠，大幅推升了識字率，這又創造出一個鏡片的市場，引發對鏡片的生產研發，最後導致顯微鏡和望遠鏡的發明，才讓後人得以進行天體研究觀察，最後發現地球繞太陽。

查爾斯．曼恩（Charles Mann）在他一四九三年對哥倫布地理大發現之後東西半球得以接觸交流的精闢描述中，顯示出真正形塑歷史的力量是如何一次又一次地從下方形成，而不是來自於上方。例如，美國革命之所以能夠取得勝利，是因為引發瘧疾的寄生蟲肆虐，摧毀查爾斯．康沃利斯（Charles Cornwallis）在卡羅萊納州和切薩皮克灣的軍力，這批瘧蚊的功勞一點也不遜於喬治．華盛頓。我之所以提出這一點，並不是要為慘敗的英國人找藉口，而是根據傑出的（美國）環境史學家麥克尼爾（J.R. McNeill）的權威分析。在談到四斑按蚊（*Anopheles quadrimaculatus*）或稱瘧蚊的雌蚊時，他寫道：「那些微小的亞馬遜戰士是對抗英軍的祕密生物武器。」

一七七九年英軍司令亨利．柯林頓（Henry Clinton）採行「南方戰略」，派他的部隊從海上佔領據卡羅萊納州。但當時卡羅萊納州有瘧疾感染的問題，每年春天都會爆發，尤其是在來自歐洲的新住民之間。病原是間日瘧原蟲株，這種寄生蟲會讓其感染者虛弱無力，有時還會因為引發其他併發症而造成死亡。那裡的水稻田讓疫情變得更糟糕，因為這提供蚊子良好的棲息地。「卡羅萊納州的春天宛如天堂，夏天則是地獄，進入秋天之後就成了一家醫院。」一位德國遊客曾經這樣描述過。多數白人殖民者在年輕時都得過瘧疾，多少獲得一定的免疫力。大多數的黑奴則從非洲的祖先那裡承繼到一定程度的遺傳免疫特性。換言之，美國南部根本就是外國軍隊進攻最糟糕的入侵地點。

在捉到查爾斯頓之後，英軍在康沃利斯的領導下，往內陸前進。一七八〇年六月（蚊子出沒季節的高峰），當蒼白皮膚的英國人和德國人滿身是汗地穿過樹林和稻田遠征時，瘧蚊和瘧原蟲應該也不敢相信自己的好運吧！牠們都讓自身充滿了血液，蚊子吸血，寄生蟲則為血球細胞所吞噬。等到戰鬥的時間來到，大部分的軍人都因為發燒而變得虛弱，包括康沃利斯本人在內。套句麥克尼爾的話，康沃利斯的軍隊只打了一仗就整個潰散。只有本地的保皇黨，早已歷經過這樣的發燒經驗，能夠留在戰場上繼續奮戰。治療瘧疾的唯一藥物是奎寧，這是從金雞納樹皮中萃取出來的，但當時完全為西班牙所壟斷，而那個時候西班牙又因為支持法國和美國這兩個盟友而切斷了與英國的貿易。

入冬之後，康沃利斯的軍力恢復，他將他們調動到北方維吉尼亞州的內陸，遠離沿海沼澤，這完全是為了「保存軍力，遠離幾乎在去年秋天毀掉整個軍隊的致命疾病」。但是，柯林頓卻下令，叫他返回海岸準備接收補給品，康沃利斯只好勉強回到切薩皮克灣的約克鎮，這是位於兩個烏煙瘴氣的沼澤之間的堡壘。喬治・華盛頓和法國與北方的軍隊開始赴南下圍攻他，在九月時抵達。康沃利斯的「軍力每天因疾病而減弱」，在三個星期內就棄械投降。由於瘧原蟲需要一個多月的時間孵化，所以初來乍到的法軍和美軍在戰爭結束後才開始生病。麥克尼爾說：「是蚊子幫美國人從僵持不下的局勢中取得勝利，贏得這場革命戰爭，要是沒有牠們，就不會有今日的美國。在下次七月四日國慶日被蚊子咬時，不要忘了這一點。」

當然，我們不能搶走身為將軍的喬治・華盛頓贏得這場戰役的功勞。但這些美國領導者之所以成名，有部分是來自於整個外在局勢的扭轉，其程度不亞於他們自身的努力。在這個例子中，是相當微觀的事件。當然，你可以爭辯說，就算沒有蚊子，英國無論如何是不可能戰勝這場戰爭的，他們最終也會屈服。這裡的重點不是在於以「偉大的昆蟲」理論來取代「偉人」的英雄史觀，而是要強調戰爭的決定因素是自下而上的。

帝國型態的執行長

偉人故事的英雄史觀，在大企業這個人類努力打拚的領域中特別興盛，就跟以往一樣。即使到了網路年代，多數的現代化企業仍然以類似封建附屬國的方式來建立，有一個負責統籌一切的國王，或是具超自然力量的神，再不然就是掌握有龐大的股權和名聲響亮的大人物，如比爾・蓋茲、賈伯斯、貝佐斯、施密特與祖克伯。但這正是最具諷刺意味的地方，今日最具標誌性、最有權力的跨國首席執行長全都是在數位經濟這種流動的、平等的與動態的的世界中。他們的公司提供數十億客戶橫向互動的網絡，他們的員工穿牛仔褲就可以上班，吃純素沙拉還有彈性的工作時間。然而，他們的老闆的言論全都被當作經典名言，被奉為行事的圭臬。傑夫・貝索斯（Jeff Bezos）最喜歡說的一句話就是「以客戶為起點，然後再回過頭來看要怎麼做」，但這句口頭禪在他的員工之間不斷覆誦，彷彿成了所有人的座右銘，讓人不禁覺得想到，他們還是以老闆為起點，然後向前工作。當二〇一一年史蒂夫・賈伯斯去世時，多數人認為這威脅到蘋果這個大企業的生存，股價因此暴跌。我想就是連成吉思汗去世時恐怕都不會產生這樣的影響力。何以汽車大亨亨利・福特和匈奴大帝阿提拉（Attila the Hun）的專制精神會一直延續到二十一世紀？為什麼公司裡仍然維持這樣自上而下的思維呢？

加州的一批科技公司最初成立時就有抱持著要和那些東海岸或舊世界那種勢利和階級化的企業不一樣的自我意識。湯姆・沃爾夫（Tom Wolfe）早在一九八〇年代就描寫過，像英特爾（Intel）的羅伯・諾伊斯（Robert Noyce）這樣的人，就是刻意要打破從東海岸資本主義的封建模式，想要擺脫那些「附庸、士兵、自耕農和農奴，以及層層的協議和諸如派車與司機這樣的特殊待遇，這些象徵其優越的地位以及與眾不同的防線」。諾伊斯在英特爾甚至連一個保留停車位都沒有。民主式的平坦符號充斥整個西海岸的公司，執行長的言行舉止確實不像是那些封建制度下的領主，卻更貼近神諭、先知或神，他們的言論受到無限尊崇。

經濟學家湯姆・黑茲利特（Tom Hazlett）在和我談到世人對於我們理當正在發明的新的共享

經濟體時，講到一些令人難以置信的樂觀情緒，「在新的維基經濟體中，肯定有很多新的億萬富翁。」二〇一二年臉書首次公開募股時，馬克・祖克伯表示，他期望世界的資訊基礎結構應該是「從下到上，或對等的網絡，而不是從古至今由來已久的單一的，自上而下的結構」。不過，正如史蒂芬・強生所指出的，祖克伯一個人掌握了該公司百分之五十七的股份，他挖苦地評論道：「自上而下的控制是一種難以動搖的習慣。」

但是我們必須動搖它。正如蓋瑞・哈梅爾（Gary Hamel）二〇一一年在《哈佛商業評論》的一篇文章中，引用了莎士比亞在《亨利六世》中，兇殘嗜血的國王的話，重新改寫成：「首先，讓我們解僱所有的經理人。」他指出，隨著組織的成長，層層的管理在數量、規模以及複雜性上都大幅增加，就連經理人也需要管理。因此一家大公司的老闆，其職責就變成避免公司被其自身複雜的結構所壓毀。規範性的管理手段意味著增加做出愚蠢決策的風險，「讓一個人享有君主般的權威，遲早就會出現皇家式的內鬥與混亂。」這也意味著決策的速度將會放慢，因為問題可能在董事會之間來回反覆討論，遭到拖延。而這也架空了基層員工的權力，他們會認為沒人願意聽他們的意見或建議。正如哈默所指出的，一個有能力花兩萬美金買汽車的人，在公司當僱員時，可能連買張五百元美金的辦公椅都有困難。難怪大公司比小公司的成長慢得多（此處的小公司是指其執行長會去參加在達沃斯舉辦的年度世界經濟論壇的聚餐聯誼會，往往在股市中表現較弱）增長相對較慢，而大型公共機構的聲譽也比小型的來得糟。

就表面上的權力來看，今日一家大公司的首席執行長，其實沒有比受僱的發言人好到哪裡去。永遠都在四處奔走，解釋「他的」策略給投資者和客戶聽，然後請一兩個主管來負責公司的人事聘用、解僱、升等或是外派。當然，也有一些人確實將自己的理念深入到其組織和產品設計上。但他們是少數的例外。大多數的執行長都是來湊湊熱鬧，坐享高薪以及其員工創造出來的成果，偶爾做一下重大決策，但其所掌管的，並沒有比設計師、中階管理人員以及，最重要的，最後選擇策略的客戶來得多。他們的職業生涯日益反映出這一點：白手起家，長工時的豐厚報酬，然後在營運不佳時以一個小儀式作結，然後帶著大筆現金走人。他們如同封建時代帝王的錯誤形象是媒體所塑造出來的。但這只是一種錯覺。

那麼，今日到底是誰在經營一家公司呢？既不是股東，也不是董事會。他們通常是在事情結束後，不論是好是壞，才會知道。也不是企業合作社。任何曾嘗試用協商方式來經營一家公司的人，都會告訴你這是一個非常糟糕的想法，幾近一場災難。大家都試圖讓其他人知道他們的觀點，所以會議無止無休地開，一場接一場。什麼都做不成，耐心和脾氣漸漸消耗殆盡。取得共識的問題就在於不允許有不同的觀點。這就像是駕駛一輛剎車和油門都做類似工作的車一樣。事實並不是如此，在一家大公司中真實的狀況是分工：你做你擅長的，我做我的，然後我們協調我們的行動。這就是真正發生在大多數公司裡的狀況，良好的管理意味著良好的協調。員工有其專業，然後相互交流，就像是一個市場裡的參與者，或是一個城市裡的公民。

管理的演化

加州一家名為晨星番茄（Morning Star Tomatoes）的公司二十年來一直在嘗試「自我管理」（self-management）。其成果是，晨星成為全世界最大的番茄處理公司，處理加州四成的番茄加工。其利潤迅速增長，員工流失率非常低，並具有高度創新性。而且，這間公司沒有經理、沒有老闆，也沒有執行長。沒有人有頭銜，也無所謂的升等。從一九九〇年代早期以來，一直都採取這樣自我管理的方式。選擇新品種番茄的生物學家、摘採番茄的農場、加工的工廠工人以及辦公室裡的會計師，全都要擔負各自的責任。

這間公司甚至沒有編列任何預算，同事之間協商開銷，由那些承受最大影響的來做最後決定。每位員工都有一封「了解同事的信」，而不是一份工作描述或聘僱契約。這不僅明定出他們的責任，也是他們表現的指標。他們親自寫這封信，根據他們的表現和同事協商其內容與工資。收入最高的員工比起最低的只差了六倍，這樣的比率在這種大型公司中算是非比尋常的小。這間公司最著名的，就是沒有那些一般關於金錢和地位的政治活動。人通常對待同事比對待老闆更願意付出。

這間公司的成立始末是這樣子的。自我管理學院（Self-Management Institute）的保羅・格林（Paul Green）描述到，當晨星公司的創辦人克里斯・魯佛（Chris Rufer）在一九九〇年進入加工產業時，他帶著他的員工一起「在加州的洛斯巴尼奧斯（Los Banos）郊區的泥巴路上的小農舍裡開始」。他提出一個問題，「我們希望這是一間怎樣的公司？」他的答案基於三個原則：人在能自己掌控生活時最為幸福、人是能夠「思考、充滿活力、創意和關懷的」以及最好的人類組織，就像是自發運作的身體，不受他人的管理，而是參與者之間相互協調。這套系統擊敗所有的諷刺批評，持續運作至今，晨星也成長為一間擁有四百位專職員工與三千位兼職僱員的大公司。

自我管理完全不是混亂行事，而是自有一套漂亮的章法。然而，除了少數商學院有針對他們進行過研究外，晨星公司持續的成功完全為媒體和學界所忽略，部分原因是這間公司運作得宜，很少出現在新聞中，也是因為食品加工並不是什麼時尚的高科技產業，而且這公司位於加州荒涼的中央谷地，還有一部分原因是其創辦人具有高度的自由精神。克里斯·魯佛是機會自由的信徒，而不必然相信結果的平等。這讓他在譁眾取寵的花花媒體世界中成為一「右派」人士。於是，他沒有被供奉起來，也沒有名列於授權員工的偉大企業改革者名單中，即使他確實應該躋身其中。數以百計的企業紛紛前來了解晨星的自我管理系統，並且滿懷熱情的離開。但是，很少有公司真的能效仿它，因為最初的熱情在回到他們的總公司後，便在無盡的報告和會議中消失殆盡。像魯佛這樣，從頭開始一項自我管理的業務是一回事。要求現有公司的員工放下一切特殊待遇又是另一回事。

然而，漸漸地這想法還是流行了起來，儘管過於緩慢。晨星和其他人嘗試自我管理的企業，如網路零售商薩波斯（Zappos），在我看來只是明確而積極地在嘗試其他公司正逐漸迫於時勢不得不推行的事。仔細想想，穿西裝在會議上發言的員工應該「擔負」起告訴那些穿T恤和牛仔褲員工該做什麼的舊觀念實在是很奇怪。為什麼不把那些白領執行者看成是企業中有生產力的成員的僱工呢？

美國的食品零售商全食（Whole Foods）授權讓地方分店和店內團隊來決定該儲存什麼貨物，以及如何宣傳其產品。該公司採行一種名為「獲利分享」（gainsharing）的經營方式，每個團隊獲得的獎金可以與其他團隊分享。全食的共同創辦人約翰．麥基（John Mackey）是自由市場力量的堅定支持者，他相信能以此來打破和緩和社會的不平等現象。他也看到市場中工作的演化，「企業真的不是一台機器，而是一個複雜的、相互依賴的和不斷發展的系統的一部分，還有多重的顧客群。」

喔！確實該停下來將農星（這個多少帶有蘇聯味道的名字）與俄羅斯的史達林和毛澤東時代的中國的集體農莊比較一下。俄羅斯和中國的農民被迫加入集體農莊，沒有離開的機會，由中央下令生產目標，由老闆告訴他們該做哪些事，還得眼睜睜地看著他們的產品被沒收，由國家來進行分配。難怪許多俄羅斯人稱此為第二農奴制（serfdom）。歷史上恐怕找不到更好的例子更能說明真正的平等主義（egalitarianism）是源自於自由而不是國家了吧？

經濟發展的演化

一直到兩百年前左右，幾乎整個世界都很貧窮。只有歐洲和北美的少數幾個國家，能夠逃脫這樣的貧困，為多數公民帶來難以想像的舒適、健康和機會，超越世界大部分的地區。過去幾十年來，越來越多的國家走上這條道路，開始擺脫貧窮，這主要集中在亞洲，還有一些國家仍遠遠落後，大多數是在非洲。迄今為止，經濟發展是最近幾十年世界上所發生最重大和最特殊的事件。然而，沒有一個「偉人」可以對此居功。事實上，越是檢視經濟發展的歷史，越會發現這當中沒有什麼人在居中領導。

經濟發展不僅僅是收入增長，還是一整套系統，在當中人與人透過合作參與來驅動創新以減少人們為了滿足所需而付出的時間。直到今天，儘管我們知道經濟發展幾乎可以發生在任何地方，也知道某些條件可以讓它有可能成功，我們仍然不能如法炮製，真的就讓它這樣發生。普林斯頓大學經濟學家丹尼．羅德列克（Dani Rodrik）和他的同僚發表了一系列的論文，試圖闡明政策決定對經濟增長的影響，結果卻發現「多數經濟改革的例子並不會加速成長」，而且「多數的成長加速都不是因為或伴隨有什麼經濟政策、制度安排、政治環境或外部條件的重大變化。」經濟學家威廉．伊斯特利（William Easterly）指出，在發展中世界完全找不到因為領導的改變促成經濟增長奇蹟的任何證據，時間點完全對不上。他說，領袖對經濟成長的作用接近於零，這樣一個結論，「令人震驚到難以置信」。

南韓和加納在一九五〇年代的人均收入相同。其中一國接受的援助、建議和政治干預的程度遠超過另一個，現在卻是比較窮的。大致說來，亞洲經濟在二十世紀後期漸漸擺脫貧困，但非洲經濟卻未能因為援助而擺脫貧困。這證明促進繁榮的最佳途徑是貿易，而不是援助。而就在專家開始對非洲始終沒有起色的經濟發展感到絕望之際，有時甚至還提出這是種族或機構造成的，突然之間非洲開始經驗到自身經濟發展的奇蹟，並且一直持續到今日：許多非洲國家的國內生產總值（GDP）在十年間成長了一倍。經濟發展是一個自下而上的故事。缺乏發展的故事才是自上而下的。

事實上，經濟發展與創造論背道而馳的情況還不是上面這些例子足以說明的。威廉・伊斯特利（William Easterly）認為今日造成貧困的真正原因——現在都是可以避免的——乃是國家不受制約的權力荼毒沒有權利的貧困人口。今天的產業發展渴望專家所建議的獨裁體制，而且也經常獲得這樣的結果，這就是所謂的專家暴政（a tyranny of experts）。但這樣的專家暴政往往變得普及化，金錢和援助僅僅是在幫助這樣的獨裁成形。自由的個體自發提出的解決方案會比這些狀況取得更長遠的發展。正如迪爾德麗・麥克洛斯基所指出，「在第三世界輸入社會主義，就算是來自相對非暴力的法比揚——甘地主義的國會黨（Congress-Party Fabian-Gandhism）形式，仍會在無意間扼殺了經濟成長，肥了大工業家，並讓人繼續貧窮下去。」

伊斯特利所舉的例子是根據援助歷史的詳細分析，從最初洛克菲勒基金會在一九二〇年代在中國的援助開始，一直到戰後在政府的資助下，擴大在非洲、拉丁美洲和亞洲，以及近來在私人與公共慈善事業的表現。他非常謹慎地描述——我也是如此——人道救援是一件好事，提供食物給饑民，提供藥物給疾病的受害者以及搭建庇護所給災民絕對是件正確的事。援助是減緩危機的關鍵，好比是在二〇一四到二〇一五年時爆發伊波拉疫情的時候。問題的癥結在於援助是否可以解決貧困，而不僅僅只是因應危機。給窮人錢並不是一個解決貧窮的長久方案。那麼，究竟要如何幫助窮人呢？你是要以專業知識和大量的政府組織來指導、規畫和命令他們的生活方式，還是讓他們自由地交流和專業化，讓繁榮可以自行演化？

一九七四年共同獲得諾貝爾經濟學獎的佛列德里希・海耶克（Friedrich Hayek）和貢納爾・米達爾（Gunnar Myrdal）兩人以完全相反的方向來思考這些問題。海耶克認為，個人權利和自由是社會擺脫貧困的方式。米達爾則認為若是缺少「以強制為後盾的管制法規」，發展「基本上不會有什麼實質效益」，因為一個「大多是文盲和麻木不仁的公民社會」，在沒有治理的情況下還是會一事無成。米達爾聲稱自己的觀點代表世人對發展的共識，確實是如此，他說：「現在普遍認為，低度開發國家應該要有一個整體的、統整性國家計畫。」到一九七〇年代時，海耶克所提的做法在西方國家政府和國際機構內幾乎不存在。（令人不解的是，他這樣反對國家強制作為的主張，最後反到被貼上「右派」的標籤。）

米達爾的這套方法已經預示了洛克斐勒基金會在一九二〇年代以一套整合型的方案在中國的農村打擊貧窮的嘗試。正如伊斯特利所指出的，這基本上是要改變享有特權的外國人在中國內地的租借佔領。西方想要將其佔領地轉變成以經濟發展的技術專家指導。當時急需資金來實現自己獨裁野心的蔣介石，對此當然大表歡迎。於是，洛克菲勒基金會支持中國經濟學家方顯廷（H. D. Fong），他的威權制度發展見解為蔣介石所採納。原本的發展援助最終成了對獨裁者的支持，而蔣介石的錯誤又打開了共產主義暴政的野心。就這點來看，善意的援助資金可能對於這個世界上一個殘暴政權的興起扮演了推波助瀾的角色。方顯廷的同僚，另一位受到洛克菲勒資助的同事，經濟學家約翰·貝爾·康德立夫（John Bell Condliffe）看到整件事的演變，並於一九三八年就很有先見之明地提出警告，「我們現在正面臨一個前所未知的全新迷信，這是關於民族國家的神話，其祭司就跟過去那些宗教裁判所裡的人一樣褊狹。」康德立夫看出專制權力是貧窮的成因而不是解決方案。

在二次世界大戰結束的後殖民非洲也發生類似的事情。英國撤出之際，讓強人接管多數國家。但在英國臨走前，他們建立起一套技術專家官僚發展（technocratic development）系統，確保強者能獲得指揮、控制和資金的供應。他們為什麼要這樣做呢？這是由退休的殖民官黑利勳爵在二次世界大戰時構想出來的，當時德國和日本的成功威脅到英國的威望，讓這些殖民區的行政官失去原本天神一般的光環。他認為，大英帝國應該將自己的作為塑造成「為世界上落後人民爭取福祉的運動」的推動者。因此，要將自己重塑成一股進步的力量。當然，這需要「中央政府推出更多倡議和控制的措施」。因此，英國的殖民地政府突然之間不再那麼關注於司法問題，而投注更多在促進經濟發展上。這成了規避獨立問題的藉口，要等到殖民地的人民都「準備好」再談。黑利的這套觀點也為美國人所採納，他建議在種族隔離的南方採取類似的方法。經濟改善成為首要任務；政治解放可以等待。

其結果就是在一九五〇年代和六〇年代造成所謂新解放的「第三世界」（Third World）移交到假設已經準備好的專制政權手中。聯合國在一九五一年發表的「發展的契機」（Primer for Development）中提到：「群眾會從那些治理他們的人那裡得到線索。」海耶克並沒有被這些美好文字所欺瞞，他認為聯合國憲章「或多或少有意識地努力確保白人的統治地位」。

技術專家官僚系統的發展也是帶有完全一樣的理念，這對冷戰期間的美國人非常有用，可以藉此觀念將他們對反蘇聯盟友的支持偽裝成中性的援助，將世界銀行的貸款發放給哥倫比亞這類促進發展和支持反共產主義政權的國家。再一次，援助是用來加強獨裁者的勢力。造成這問題的部分原因，是富有的政府將民族國家看作是發展的單位，而不是這些國家之間和之內的人民。二十世紀中葉專制政權在歐洲和日本失勢，卻在發展中世界再次發揚光大，美國和歐洲透過援助，挾持著那裡的民族國家。伊斯特利對此表示，「以國家的集體福祉高於一切為名，經濟發展不經意地支持了壓制弱勢族群的強權。」

在談到現代援助活動，伊斯特利更是不留情面。英國前首相東尼．布萊爾（Tony Blair）在他的「非洲治理倡議」中描述，他的目標是要「強化政府執行政策的能力」。在衣索比亞，這意味著支持政權的「鄉村化」（villagisation）計畫，將超過一百萬的家庭搬遷到示範村，然後把空出土地來賣給外國投資者。此舉引發不少的動亂和暴力事件，但這項計畫不僅獲得資助，還贏得國際機構的讚譽。二〇一〇年的「人權觀察」（Human Rights Watch）報告以「援助如何惡化衣索比亞的鎮壓」為題，表示衣索比亞領導人梅萊斯．振納威（Meles Zenawi）用援助資金來威脅他的人民，要是他們支持反對黨，就不提供食物救濟給饑民。

另一個例子是歐盟對馬拉威的援助，幫助這個國家從種植菸草轉型，改以種植產糖植物，卻造成富人收購小農土地的不良後果。這份援助讓一些有錢人獲得誘因來尋求警察和村長的幫助，驅趕原本住在農地上的人，以便讓他們能夠進行大面積的種植，靠糖獲利賺錢。幾十年來這些善於掠奪的菁英階級一直在欺壓非洲和拉丁美洲國家的窮人，但是援助計畫時常在有意或無意之下，補助這些掠奪者。

香港的演化

從古埃及到今日的北韓，一如以往，經濟規畫和控制不論在哪裡都造成停滯。從古代的腓尼基到現代越南，經濟解放則造就出一片繁榮。香港要算是最具典範意義的例子了，其歷史說明經濟發展可能帶來怎樣的榮景。

香港的故事要從成為英國的殖民地這樣一個帝國主義惡行惡狀的過去開始說起，當時英國在鴉片戰爭仗著船堅砲利強行讓中國染上毒癮。但在那之後，香港在放任政府的管理下，成為一個和平與自發貿易的地方，這基本上是一場演化出來的意外，而不是什麼精心設計的結果。一八四三年愛爾蘭人哈利・帕亭傑爵士（Sir Harry Pottinger）成為香港第一任總督，他反對殖民或統治中國的一部分，轉而主張打造一個自由貿易的口岸。於是，他拒絕針對貿易課稅，也拒絕頒布任何想要來此進行交易的國家貿易禁令，即使連英國的敵人也不例外。他十分尊重香港當地的風俗習慣。在前來定居的英國居民間，這位總督不是十分受歡迎，因為他們想要得到一些戰利品或是供品之類的東西，但他執意散播的自由貿易種子，漸漸蓬勃發展起來，開花結果。在經過一個多世紀的時間後，到了一九六〇年代，香港財政司司長郭伯偉（John Cowperthwaite）恢復這項實驗。他拒絕聽從那些從倫敦政治經濟學院畢業的專家的所有指令，不想再對他這座充滿窮人和難民的島嶼進行任何經濟規畫、規範和管理。他的哲學就是讓商人做他們想做的。他獎勵他的官僚執行預算有所結餘，這在公部門是非常罕見的做法。他允許成立三個證券交易所，破除英國商人的壟斷。在倫敦的堅持下，他禮貌性地詢問香港的商人是否願意繳納所得稅，商人的答案與怒氣可想而知。總之，他嘗試了亞當・斯密的做法。今天的香港，其人均收入比英國還要高。

第十三章

政府的演化

因為當他們
賣命攀登名位的山峰的時候，
他們使自己的路徑變成危險可怕；
而即使當他們有一天爬到了上面，
妒忌有時會像雷電一樣轟擊他們，
輕蔑地把他們拋下到最黑暗的地獄裡。

盧克萊修，《物性論》，第五卷，第一一二三～一一二六行

就電影情節來看，在十九世紀的美國西部，殺人是家常便飯。牛仔聚集的城鎮，像是阿比林（Abilene）、威奇托（Wichita）和道奇城（Dodge City）這些都是無政府地帶，或者充其量就只有一個膽小、貪腐或擁槍自重的警長，這樣的情形導致霍布斯所謂「自然狀態即戰爭狀態」的無休止屠殺。但實際上真是如此嗎？事實上，在一八七〇到一八五五這些牛仔馳騁的歲月中，在這樣的小鎮上，每到牛隻買賣的季節，平均僅有一點五起謀殺案。這比今日同一區域的謀殺率都還來得低，更不用和其他美國大城市相比。然而，若真是要說那裡有什麼比較高的話，那就是這些牛仔城鎮的人口在那個時代比今日高出很多。目前的威奇托，儘管部署了州和聯邦充分的警力，一年會發生高達四十多起的謀殺案。

事實是，過去狂野的西部並沒有受到太多的政府管理，卻沒有什麼不法分子，甚至連暴力事件都很少。正如經濟學家泰莉・安德森（Terry Anderson）和希爾（P. J. Hill）在他們那本《西部沒那麼狂野》（*The Not So Wild, Wild West*）書中所收集到的資料所顯示的，過去那裡很少有正規的執法機關，當地人自己產生了一套規矩，由私人的騎警執行，還有簡單的懲罰措施，像是將罪犯送上蓬車車隊，將其流放。安德森和希爾由此得出的結論是，在沒有政府的高壓壟斷時，會出現許多種民間的執法人員，他們之間的競爭，推動改進和創新，這過程以天擇的方式蓬勃發展起來。實際上，十九世紀的牧場主人重新發現了中世紀商人過去所發現的：習俗和法律會在沒有強制施行的地方自發地出現。這和無政府主義相去甚遠。

耶魯大學的羅伯・艾立克森（Robert Ellickson）近來在加州一處以農場和牧場為主的沙斯

塔郡（Shasta County）找到一個很好的例子。根據經濟學家羅納德．科斯（Ronald Coase）的主張，在沒有交易成本的情況下，牧場主人和種小麥的農民之間所產生的是非恩怨都將直接透過私下談判來解決，而不需動用到國家的罰則。艾立克森從這個著名的例子中得到靈感，由此來觀察個人實際處理牲口越界造成的損害問題。他發現，基本上當地人不會以法律來處理這個問題，而是採取私下解決的途徑，有時甚至是非法的。比方說，他們會叫來牛隻的主人，讓他領回他出錯的牛隻；要是他沒有認真找回，有可能會把他的動物趕往錯誤的方向，甚或予以閹割，作為處罰。每個人都知道自己有一天可能也會遭到投訴，所以總會充滿歉意地回應。這其實就是一種鄉村版本敦親睦鄰的方式。處理鄰里問題時，若太快求助於警方或法院，一般都會認為是行為失當，破壞了社區之間的善意。

就其根本，政府基本上只是公民之間的約定，以執行公共秩序。它自發性突現的例子絕對不亞於由局外人強制施行的情況，甚至尤有過之。而且幾世紀以來，政府的形式以相當有機的方式在改變，幾乎沒有牽涉到什麼規畫。

監獄中的政府演化

最近有一項針對獄中幫派的有趣研究，總結在大衛．史卡爾貝克（David Skarbek）的《地下世界的社會秩序》（*The Social Order of the Underworld*）這本書裡，當中發現的證據也說明監獄中自發性秩序的突現和展開的例子，儘管這後面有暴力威脅。美國監獄中的秩序從來就不是完全依賴國家來維持。當然，那裡有典獄長和守衛，但大部分的「法律」是犯人之間自發出現的習慣，這就是所謂的「江湖規矩」（convict code）。這基本上是一種盜亦有道的概念，基本前提是，套句首開監獄規範研究的唐納．克萊默（Donald Clemmer）的話來說：「照規矩來說，囚犯不能幫助監獄或政府官員，而且不應提供給他們任何資訊，尤其是可能損害到獄友的。」史卡爾貝克指出，這套規矩是演化出來的，而不是由誰所發明的。囚犯並沒有開會決定這些規矩，不過違反規矩的人會遭到排斥、捉弄、攻擊甚或是死亡的懲罰。這些懲罰沒有人統籌，也沒有人在負責主導。而這套江湖規矩能夠「促進團體合作，減少衝突，幫助建立秩序，並且促進獄中的非法交易。」

然而，到了一九七〇年代，這套江湖規矩卻在男子監獄中崩壞，女子監獄反倒沒有出現這樣的狀況。這情況正好與監獄中的犯人數量迅速增加，以及監獄中種族多樣性提升同時發生。狀況就類似我們所謂的前國家社會（pre-state societies）。當派系或小團體超過一定規模，人際之間的行為規矩變得不可捉摸。無名來源太多。暴力事件顯著增加，但也開始發生另一件事：監獄幫派逐漸成形。

縱觀美國的監獄系統，內部的幫派主要是在一九七〇年代開始出現的，這和外界的幫派幾乎沒有多大關係，或是毫無瓜葛，而且也在沒有街頭幫派的地方出現。三十間不同的監獄出現了幫派，彷彿是有人提出了幫派的想法，做為一種監獄改革。然而，不僅幫派文化是從囚犯之間突現，而不是來自獄中的官吏，這一切都是在不知不覺中形成的。雖然還是會有所謂的幫派首領，但這套系統在整體上是高度分散的。正如史卡爾貝克所指出的，「存在的社會秩序並不是選擇出來的。沒有人在負責。」呼應蘇格蘭哲學家亞當・弗格森（Adam Ferguson）的想法，史卡爾貝克總結道：「這是一套自下而上的出現過程，是囚犯行動的結果，但不是任何一位囚犯設計出來加以落實的。」它是演化而來的。

聖昆廷（San Quentin）的墨西哥幫（Mexican mafia）是第一個這樣形成的幫派，並且一直都是當中最有勢力的一個，不過其他幫派也緊追在後。幫派的作用是抑制暴力，增加毒品和其他商品的交易，降低價格，大致上提高囚犯的生活品質。史卡爾貝克試圖分析這現象發生的緣由，最後排除掉所有可能解釋這個現象的原因，只剩下一個：在監獄裡出現了一個政府的基本雛形。幫派的出現解決了罪犯之間缺乏治理的問題。監獄官員普遍都樂觀其成，因為他們知道這有助於維持秩序。女子監獄之所以沒有幫派形成，主要原因是人數仍然夠少，光是以常規和行為守則就可以約束。換句話說，政府最初出現時，也是一種收保護費的概念，而且在人口達到一定規模時，會自發地出現。墨西哥幫現在不僅掌控加州監獄內的毒品貿易，也涵蓋大街上的交易，在監獄內遙控一切，向毒販抽頭，並以暴力威脅的方式來執行其權力。近來美國暴力事件減少的其中一個原因，可能就是幫派成功地在毒品交易上稍微建立起一些秩序。

從強收保護費演化成政府

這麼說來，要是幫派份子能形成政府，這是否意味著政府都是從歹徒壞人開始的？凱文·威廉森（Kevin Williamson）在《快到終點了，一切都會很棒》（*The End is Near and it's Going to be Awesome*）這本書中主張，組織犯罪和政府之間的關係，基本上比表兄弟還親，是來自同一根源。也就是說，政府一開始就是強收保護費的黑幫，維持其對武力的壟斷，並向人民收錢（稅金），保護他們免於受到外人的掠奪。這幾乎是所有政府的起源，而今天所有勒索保護費的黑幫都正在演化成政府。義大利黑手黨是在西西里無法無天的時代出現的，當時私人財產得不到保障，許多退役的士兵都樂於提供這項服務，改行當收費的保護者。俄羅斯黑幫在一九九〇年代也是以類似的方式形成，當時也是沒有法治的時代，剛好又有很多在找頭路的退役士兵。

縱觀歷史，民族國家的特徵便是暴力壟斷。在古羅馬，尤其是在公元前一世紀，執政官、將軍、領主和參議院元老，每個人都擁有自己的犯罪集團，豢養刺客和軍團，透過一系列內戰來分贓帝國征服的戰利品，暗殺和謀反的情節日益增加，多到令人絕望的地步，直到最後出現有足夠的財富和權力壟斷整個軍事力量的人。此人自稱是奧古斯都（Augustus），他建立了長達兩世紀平和的羅馬和平（*Pax Romana*），偶爾才會爆發零星的血腥衝突。正如伊恩·莫里斯（Ian Morris）在《戰爭：這有什麼好？》（*War: What is it Good For?*）一書中所指出的，「暴力的矛盾邏輯確實是在運作的。因為大家都知道，皇帝可以（而且在遭受壓力時，確實是會）派遣軍隊，儘管他幾乎從來不必這麼做。」

今天我們一般都對國家抱持良好的觀點，將其視為一個嘗試做到公平、公正的機構，其存在是為了馴服個人的劣根性。不過，想想這機構的歷史，幾乎在每個地方，除了美國和其他一些前殖民地國家等少數明顯的例外，政府都是源自於刺客集團，正如教皇額我略七世（Pope Gregory VII）在十一世紀一針見血地指出，這群人「因為驕傲、掠奪、背叛和謀殺——總之是透過各種犯罪手法，讓自己凌駕於同伴之上」。在大多數歷史中，以經濟歷史學家羅伯．希格斯（Robert Higgs）的話來說，國家一直是「從來就存在的掠奪者，並且全方位地迫害人權」。喬治．華盛頓說過，「政府不是原因，不是滔滔雄辯。政府是勢力。就像是火一樣，這是一個危險的僕人，一個可怕的主人。」社會評論家艾爾伯特．傑伊．諾克（Albert Jay Nock）一九三九年所寫的評論現在聽來格外諷刺，但確實說得很有道理，「認為國家起源是為了擔負任何形式的社會目的想法完全沒有歷史根據。國家起源於征服和沒收，也就是說，國家起源自犯罪。」也許我們全都將這一切拋在腦後，也許國家現在是穩定地朝著良性的、溫和美德在演化。但也許完全不是這麼回事。

都鐸王朝的君主專制和巴基斯坦的塔利班（Taleban）神學士根本就是同一回事。正如亨利七世表現得像是電影《教父》中的柯里昂（Corleone）一樣，伊斯蘭國、哥倫比亞革命軍、義大利黑手黨以及愛爾蘭共和軍，全都表現得越來越像政府，他們具有嚴格的道德標準、對商品（鴉片、可卡因和廢物處理）「徵稅」、懲治違紀者、提供福利。就連現代政府都還帶有黑社會性質的組織犯罪元素。世界各地警察不斷窩藏罪犯：美國國土安全部成立不過十幾年，但在二〇一一年時，有超過三百名員工因為毒品走私、兒童色情，和販售情報給販毒集團而遭到逮捕。

就跟奧古斯都的軍團一樣，國家壟斷的武器裝備平常盡可能不出現在人民的視線內。但它還是存在的。很多人都對美國境內私人擁有的槍枝數量感到憂心不已，可是那些公然持有武器的呢？近年來，美國政府（不是軍方）購買了十六億顆子彈，這足以射殺五倍的全美人口。社會安全署訂購了十七萬四千顆子彈。國稅局、教育局、土地管理局，甚至連美國國家海洋和大氣管理總署都擁有槍枝。

二〇一四年八月，在密蘇里州聖路易斯郊區爆發弗格森（Ferguson）案時，許多人十分震驚，配裝武器、穿著制服，並且開著裝甲車的警方出現時，看起來不像是執法人員，比較像是軍隊。參議員蘭德．保羅（Rand Paul）對此在《時代》雜誌發表評論，指出聯邦政府提供誘因讓地方警力軍事化，資助市政府「打造一支本質上是小軍隊」的武力。遺產基金會（Heritage Foundation）的艾文．貝雅尼克（Evan Bernick）前一年就提出警語，提到美國國土安全部發放反恐資金給全國各地的城鎮，讓地方政府可以購買裝甲車、火砲、裝甲甚至是戰機。美國國防部實際上還捐贈軍事裝備給警力，當中甚至包括坦克。《華盛頓郵報》的記者拉德利．巴爾科（Radley Balko）報導了警方和軍方在打擊毒品、貧窮和反恐的「戰爭」中，界線變得越來越模糊。警察變成佔領軍，將公民視為敵人。參議員保羅認為地方執法人員軍事化再加上對公民自由的侵蝕，這樣的趨勢創造出一個非常嚴重的問題。然而事實是，這與其說是一個新問題，倒不如說是連美國開國元老都非常熟悉的老問題，過去他們也得面對英國的紅衣軍團一天到晚在街上遊行。

自由主義平等派

所以說政府是從收保護費開始的。直到大約一八五〇年，一般人都知道抱持自由和進步主義觀點的人是不信任政府的。中國的老子曾嚴辭批評儒教治國的獨裁式干預，其「法令多如牛毛」，而一七八九年法國大革命期間想要改善人民生活的「無套褲漢」或稱長褲黨（*sans-culottes*），也視政府為敵人。過去的政府被視為類似寄生蟲的存在，坐享勞動人民的成果，把從人民那邊強取豪奪勒索來的錢用在戰爭、奢華生活和壓迫上。「危險不在於某個特定階層不適合治理，」阿克頓勳爵說：「任何一個階級都不適合治理。」近來勵志演說家麥克．克勞德（Michael Cloud）也呼應此說法，表示問題不在於權力的濫用，而是濫用的權力。

在牛津郡伯福德（Burford）教會有一座讓激進左派朝聖的神龕。一六四九年，奧利弗．克倫威爾（Oliver Cromwell）在這個地方監禁了三百位公然造反的平等派（Levellers）人士，因為他們拒絕放棄信仰，最後還射殺了當中的三人。今天，大多數人認為平等派就像是內戰時的挖掘派（Diggers），也就是以平等、社群主義和革命為名的社會主義人士。不過，正如主張自由市場的歐洲議會議員和英國國會議員丹尼爾·漢南（Daniel Hannan）及道格拉斯·卡斯韋爾（Douglas Carswell）所指出的，這種說法是對歷史的誤解。平等派其實是我們今天所謂的自由主義者或古典自由主義者。他們主張私有財產制、自由貿易、低稅率、有限政府和自由的個體。他們眼中的敵人不是商業，而是政府。他們參與叛亂，砍下國王的腦袋，後來又對腐敗和自滿的議會感到失望不已，這個議會非但不舉辦新選舉，也拒絕保證與生俱來的古代經濟自由的權利。同時他們的首領似乎日益認為自己是為天意所選，要來當個救世主，成為統治一切的暴君。他們與克倫威爾主要的衝突點在於他們並不想跟著他討伐愛爾蘭，處理宗教和民族問題，他們的自由意志主義（libertarianism）是政治的、經濟的和個人的。

在他們一六四九年發表的「英格蘭自由人協定」（An Agreement of the Free People of England）宣言中，這場運動的四大領袖約翰·李爾布爾恩（John Lilburne）、托馬斯·瓦爾韋恩（Thomas Walwyn）、托馬斯·普林斯（Thomas Prince）和理查·奧弗頓（Richard Overton），在倫敦塔的監獄中呼籲政治人物多所節制，不要過度提高稅率，或是限制過多的貿易活動，這樣的情懷即使在今日的左派陣營中都很少聽聞得到：

在其權力範圍內不應繼續立法來剝奪或妨礙任何人從事貿易或銷售到海外的任何地方，凡這個國家的任一地方，都得自由貿易。

難怪平等派受到到現代自由市場主義者的青睞，從海耶克和莫瑞．羅斯巴德（Murray Rothbard）到保守黨的漢南（Hannan）與獨立黨的國會議員卡斯威爾（Carswell），都對他們推崇備至。

商業宛如自由的助產士

到十七世紀末，歐洲國家發明出中央集權的官僚政府，其主要工作便是維持秩序，也就是托馬斯．霍布斯的「利維坦」（Leviathan）。隨後陸續出現光榮革命（英國）、美國獨立革命和法國大革命，以及政府應該要加以馴服、解放、約束並且對「人民」負責的概念。

一八五〇年之前沒有人會正眼看一下自由貿易、有限政府和低稅收以及窮人的保護和救濟之間的平衡關係。整個十八世紀，擁護自由放任的人士，也就是認為商品和服務的自由交流是改善全體人民福祉的最佳途徑的，都畫分在政治光譜的「左」側。一六八八年光榮革命後出頭的輝格黨人（Whigs）、一七七六年的反動分子，以及激發他們的思想家，從洛克和伏爾泰，到貢多塞和斯密，他們全都是激進的進步主義者，是支持自由市場以及弱勢政府的自由主義者。（伏爾泰從糧食交易上賺進一大筆錢）。當時若主張國家是自由和進步的器官，是完全沒有意義的。要記住，在那個時代，國家不僅可以壟斷暴力，還有權利決定哪些是可以進行交易的，並且還會規範人民的宗教儀式細節，審查演講和寫作內容，甚至依階級來規定該穿著怎樣的衣服。國家管的還不只是這樣，正如史蒂芬·戴維斯（Stephen Davies）所指出的，十八世紀「警察國家」（police state）的新想法深入人心，尤其是在德國，這意味著每個公民都是國家的僕人。腓特烈大帝自稱是國家的第一僕人，對「僕人」的強調就跟對「第一」一樣。所以，擁護自由交換商品和服務的激進分子也擁護思想和行動自由。

一七九三年號稱是北方雅典的愛丁堡，理當是啟蒙活動盛行之處，但在那裡所發生的情事，正好可以說明自由市場的觀念在當時有多麼激進，一位名叫托馬斯·繆爾（Thomas Muir）的人被判煽動叛亂罪，檢察機關指控他不知廉恥地大放厥詞，聲稱「要是更平等的徵收，可以少繳一些稅」。他被判流放到澳洲十四年。威廉·史基爾文（William Skirving）和莫里斯·瑪爾加洛特（Maurice Margarot）也因為呼應亞當·斯密的自由貿易而被判處相同的刑期。無怪乎隔年杜格爾德·斯圖爾特，也就是之後亞當·斯密的傳記作家，光是因為在一本書中提到貢多塞的名字，就誠惶誠恐地決定道歉。那個時代的啟蒙活動，必須遮遮掩掩地隱藏起來。

自由貿易和自由思考

美國第三位總統，同時也是《獨立宣言》起草人的托馬斯·傑佛遜和美國開國元老、憲法起草人與擔任過美國第一任財政部長的亞歷山大·漢密爾頓的處世哲學相當不同，傑佛遜這位紳士吸收了啟蒙運動的理念，並且對盧克萊修的想法推崇備至。但到最後，他想要的是一個農業的、受保護的、有階級畫分的穩定維吉尼亞式的社會。他討厭人「層層疊疊的居住在大城市裡的方式」，建議美國人讓「我們的工作坊繼續留在歐洲」。反而是漢密爾頓這位居住在混亂曼哈頓的移民者，願意擁抱未來，歡迎商業和雄厚的資金帶來的創造性破壞，促成社會階層融合以及權力的翻轉（雖然他也主張以關稅來保護新興的產業）。

在英國，反奴隸制社會的創始人都是自由貿易者。比方說，讀讀在一八三〇年代的哈里特·馬蒂諾（Harriet Martineau）的著作，她因為《政治經濟學實例》（*Illustrations of Political Economy*）一系列短篇小說而聲名大噪。她表示這些書是為了向大眾教育亞當·斯密（「了不起的卓越見解」）以及其他經濟學家的觀點。這全是在談市場和個人主義的美好。今日，大多數人會稱她為右翼人士。然而，馬蒂諾是一個狂熱的女權主義，一個靠筆謀生的女人，也對政治問題非常激進，她同時代的人都認為這相當危險（查爾斯·達爾文的父親在她結識他的兩個受人敬重的兒子時，為此擔心不已）。她前去美國旅行時，積極地為反對奴隸制說話，因此她的名聲在南卡羅萊納州變得很糟，還有人計畫誹謗她。這一切毫不矛盾：她的經濟自由主義是她的政治自由主義中很重要的一個組成。自由主義者試圖將市場經濟從腐敗和專制的國家以及公民私相授受的壓制中提升起來。那時候，質疑一個強大國家的人可是會被當成左翼。

在十九世紀初期的英國，自由貿易、小政府以及個人自主幾乎自動地和反對奴隸制、殖民主義、政治保護以及原本的教會勢力畫上等號。一七九五年在英國國王喬治三世前去議會的路上，一群暴徒包圍了他的馬車，要求玉米自由貿易並且解除麵包販售多重繁瑣的規定。一八一五年闖入卡斯爾雷主教（Lord Castlereagh）家中的暴民，則是為了反對保護主義。在曼徹斯特的和平示威，是為了支持自由貿易和政治改革，一八一九年為騎兵所掌控，造成這場「彼得盧屠殺」（Peterloo massacre）。領導受薪階級意識的憲章派（Chartists）也加入反穀物法聯盟（Anti-Corn Law League）的創辦。

或是看看理查・科布頓這個人，他在一八四〇到五〇年之間，對自由貿易做出的非凡貢獻，比任何人都還大，讓那時的英國成為全世界的一個範例，單方面強行解拆除了糾纏全球貿易的關稅。（就這方面來看，科布登近乎是一個「偉人」。）他是充滿熱情的和平主義者，即便知道自己會遭到抵制，仍然義無反顧地反對鴉片戰爭與克里米亞戰爭，致力於解決造成貧困的原因。他第一次在下議院發言時，就被視為危險的激進份子，他的身家雄厚能夠獨立到拒絕進入兩位首相的內閣擔任部長，也拒絕接受他不苟同的君主制度所授與的爵位。他是一位真正的激進份子。然而，他擁抱自由貿易，認為這是能為所有人帶來和平與繁榮的最佳方式。「當人民為彼此多做一點，政府少做一點時，和平將會降臨人間。」他這樣說道，聽起來像是茶黨的一員。他對自由貿易的支持非常純粹與絕對，連約翰・斯圖亞特・穆勒只是簡單地在考慮是否該在初期保護新興產業時，都遭到他的一番痛斥。他接收亞當・斯密和大衛・李嘉圖的想法，並且加以實踐。而這樣的成果便是加速世界各地經濟成長。

在這裡，又一次看到，今日的左派與右派所擁抱的一切，在一個人的腦袋中和平共處。政治解放和經濟解放齊頭並進。小政府是一個激進的、進步的命題。在一六六〇到一八四六年之間，英國政府妄想以規定的方式來控制食物價格上漲，頒布了一套相當驚人的一百二十七條法規的《穀物法》（Corn Laws），不僅是課稅，還針對穀物和麵包的儲存、銷售、進出口與品質加以規定管制。一八一五年時，糧食價格從拿破崙戰爭時期的高點以來，不斷下跌，為了保護地主，政府禁止在價格跌破一夸特（二十八磅）八十先令時所有糧食的進口。崇尚自由貿易的年輕理論家大衛．李嘉圖為此製作了一本慷慨激昂的摺頁小冊，卻徒勞無功（他的朋友和《穀物法》的支持者羅伯．馬爾薩斯更有說服力）。一直要到一八四〇年代，當鐵路和廉價的平信郵寄制度推出後，科布登和約翰．布萊特才有辦法發動群眾抗爭運動，代表工人階級反對這項法案，扭轉這樣的潮流。等到一八四五年發生愛爾蘭大饑荒時，就是連保守黨領袖羅伯．皮爾（Robert Peel）都不得不承認這項措施完全失敗。

科布登反對《穀物法》，接著又反對普遍的關稅保護政策的驚人活動，最終不僅說服大半個英國以及大多數知識分子，還包括當時世界上重要的政治人物，尤其是威廉．尤爾特．格拉德史東（William Ewart Gladstone）。這位了不起的總理和首相倡導種種進步的改革，從窮人困境到愛爾蘭自治他都不落人後，在經濟方面，他是自由貿易的信徒，穩定地縮減政府的規模。科布登和他的盟友最終甚至贏得法國的信賴。科布登說服拿破崙三世自由貿易的好處，他親自在一八六〇年參與第一份國際自由貿易條約的談判，這就是所謂的「科布頓西瓦里耶條約」（Cobden–Chevalier Treaty）。這份條約還建立起無條件的「最惠國」條款原則，引發歐洲各地一個接一個降低關稅的反應，首度在現代史上創造出一個巨大的自由貿易區，雖然並沒有涵蓋所有商品。義大利、瑞士、挪威、西班牙、奧地利和德意志北部各個城市都迅速跟進，取消他們的關稅。

阿德里安·伍爾德里奇（Adrian Wooldridge）和約翰·米克爾思維特（John Micklethwait）在他們合著的《第四次革命》（*The Fourth Revolution*）一書中，主張自由國家可能是從約翰·洛克那裡開始，受到托馬斯·傑佛遜的擁護與支持，在約翰·斯圖亞特·穆勒那裡找到清晰的說明，最後透過理查·科布登達到最激進的終端，但事後看來，我們可以發現政府並不是由任何人發明的。它會自己突現，它會自己演化。

政府的反革命

然而，科布敦的成就在十九世紀便開始遭到侵蝕。在一八七〇年代後期，俾斯麥治理下的德國受到貨幣高估的影響，導致經濟衰退。巨額資金流入是主因，法國在普法戰爭後，為了要取回遭到佔據的領土，被迫賠款五十億法郎。為了因應這次經濟衰退，而且在企圖暗殺奧地利皇帝（Kaiser）之後選舉出較為保守的議會，俾斯麥在一八七九年祭出「鐵和黑麥」（iron and rye）的關稅制度來保護德國的工業和農業。這引發從一八八〇年一直到第一次世界大戰爆發期間，美國、法國和南美長期競相增加關稅的情況，只有英國置身事外，公然拒絕引進關稅，甚或是對採行這些措施的國家進行報復，直到進入二十世紀。儘管約瑟夫·張伯倫（Joseph Chamberlain）和他的保守黨盟友對「關稅改革」（tariff reform）和針對大英國協會員國關稅優惠的「帝國特惠」（imperial preference）施以強大壓力，英國仍繼續堅持自由貿易，幾乎宛如宗教信仰那樣的虔誠，直到第一次世界大戰爆發，並延續到戰後。之後，自由黨漸漸受到右派支持帝國優惠的保守黨和左派提倡自給自足，帶有保護主義色彩的工黨人馬所夾擊。不過，一直要到一九三二年內維爾・張伯倫（Neville Chamberlain）擔任首相才開始課徵普遍的關稅。

保護主義帶來的一部分回報是布林克・林德賽（Brink Lindsey）所謂的工業反革命（industrial counter-revolution），這是在十九世紀最後的二十五年開始的，當時進步主義者和激進分子突然之間決定國家不再是他們的敵人，而是他們的朋友。一個新的聯盟就此誕生，結合那批想要保存階級秩序的懷舊反動保守派以及進步改革份子，前者為工業革命釋放的種種創新感到眼花撩亂，騷動不已之際，後者則認為政府應當引導社會的改變。正如迪爾德麗・麥克洛斯基所斷言的，「資產階級父親的兒子為所謂的世俗信仰和希望的復興所著迷，也就是民族主義以及社會主義。」這一點你可以在卡爾・馬克思和佛列德里奇・恩格斯身上看到，他們對經濟變革懷有恐懼。馬克思和恩格斯在《共產黨宣言》中哀嘆，「生產的不斷變革，一切社會狀況不停地動盪，永遠的不安定和變動，這就是資產階級時代不同於過去一切時代的地方。……一切煙消雲散了。」或是看看威廉・莫里斯和他的社會主義者同袍是這麼做的，他們悼念失落的過去，追憶穩定而簡單的中世紀美好英國，將社會主義中新的耶路撒冷建構在亞瑟王傳說的幻想中。

在藝術界，則可以清楚感受到這樣的轉變。十九世紀初的許多詩人、小說家和劇作家都是古典自由主義、自由貿易和小政府的熱心支持者。讀讀席勒、歌德和拜倫的作品就可明白。威爾第的《弄臣》和《阿依達》在談到權力本質時，都是以非常自由派的態度在敘述。開放的商業社會將藝術家從金主系統中解放出來，他們能夠在大眾市場販售自己的作品，不再只是依賴富有的個人。然而，長時間下來，許多藝術家開始敵視自由主義，認為資產階級的社會僵化不堪。自由秩序的批評者不勝枚舉，包括易卜生、福樓拜和左拉。這些反對者以負面的角度來描繪自由主義秩序，對世人的影響十分深遠。

真正的激進份子，真正對自由和變化有遠見的人，像是科布登、穆勒和赫伯特．史賓塞，卻相當不公平地被打成「右派」。在他們那個時代，沒有人會認為他們是右派的。他們是和平主義者、平等主義、女權主義者、自由主義者、國際主義以及宗教自由思想家。但他們將自由市場視為實現這些目標最佳途徑的情懷卻綁住了他們，讓二十世紀的人將他們一路從政治光譜的左邊推移到右邊。

當有任命自己人馬的機會時，就會將幾世紀以來反抗君主專制及其走狗的努力全都忘得一乾二淨。維護個人自由不再是政治的主要目的；從現在開始是要規畫和福利。從此以後革命將成為一項自上而下的事業，由無產階級中獲得啟蒙的領袖來指揮。自由主義已經學會「對中央政府的益處抱持相當的信心，」戴雪（A.V. Dicey）於一九〇五年這樣寫道。

企業也一樣接受政府的干預。在十九世紀結束之際，投機取巧的強盜企業家（robber-baron）巴不得趕緊形成卡特爾（cartels）這樣的壟斷利益集團，或是舉雙手歡迎政府制定規範，以便消滅惡性競爭。然而，這種往裙帶權貴關係的做法非但沒有引來經濟學界的嘲笑——一如他們在亞當．斯密那邊所做的——現在反倒是都獲得掌聲。左派的思想領袖，如愛德華．貝拉米（Edward Bellamy）和索爾斯坦．范伯倫（Thorstein Veblen）都要求停止商業界的複製和碎裂化。他們同意必須要有一計畫，要有規畫者和一個單一的結構。貝拉米對未來的憧憬，全都描繪在他非常具影響力的暢銷小說《展望過去》（*Looking Backward*）中，書中描述未來每個人都在一大型信託中工作，在相同的國營商店中購買相同的商品。

若是列寧和史達林在世，也會對現在的大型美國公司，及其科學化的管理、人力安排的規畫，以及巨額的資本要求推崇備至。「我們必須在俄羅斯進行泰勒系統的研究和教學，系統性地嘗試，並且依我們的目的來調整，」列寧在提到科學管理的偉大使徒弗雷德里克．溫斯洛．泰勒（Frederick Winslow Taylor.）時這樣寫道。《民族》（*Nation*）的自由派編輯艾德．戈德金（Ed Godkin）在一九〇〇年感嘆道：「如今，大概只剩下風燭殘年的老人仍堅持自由主義的學說，當他們離世後，就沒有人在繼續擁護這個概念。」「自由」這個詞的意義改變了，特別是在美國。約瑟夫．熊彼特說：「這樣一個至高無上的恭維，也許是無意間發生的，私人企業系統的敵人認為珍惜這樣的標籤是明智的做法。」每個人，特別是在左派陣營中，都認為未來的關鍵在於指揮和控制，而不是演化。

政府是進行社會工程的工具。在一九〇〇年左右，不論你是想推行無產階級專政的共產黨，還是希望征服你的敵人以及團結你的社會的軍國主義者，又或者是希望建立新工廠和銷售產品的資本主義者，都是以同樣的眼光在看待政府。在這裡我們再一次看到，這種對於政府應當擔負規畫師角色的想法，並不是由誰所發明，它是突現出來的。

自由派法西斯主義

世人經常忘記，美國在伍德羅．威爾森（Woodrow Wilson）和他的繼任者的帶領下，成為一個非常狹隘、不自由的地方。不僅有嚴峻的隔離政策、普遍施行優生法案和禁酒令，還有審查制度，甚至壓縮公民自由。美國《國家評論》編輯喬納．戈德堡（Jonah Goldberg）就提醒我們，在第一次世界大戰期間，曾有一位好萊塢的製片，因為描述英國軍隊在美國獨立戰爭期間所犯的暴行，被判刑十年。

在富蘭克林．羅斯福（Franklin Roosevelt）的新政講演中，有些辭令與德國和義大利的政局遙相呼應，而且有大量證據顯示，推動新政者非常熱中於仿效歐洲看似十分成功的極權主義的政權，以此來改善經濟和社會秩序，儘管他們從來沒有想過要仿效他們的暴行。各界人士都要求要規畫、規畫再規畫。約瑟夫．熊彼特認為富蘭克林．羅斯福有意成為獨裁者。

喬納．戈德堡在他的《自由派法西斯主義：美國左派的祕史》（*Liberal Fascism*）一書中指出，在一九三〇年代，多數人都將法西斯主義視為一場進步的運動，並受到許多左派人士的支持，他表示，「若清楚認識法西斯主義的話，就會明白這不是一場右派的現象。相反地，它是，而且一直以來是都是，一種左派的現象。這是個難以忽視的真相，若真的有所謂的真相，這樣的事實在我們這個時代因為錯認法西斯主義和共產主義是相互對立的，而受到掩蓋。在現實中，它們密切相關，是同一批人腦中相互競爭的概念。」一九三〇年代的「廣播佈道家」查爾斯·考夫林（Charles Coughlin）神父，在美國政壇的主張最接近希特勒的目的和方法，但基本上他也是個非常左派的人，他批評銀行家，要求工業國有化和保護勞動權利。只有他的反猶太主義可以稱得上是「右派」。至於那句「自由派法西斯主義」則是一九三二年由威爾斯（H. G. Wells）在牛津大學發表演講時帶有讚許意味所提出來的。早在一九二七年，威爾斯就興味盎然地表示「這些法西斯分子，有些好東西。他們之中有些勇敢和善意的想法」。

從今天的角度來看，或是就科布登、穆爾、斯密的自由派角度來看，二十世紀各種主義之間並沒有存在很大的差異。共產主義、法西斯主義、民族主義、合作主義、保護主義，泰勒主義、政府干預，無論是哪一種，其核心都是帶有規畫的中央集權系統。難怪墨索里尼一開始是個共產黨員，希特勒是社會主義者，而奧斯瓦德·莫斯利在當選保守黨代表不久後以及轉變成法西斯主義者之前，就成為一名工黨議員。法西斯主義和共產主義，不論是過去還是現在，都是國家的宗教。

這是一種智能設計的形式，他們對政治領袖俯首稱臣的方式，就如同宗教崇拜中跪拜在神的腳前一樣，他們要求領袖至少展現出一些全能、全知和絕對正確的特質。在共產主義中，通常一開始會出現虛晃一招的幌子，展現出領導人不是個人，是整個黨，而神只不過是一個死了很久，留著長鬍鬚的傢伙。但這樣的情況維持不了多久，不久後，領導人的名字便取代馬克思，史達林、毛澤東、卡斯楚和金日成迅速浮上檯面。確實，法西斯主義者沒有集體農場，也允許以營利為目的的私人公司存在，但必須在國家規定的地區，符合國家規定的目標。墨索里尼說：「一切都在國家之內，沒有什麼是在國家之外。」正如戈德堡所指出的，希特勒之所以討厭共產黨，不是因為他們的經濟理論，或是因為他們想摧毀資產階級——他其實喜歡這些概念。他在《我的奮鬥》（*Mein Kampf*）中倡導工會，撻伐商人的貪婪和「短視狹隘的心胸」，正如現在任何現代反資本主義者一樣熱切。他之所以痛恨共產主義，是因為他認為這是一個外來的、猶太人的陰謀，這一點他在《我的奮鬥》中說得很明確。

自由主義的復興

第二次世界大戰見證了國家的指揮和控制權力達到頂點。不僅大多數國家透過法西斯主義、共產主義或殖民政權實行嚴格的專制路線，就是連少數民主制度得以倖存下來的國家也採用全面的中央規畫，以作為開戰時緊急措施的準備。當然，在英國，以及部分的美國，人民生活的每個層面幾乎都由國家所決定。老式的個人主義或是自由主義幾乎絕跡。但事實真是如此嗎？在戰時中央集權的表面下，若是稍微攪動一番，還是聽得到等到戰爭結束時，一定要解除計畫經濟的要求，像是赫伯特．阿嘎（Herbert Agar）和科爾姆．布羅根（Colm Brogan）等人。布羅根在他一九四三年的《誰是「人民」？》（*Who are 'the People'?*）一書中就提出警語。「逃過了外敵入侵，英國人民躲過了最後的測試，但英吉利海峽並沒有辦法完全抵禦外來的想法。越來越多人相信德國嘗試建立的新經濟秩序遲早會到來，大勢已定的說法。」

最有力的反對聲浪是來自於逃離希特勒和史達林政權的難民，如猶太哲學家與政治理論家漢娜·鄂蘭（Hannah Arendt）、猶太史學家與自由主義思想家以撒·柏林（Isaiah Berlin）、精通物理化學和社會科學的邁可·博藍尼以及哲學家卡爾·波普（Karl Popper），他們堅持向收留他們的西方接待主表示納粹和共產極權主義並不是在政治光譜的兩端，而是相當靠近的鄰居。這當中最有名的聲音來自海耶克，他在《通往奴役之路》（*The Road to Serfdom*, 1944）中，非常有先見之明地提出警語，強調社會主義和法西斯主義並不是真正的對立，而是在「方法和思路上具有根深柢固的相似性」，經濟規畫和國家控制位在一不自由的斜坡頂端，將會朝向專制、壓迫和奴役傾斜，而自由市場的個人主義才是真正通往解放的道路。

英國在贏得大戰的幾個月內，就完全忽略海耶克，開始將種種生產方式全面國有化，從工業、衛生、教育到社會。沒有幾個政治人物準備採取抵制的動作。一九五一年，若不是遭到狂熱崇拜史賓塞和理查·科布登的自由主義激進份子恩內斯特·班恩爵士（Sir Ernest Benn）的阻撓，溫斯頓·邱吉爾的保守黨政府甚至打算強制推行身份證。

德國稍微幸運一點。一九四八年七月，西德的經濟委員會主任盧迪維·艾哈德（Ludwig Erhard），主動取消食物配給並結束所有價格管制，完全交由市場來調控。美軍佔領區的督軍盧修斯·克萊將軍（General Lucius Clay），打電話給艾哈德說：「我的幕僚告訴我，你所做的是個可怕的錯誤。你怎麼看這件事？」艾哈德回答道：「將軍閣下，請不要理會他們！我的幕僚也告訴我同樣的事。」德國的經濟奇蹟就是在那一天誕生。英國則繼續維持配給制長達六年多的時間。

政府如上帝

然而，關於政府的創造論絲毫沒有消失的跡象。直到今天，儘管在二次世界大戰後，特別是冷戰結束後，自由價值再度降臨世間，很多知識界份子下意識的假設仍是基於計畫，而不是演化。儘管政客一般都被視為敗類，政府卻都被當作是一台機器，幾乎不會出差錯。在美國，政府支出從一九一三年國內生產總值的七．五％上升到一九六〇年的二七％，到兩千年時增加為三十％，二〇一六年時為四十一％，雷根（Ronald Reagan）的反革命（counter-revolution）只是政府擴張的一個休止符，不僅成為是從富裕階級到弱勢群體的福利管道，也是從中產階級再回到中產階級。許多人認為政府的規模現在已經演變到其最大的可能大小，若是再擴大下去，將無以為繼。

但政府演化的下一階段是國際化。我們這個時代的主要特徵是出現有權決定世人生活許多層面的國際官僚機構。歐盟的力量看似日益薄弱，只是在傳遞更高層級所制定的規則到各會員國。比方說，食物標準早就為聯合國的一個稱為食物法典（Codex Alimentarius）的機構所決定。銀行業的規則是根據位於瑞士巴塞爾（Basel）的委員會規定。金融規範是由設在巴黎的金融穩定委員會（Financial Stability Board）所制定。我敢打賭，你應該沒有聽說過「調和車輛法規世界論壇」（World Forum for the Harmonisation of Vehicle Regulations），這也是聯合國的一個子機構。

就是連天氣在未來都將由利維坦這部國家機器所控制。聯合國氣候變遷框架公約（United Nations Framework Convention on Climate Change）負責人克莉絲提亞納・菲格雷斯（Christiana Figueres）在二〇一二年接受採訪時，表示她和她的同事正在激勵政府、私部門和民間社會一起展開他們所經歷過最大的轉變，「工業革命也是一種轉變，但那不是從中央政策的角度來引導的轉變。這是一個中央集權式的轉變。」

然而，也許還有其他演化的力量摻雜進來。多年來政府專門提供的服務，包括醫療保險、教育與監管等，全都是最少受到自動化和數位化轉型影響的。這點可能會改變。英國政府在二〇一一年聘請了邁克・布拉肯（Mike Bracken）這位數位化的企業家，請他改造大型ＩＴ合約的管理方式。在法蘭西斯・莫德（Francis Maude）部長的支持下，他想出一套系統來取代他所謂的「瀑布」（waterfall）計畫，當中會在事先就詳細說明其需求，在預算用完和時限截止時結束，還具有一種類似達爾文系統的特色：會告知執行者從小規模開始做計畫，快速歷經失敗，在早期從用戶端獲得意見回饋，並隨之演化。

這項計畫從二〇一四年開始就有一些驚人成果，它不僅是逐步，實際上是加速單一政府門戶網站即 gov.uk 的轉名，取代一千八百個各自獨立的網站，當我採訪布拉肯先生，詢問這項計畫時，我意識到，他所描述的正是和創造論恰恰相反的演化過程。蒂姆．哈福德（Tim Harford）在他二〇一一年的《適應》（*Adapt*）中曾指出，無論是制裁伊拉克，設計飛機還是寫一齣百老匯音樂劇，成功的執行長都會允許大量低成本的試誤學習，並且增加變化。從世界經濟到雷射印表機，我們使用的一切都是一小步一小步累積出來的，而不是來自於什麼了不起的大計畫。

道格拉斯．卡斯韋爾（Douglas Carswell）在《政治的終結I和民主的誕生》（*The End of Politics and the Birth of iDemocracy*）一書中表示，菁英階級弄錯了一件事，「他們不斷在尋求一套設計管理辦法，殊不知這世界最好的組織方式是由下而上自發產生的。」公共政策之所以失敗，主要原因是在於規畫者太過相信所謂的精心設計。「他們一直都低估了自然、有機安排的優點，沒有認識到最好的計畫往往就是不要計畫。」

第十四章

宗教的演化

再者，當
整個大地在人們腳下搖動著，
當許多被震動的城市崩下了
或者搖搖欲墜的時候，
那就還有什麼可奇怪，
如果人們鄙夷輕視自己，
相信世界上有神靈的偉大威力
和神奇的本領來指揮一切？

盧克萊修，《物性論》，第五卷，第一二三六～一一二四〇行

在西斯汀教堂的天頂，米開朗基羅描繪出亞當和神手指相互碰觸的場景。在一個未受過教育者的眼中，看不清究竟是誰在創造誰。我們理當假設是神在負責創造的工作，而這世界上大多數的人確實也是這樣想的。不過對任何研讀過古代世界史的人來說，這一切恰恰相反，一如賽琳娜・奧格雷迪（Selina O'Grady）的著作，其書的標題就直接切入此一主題：《人類創造了神》（*Man Created God*）。上帝顯然是人類的想像力虛構出來的，無論是以耶和華、基督、安拉、毗濕奴，宙斯或任何其他形式的神。這份宗教衝動不僅僅侷限於正規的宗教，也創造出鬼怪、占星術、據稱可以跟靈界溝通的通靈板（ouija boards）乃至於大地之母蓋亞；這解釋了各種形式的迷信，從將地球的精神歷史認定為一種生命體的生物動力農耕（biodynamic farming）、陰謀論、外星人綁架一直到英雄崇拜。這所表達出來的，正是丹尼爾・丹尼特所稱的「尋求意圖的立場」（intentional stance），這是一種本能，一種支配人在這世界每一個角落或裂隙都意圖尋求目的、支配者和力量的衝動。大衛・休姆在他的《宗教的自然史》（*Natural History of Religion*）中寫下「我們在月球上看出人臉，在雲端看到軍隊……並且將傷害或取悅我們的每一件事情歸因於惡意和善意的行使」。

將每一片葉子的形狀，每一起死亡的時間歸因給一位無所不能的神心血來潮的傑作，這樣一股本能的衝動可能也發展成一種自上而下的觀點。不過，這裡我所要強調的重點在於，這現象只能用文化演化來解釋，只是當中的一個例子，所有的神和迷信都是出現在人的腦中，並隨著歷史的開展獲得不同的特徵，並且出現意料之外的轉變。換言之，即使是人類文化中最為由上而下的一項特徵，實際上也是來自於由下而上的突現現象。

奧格雷迪生動地描述了基督教如何在公元一世紀從羅馬帝國百家爭鳴的宗教狂熱中脫穎而出的故事，在那時角逐全球勢力的宗教中，基督教絕對稱不上是最有前景的候選人。當時，羅馬的「單一市場」發展成熟，足以出現個一獨佔的宗教。帝國通常在很大的程度上會臣服於單一一個宗教的統治，就像是希臘的宙斯、波斯的瑣羅亞斯德、中國的儒教、印度孔雀王朝的佛教以及阿拉伯的穆罕默德。

在公元一世紀的羅馬，每個城市都有相互競爭的信仰和神祕宗教，它們通常不會彼此嫉妒排擠——只有猶太人的神無法容忍其他神。崇拜邱比特（Jupiter）和巴力神（Baal）、女神阿塔迦蒂斯（Atagartis）和西芭莉（Cybele）的寺廟比鄰而建。整合是在所難免的趨勢，正如現在上千家獨立咖啡館正由星巴克這類提供卓越產品的兩三家大型咖啡連鎖店所取代一樣，宗教連鎖也不可避免地接管羅馬帝國。奧古斯都本人盡了一切努力來扮演神的角色，但這對埃及的亞歷山卓城（Alexandria）的商人或是小亞細亞的農民起不了什麼作用。

在一世紀中葉，崇拜提亞納的阿波羅尼奧斯（Tyana of Apollonius）的宗教信仰看似最有潛力征服整個帝國。就跟耶穌一樣，阿波羅尼奧斯（更為年輕，但他們的時代有重疊）能夠使死人復活，創造奇蹟，驅除惡魔，宣揚慈善，並且死而復活，至少在精神層次上是如此。但跟耶穌不一樣的地方是，阿波羅尼奧斯在整個近東地區非常出名，是位著名的畢達哥拉斯派知識分子。早已有人預言他的出生，他立誓禁慾，不喝葡萄酒也不穿動物的皮毛。從各方面來看，他比那位巴勒斯坦的木匠要成熟許多。他周遊世界各地，讓一位元老的孩子死而復活。他的名聲傳遍羅馬帝國，甚至揚名海外。當他到達巴比倫時，安息國王瓦丹尼斯（Vardanes）將他當作上賓接待，並邀請他留下來，任教一年。然後，他向東旅行，來到今天的阿富汗和印度，從此以後再也沒有出現。他失踪很久後，崇拜他的宗教曾與猶太教、瑣羅亞斯德教和基督教競爭。然而最終還是日趨式微。

這件事要怪就怪在大數的掃羅（Saul of Tarsus）身上，也就是日後世人所稱的聖保羅（St Paul）。阿波羅尼奧斯有一位動作緩慢的希臘編年史家當他的傳道者，名叫菲羅斯特拉圖斯（Philostratus），耶穌則很幸運地得到這位辯才無礙、但有點怪異的法利賽人來協助他，他著手重塑並改造對耶穌的崇拜，將其轉化為普世的，而不只是猶太人的信仰，意欲吸收希臘人和羅馬人。聖保羅相當具有洞察力，他明白對耶穌的崇拜可以吸引到當時的窮人和遭到剝奪的人。其教義斥責財富、權力和一夫多妻制，基本上就是設計來吸引那些沒有什麼可以失去的人。至於基督徒最終是如何說服羅馬皇帝君士坦丁（三個世紀之後）轉而信仰這個宗教，至今仍然是個待解的謎題，但肯定和其新教條中的民粹主義訴求脫不了干係。在此之後，基督教得以征服地球上大片區域的功勞，多半都要歸功於其信徒的權力和說服力。從狄奧多西皇帝（Emperor Theodosius）開始，這場宗教競賽中所有其他參賽者全都遭到無情而暴力的撻伐。

總之，基督教興起的故事可以在不提及任何神的幫助下就講完。這就跟其他任何一種歷史上的運動一樣，這是一種人為的崇拜，是一種人心之間的文化蔓延，是文化演化的一個自然例子。

諸神的可預見性

更多證明神是由人造出來的證據來自於神的演化史。這是一個鮮為人知的事實，但神確實也會演化。在人類歷史上，不僅從多神教到一神教是一穩定而漸進的變化，就是連神性都是如此，從恰好具有不朽之身的敏感、愚蠢、粗魯到貪婪的人類，轉變到沒有形體的聖靈，居住在一個完全不同的國度中，主要關注的是美德。比較一下舊約中那位急欲復仇和容易發怒的耶和華，和今日可親可愛的基督教上帝。或是老是打情罵俏，充滿嫉妒心的宙斯與沒有形體的真主安拉，或是充滿報復心的希拉和慈善的馬利亞。

狩獵採集社會中的神靈在治理大地時，用不到祭司，也少有一致的教條。在早期定居社會中的神，雖然有所組織，會由專人以儀式來傳達其教條與服事，既「不受道德良心的拘束，也對人的道德不感興趣」——套句巴黎高等師範學院尼可拉斯．波馬赫（Nicolas Baumard）和人類認知學家巴斯卡．保耶（Pascal Boyer）的話。這種對道德的漠視也是蘇美人、阿卡德人、埃及人、希臘人、羅馬人、阿茲提克人、瑪雅人以及印加帝國、古代中國和印度各地諸神的特色。

一直要到很久以後，在世界上的某些地區，顯然是生活水準足夠高到引起一些人，好比說是嬉皮，對於純粹的苦修以及更高理想的嚮往，突然之間神才關注起道德規範。牧師發現要求自我犧牲的苦行反而會讓教徒產生更大的忠誠度。有時這樣的轉變是經由改革發生的，好比說是猶太教和印度教，更多的時候只是在原有信仰中出現新的道德教條規範，如起源於印度的耆那教（Jainism）、佛教、道教、基督教和伊斯蘭教。這些懷有道德感的神靈顯然具有強烈的嫉妒心，或多或少排擠掉那些道德中立的宗教，甚至連那些具有道德準則但沒有迷信想法的都不放過，諸如畢達哥拉斯教派、儒學與斯多噶主義。值得注意的是，他們似乎都提倡「己所不欲，勿施於人」的金律——正如佛教、猶太教、耆那教、道教、基督教和伊斯蘭教的戒律所展現出來的。波馬赫和保耶認為這些宗教之所以能成長茁壯，是因為他們訴諸於人類尋求互惠和公平的本能，強調行為和超自然力量的回報以及罪惡和懺悔之間的比例關係。換句話說，神透過適應人性的某方面特徵以及其身處的環境而演化。人對他們的創造具有雙重的意涵，是在無意與有意間，既跟隨人類的演化（human-evolved）的腳步，也同時是人類的發明（human-invented）。

正如羅馬成熟到適合基督教，阿拉伯之於伊斯蘭也是同一回事。廣袤的阿拉伯帝國必然會孕育出自己的普世宗教，也許可能是那個排擠其他宗教的，但最後是由穆罕默德這個版本，不可避免地勝出——歷史上主要宗教（Religion）的出現都是可以預見的，但整個宗教（religions）的普遍狀況則否。然而，在這個例子中，我們可以很確定地說，整個因果剛好倒了過來：一個宗教催生出一個帝國。公元六一〇年，當時生活在麥加這異教徒沙漠小鎮的穆罕默德，從天使手中得到古蘭經，那時這個區域由於商隊貿易而蓬勃發展起來，他接著又在神的幫助下打贏一場戰爭，征服阿拉伯。正如人們常說的，比其他宗教創始人，我們對穆罕默德的生平了解得更多。

先知的演化

或者該說是我們自己的演化？事實上，這些傳記中每一個事實都值得懷疑。除了在公元六百三十年左右，基督教文獻中簡短提到有一位撒拉遜先知，穆罕默德在世時沒有留下任何他生平的記事，要到公元六百九十年，穆斯林世界才第一次公開提到他，而詳細的傳記則在穆罕默德身後兩百年才問世。歷史學家今日重建出近東地區的古代晚期面貌，發現麥加並不是當時貿易的主要中心，實際上要到公元七四一年才有史料記載這個地方。顯然，古蘭經也不是在一個異教社會中書寫下來，而是在一個徹底的一神論社會中，當中有大量的基督徒、猶太教和拜火教的傳說。古蘭經對聖母馬利亞的描述比新約聖經還要多，還有一些概念也與消失很久的死海古卷相近，這在公元六世紀初期時應當默默無聞，而且一定是從古老傳統流傳下來的。古蘭經中充滿猶太教和基督教文學的細節，不可能是單獨由一個貿易商編彙出來的選集，更不用說還是來自異教徒且充滿文盲的社會。

事實上，編纂古蘭經的人跟阿拉伯半島中部一點關係都沒有，倒是和巴勒斯坦的邊緣以及約旦的河谷很有關係，當中提及的部落名稱、能夠辨識出來的場所以及牛隻、橄欖等動植物都不曾出現在阿拉伯的沙漠中。古蘭經中提到伊斯蘭教先知羅德（Lot）的事蹟、索多瑪和鹽柱的故事，暗示它幾乎一定是發生在某個地方，而且從當中所描述的鹽的特性來看，幾乎可以肯定就是死海附近所產的鹽。阿拉伯北部，剛好就在羅馬帝國的邊界之外，長久以來一直是滋養流亡猶太教和基督教異端的地方，每種教徒都帶有不同的傳統，有一些還混合著波斯拜火教的特色。許多學者認為這裡正是古蘭經描述的實際場景。

傳統的替代方案當然需要信仰的一大跳躍。正如歷史學家湯姆·霍蘭德（Tom Holland），在他所著的《劍的影子》（*In the Shadow of the Sword*）中所言，「麥加，一如那些先知的傳記所告訴我們的，是一個異教徒扎根已久的城市，沒有多少猶太人或基督徒存在，與世獨立於廣大空曠的沙漠中。那麼，我們要怎麼解釋一個發展完全的一神教就這樣突然出現，還提到亞伯拉罕、摩西和耶穌呢？難不成真的是個奇蹟嗎？」

對於那些不接受奇蹟的人，更可能的解釋似乎是古蘭經應當可以肯定是由古老文本編彙而成，不是公元七世紀才出現的一份新文件。它就像一座許多河流流過的湖泊，一個經過好幾個世紀一神論的融合和爭辯所浮現的藝術作品，最終才在阿拉伯人不斷擴張，推倒羅馬和波斯薩珊王朝的古老權力後，於新統一的帝國中，在先知的手上，獲得其最終的形式。湯姆·霍蘭德對此一過程做了生動地描述，說它是從古代的苗床上綻放出來的，並非砍斷古代脖子的斷頭台。書中的許多片段來自羅馬帝國的政令宣傳、基督教的聖徒故事，諾斯替教派福音書（Gnostic gospels）和古代猶太教的斷簡殘篇。

霍蘭德接著推測阿拉伯文明的興起緣由，以及順勢打造出的新宗教的可能方式。公元五四一年查士丁尼瘟疫大爆發，重創（拜占庭）羅馬和波斯帝國的各大城市，只有這兩個帝國南方邊緣的遊牧民族沒有受到太大影響。比起城市居民的房子，游牧民族的帳篷少了很多長跳蚤的老鼠，這大幅減少了瘟疫的問題。在瘟疫之後，帝國邊境的部分區域杳無人煙，一片荒蕪，也沒有設防，這讓遊牧民族有機可趁，擴大他們的地盤，入侵到那裡肥沃的土地上。公元七世紀早期，君士坦丁堡和波斯之間爆發一場大戰，首先是波斯人戰勝，後來則是羅馬人勝出，戰事消耗掉這兩大霸權的權力，也進一步助長了邊緣游牧部落的勢力。古蘭經中有許多線索，顯示這場大戰正是其成書的背景，還呼應到東羅馬拜占庭帝國皇帝席哈克略（Heraclius）的活動和他企圖穿上亞歷山大戰袍的野心。

只有以回顧過去的後見之明，才能將穆罕默德奉為先知，將遜尼派的傳統具體呈現，並寫下聖訓，賦予穆罕默德一個寫實而詳盡的生平。到那時，阿拉伯人已建立起一龐大的帝國，帶有堅定但脆弱的自信，顯然還決心要消除伊斯蘭教傳統中任何關於基督教和猶太教等異教徒信仰的蛛絲馬跡。於是故事就這樣出現，穆罕默德在突然之間，無中生有地創造出伊斯蘭教，宛如奇蹟。事實上，在公元六百九十年到七百年之間，新登基的倭馬亞阿米爾（Umayyad Amir）王朝的馬利克（Abd al-Malik），開始刻意散播先知的傳說，這時才首次提到他的名字。「以上帝之名，穆罕默德是上帝的使者」就刻印在他發行的硬幣上。他這樣刻意的作為是為了將他帝國的宗教與其競爭對手羅馬人分開，建立起一個不只是改革基督教的版本，而是「迎面痛擊羅馬人迷信的卑劣」，用湯姆．霍蘭德的話來說：「在阿拉伯東征西討的狂潮下，在其所散播開來種種信仰留下的殘骸遺跡中，有件事是連貫一致的，必須塑造出展現出神的印記的某樣東西。簡言之，就是一個宗教。」因此，伊斯蘭教與其說是阿拉伯人展開征服的原因，倒不如說是其結果。

這並不是穆斯林與眾不同的地方。基督教和猶太教也是如此，他們都巧妙地建構出過去的故事，用以掩蓋其真正的起源。這一點我們在最近摩門教（Mormonism）和山達基教（Scientology）的宗教改革中看得更清楚。想想後期聖徒教會（Church of Latter-Day Saints:）那些不可思議的故事：一八二〇年代在紐約州北部，一位貧困的業餘寶藏獵人，因為被指控假冒尋找失落寶藏而受審，這位名叫約瑟夫・史密斯（Joseph Smith）的人，聲稱他獲得天使的指示，去到一個地方，挖出了一塊黃金板，上面刻有古老的文本和文字，而他發現他竟可以奇蹟般地將其翻譯出來。從那以後，他說，他將黃金板藏在一個箱子中，天使告訴他不可以對任何人展示。可是最後，他決定要出版他的翻譯。幾年後，他口述出這五百八十四頁的翻譯，後來發現內容是以詹姆斯國王版的聖經（King James Bible）風格寫成的，還是北美一些早期住民的歷史，他們在基督出現前幾百年，就從巴比倫搭船航行到北美，都信仰耶穌。

這故事有兩種可能性，其一這是真的，不然就是約瑟夫・史密斯編造的，其中一個比另一個合理許多。但對我來說，這故事最重要的地方在於，幾世紀以來創造出的這一宏大事業，用以區分摩門教和基督教、伊斯蘭教或猶太教之間的不真實性。畢竟，摩西也是走到一座小山坡上，下來之後就帶著寫好的神諭。在我看來，所有的宗教都是人創造出來的。

麥田怪圈學的崇拜

我自己在這個問題上也獲得頓悟，就跟發生在摩西、大數的掃羅或是約瑟夫·史密斯身上那樣的不可思議——嗯！幾乎是這樣。事情是發生在一九九〇年代初期，那時我捲入了關於麥田怪圈起源的爭論。當我第一次讀到在英國鄉間的小麥和大麥田中出現工整的圓形圖案時，在我看來這顯然是有人刻意製造的。有人找到推倒農作物的方法，畫出一個工整的圓圈，推測這是去酒吧後想到的開玩笑的方法，絕對比外星人或某種未知的物理力量突然出現在威爾特郡來得更合理，這些人在晚上進行他們的計畫，沒有人發現，沒有什麼特別原因，只選擇靠近道路的農田。這樣的推論最起碼應該當作這起事件的虛無假設吧！

所以，我做了一件很合理的事情。我自己去製造了一些麥田怪圈，想看看這件事做起來有多容易。我的第二次嘗試就已經夠好了，足以矇騙過當地農民，讓他興奮不已。在一個姊妹和兩個連襟的加入下，我加入了超自然粉絲組織推出的噩夢般的麥田圈競賽，宗旨是展現出要製造這樣的「騙局」是如何地困難。我們的研究結果和其他參加的團隊卻得出相反的結論：這很容易製造。然而，麥田圈的熱潮卻一發不可收拾，甚至催生出書籍、電影、旅行團，乃至於「麥田怪圈學」（cereology）的機構，顯然沒有人有勇氣，或是有足夠的動機堅持這很可能是人為的。不久後，真的開始有人透過「麥田教」的書籍和講座來謀財。圓圈的構造變得日益複雜，而且越來越多跡象顯示出這是人為造成的。不過，現在對這些麥田圈的解釋集中在形狀是草地線、外星飛船、離子漩渦、球狀閃電或量子場之類的東西上。有些人認為這是來自大地之母蓋亞的訊息，告訴人類必須要起身對抗全球暖化。這些行徑怪異的麥田圈製造者，輕而易舉地將整片田地變成偽科學炫耀的表演場。

我動筆寫下這一切，對大家毫不思考這些麥田圈是人造的不理性態度稍加嘲諷，結果卻遭到圍剿，被當作是一個思想封閉，不願接受超自然原因的白痴，試想一下，面對這樣的反應我有多麼驚訝。問題出在我無視於麥田圈學界中指責我錯了的「專家」。我發現大家把我當成一個異教徒一般對待，還有一兩個相當凶狠的攻擊。記者，還不是來自小報的，是和《科學》雜誌以及電視台紀錄片團隊合作的，不斷溫順地重複那些自稱是「麥田怪圈學家」的虛假論點，他們說麥田怪圈是人造的說法非常令人難以置信，他們駕輕就熟、一派自若地以權威的身分來表達這些想法。我第一次明白媒體是多麼容易輕信他人言論，對任何自封為權威的人所表達的任何意見，都不加思索地予以推崇。將「學」（-ology）這個字加在你的偽科學之後，就可以將記者馴服成你的宣傳工具。我看過蒙提．派森的宗教諷刺喜劇《萬世魔星》（*Monty Python's Life of Brian*），但沒有想到它竟然如此真實地在現實生活中上演。

一個電視團隊做了件理當做的事，他們找來一群學生，讓他們在晚上去製造一些麥田怪圈，然後詢問頂尖的「麥田怪圈」專家特倫斯．米登（Terence Meaden）這是「真的」還是「假的」——也就是人造的。他在鏡頭前向他們保證這不可能是由人做出來的。於是，他們告訴他，這個怪圈是前一夜才造出來的。這人頓時目瞪口呆，說不出話來。這是一個很棒的電視節目。然而，即使是這樣，節目製作人到最後，還是站在麥田怪圈專家的那一邊：當然，不是所有的麥田怪圈都是惡作劇，僅此一個。耶！神！

那年夏天，道格．鮑爾（Doug Bower）和戴夫．邱爾利（Dave Chorley）坦承他們是這場一九七八年開始的整場熱潮的始作俑者，供認這是在酒吧喝了一晚之後的傑作。他們還提供具體的日期、時間、技巧等這些大量具有說服力的細節。一家報紙委託道格和戴夫再製造一個怪圈，然後請了另一位頂尖「麥田怪圈專家」帕特．德爾加多（Pat Delgado）來判斷其真實性。德爾加多也因為堅持這個麥田怪圈不可能是個「騙局」而讓自己出醜。所以就此戳破這個泡沫了嗎？並沒有。「麥田怪圈學」專家迅速趕往電視上表示，道格和戴夫是在胡說八道。（這裡再次看到布萊恩的精闢見解：真正的彌賽亞會否認他自己是個救世主。）大家還是繼續相信這一切。在英國這個國家的一些地方，仍然有人對此執迷不悟，但我現在可以很欣慰地說，麥田怪圈學家正逐漸淡出舞台，乏人問津。就連維基百科現在都寫著，麥田怪圈（大部分）是人造的。但是，忠實的信徒仍然存在。最近有一本書主張，像我這樣的人是「英國政府、中情局、梵蒂岡以及大眾媒體中他們的盟友，為了對公眾洗腦，滲透進這類的揭穿活動」。

迷信的誘惑

我永遠不會忘記這次的經歷，它讓我明白人是如何輕易地接受超自然的解釋，相信「專家」（或先知），即便他們公然造假，偏好任何除了世俗和明顯的解釋，並且將任何對此表示懷疑的人當作可以大加撻伐的異端，而不是接受理由和證據說服的不可知論者。當然，麥田怪圈太過微小，不足以引發一個全新的宗教，但這就是我的重點所在。就是連這樣平庸的東西，都能夠輕易引發一股超自然熱潮。在那一刻，我明白了約瑟夫．史密斯、耶穌基督和穆罕默德以及其他許多人是如何設法說服其追隨者，讓人相信他們曾親眼目睹神的作為（不論他們是否真的有這樣的經驗）。文學評論家喬治．史坦納（George Steiner）在他的著作《絕對的鄉愁》（*Nostalgia for the Absolute*）中表示，人會受到簡化世界，並能解釋一切的更高一層的真理所吸引。他們十分懷念中世紀宗教那樣簡單純粹的教義。

本章宗教起源的中心主題是，它們都是人造的，就像麥田怪圈一樣，而且也歷經過演化。宗教現象遠比後來的傳說所承認的更為自發。就跟技術創新一樣，它們是從種種變異中選汰出來的結果，是來自於文化實驗的中試誤學習。其特點是由它們所處的時代和地點所選擇。透過這些宗教，我們得以瞥見世人是多麼容易受到關於這世界的規範性解釋所矇騙。

不只是神學將宗教描述成一種自上而下的現象，在人類的組織中也是。宗教時時刻刻都堅持以權威為依歸。你應該做這做那，因為教宗或古蘭經或地方上的牧師說你該這麼做。幾個世紀以來，世界上絕大多數的人都說服自己，人之所以能夠道德行事就是因為聽從指令，所以要是沒有這類迷信，就不會有道德的行為。牧師不斷堅持，遵從和後果、禱告和好運或是罪惡與疾病之間的關聯。在十七世紀，像奧利弗．克倫威爾這類的將軍，會將戰場上的成功完全歸給神，這樣的堅持就跟特洛伊戰爭的英雄一樣。這並不總是一個好的策略。公元一世紀，中國的皇帝王莽之所以遭到推翻，主要就是因為他盡一切努力來跟隨上天的預兆，無視於人民的需求。

天鉤的思維也不僅侷限在信仰「神」的宗教中。它激發對它們心懷信仰的各種活動，從馬克思主義到唯靈論，從占星術到環保運動。心靈感應、靈魂、鬼以及其他超自然力量的表現，在其最核心都是展現出不願接受巧合的心態。神祕主義者堅持是某樣東西造成巧合的，是某樣東西讓夜晚有異象出現。

要激發迷信是非常容易的，而且還不限於人。心理學家史金納（B.F. Skinner）將鴿子關在籠子內，當中擺了一台會定期投食的機器。他注意到，一些鴿子似乎確信，牠們在食物出現前做的動作，就是造成食物出現的原因。因此，這些鴿子便開始重複這些習慣。一隻會逆時針旋轉，另一隻使勁將自己的頭推到角落，第三隻則是搖動自己的頭。史金納認為這項實驗「或可解釋成這是一種迷信行為的展現」，並推測在人類行為中也有許多類似之處。

人類很容易受到迷信的影響。我們的心態早已準備好要將無生命物體的一舉一動歸因給某個支配者，要去相信水晶具有療癒的能力，老屋裡都有鬼，某些人能夠展現巫術，有些食物具有神奇的保健功效，並且在某個地方有人在監看著我們。這樣一種尋求意圖的立場是具有演化意義的，因為在石器時代它必定挽救了許多生命。要是你對草地上沙沙作響的動靜或各種突然發出的聲音都產生懷疑，都將其當成是可能的敵人，你可能會活得更長。若是，偶爾這讓你誤將自然的巧合判斷成是什麼邪靈作祟，那又何妨呢？反正不會造成什麼傷害。各種所謂的神經神學家（neuro-theologist）都宣稱在大腦內找到這種過度活躍的意向探測器的證據，或是某種基因變異讓有些人的這個區域變得比其他人更為活躍。到目前為止，很少有一致的結果。

不過事實是，在一定程度上，我們全都具有這樣的意向，這就是為什麼在世界上的每個角落，在歷史上的每個時代，都會發現宗教信仰，而理性懷疑者則是罕見的，通常也是孤獨的姿態，這使得盧克萊修、史賓諾莎、伏爾泰與道金斯被視為異端。事實上，對這點的認知會產生一個悖論：如果信仰（以這個詞的廣義定義來說）是普遍的，那再多的論點也沒有辦法熄滅它，而在這層意義上，神的確存在——不過就只是存在於我們的腦海裡，不是在外界。基於這個原因，神經神學在信徒之間還頗受歡迎的，因為他們認為這門學科強調無神論者怎麼說是徒勞無功的，而不認為它意味著神是我們創造出來的。

重要的妄想

這不可避免地產生一後果，正如英國作家、文學評論者以及神學家切斯特頓（G.K.

Chesterton）所言，當人停止相信某樣東西的時候，他們不是不相信一切，他們變得什麼都相信。歐洲基督教崇拜的衰退伴隨著其他種種迷信和信仰的出現，佛洛伊德、馬克思和蓋亞等學說也盛行起來，這絕不是巧合。事實上，在我自鳴得意地挖苦占星術、心靈感應、靈魂和貓王崇拜之前，我得坦承，科學家就跟我們大家一樣有這種尋找意圖的傾向，容易走向信仰。我對自己區分偽科學和真實科學的能力所懷有的信心日益減少，而不是增加。我大概可以確定天文學是一門科學，而占星術是偽科學；演化論是科學，而創造論是偽科學；分子生物學是科學，而順勢療法是偽科學；接種疫苗是科學，而接種疫苗的恐慌是偽科學；氧氣是科學的，而燃素是偽科學；化學是科學，而煉金術是偽科學。我也敢肯定，相信牛津伯爵寫出莎士比亞是偽科學，還有相信貓王還活著，戴安娜王妃遭到軍情五處謀殺以及甘迺迪被ＣＩＡ刺殺和九一一恐攻是內神通外鬼的說法也都是。另外還有鬼魂、飛碟、心靈感應、尼斯湖水怪、外星人綁架事件以及所有的超自然現象。

不過，比較有爭議的地方在於，我也認為佛洛伊德所說的許多也是偽科學。正如哲學家卡爾．波普（Karl Popper）在他那篇〈猜想與反駁〉（Conjectures and Refutations）一文中所指出的，馬克思、佛洛伊德和愛因斯坦的觀點，在他於維也納成長求學時，全都具有強大的解釋力量。但他很快就意識到，蒐集各種驗證並不是判斷理論真偽的正確方式。關鍵在於它們是否可以證偽。愛因斯坦的想法可以通過一個簡單的實驗來證實真偽，但似乎沒有任何東西會困擾到馬克思份子或佛洛伊德學派（或是阿德勒的追隨者，波普本人最初也名列其中）。正是因為任何事件似乎都符合馬克思或佛洛伊德理論的預測，在他的崇拜者眼中，這理論極為強大，「它開始在我眼前展現曙光，這樣明顯的力量，其實正是它們的弱點所在。」這透露出，當理論遭到事件的反駁，他們的追隨者只是簡單地解釋與理論不相符之處。在馬克思的例子中看來，關於革命發生的方式與地點的預測都接二連三被證明是錯的，但馬克思主義的追隨者只是一再地重新詮釋理論和證據。「如此一來，他們便能拯救理論，使其不致招到駁斥；但這樣做的代價是納入一個使其無法加以反駁的裝置，讓人無法證偽。」

對我來說，理論的神祕色彩正是不值得信任的特徵，它是不可證偽的、訴諸於權威，在很大程度上靠的是軼事傳說，讓共識成為一種美德，（看看有多少人跟我一樣這樣相信！）並且它需要道德制高點。你會發現大多數宗教都具有這樣的特點。

就跟宗教一樣，科學作為一個機構，一直以來都受到確認偏誤的誘惑。要將其轉變為偽科學意外地容易，甚至是在菁英專家的手中（也許更是如此），特別是在預測未來時，以及大筆經費當前的時候。

迷信的一種形式是輕率地往「生機」（vitalism）論的方向退去。這是一個古老的觀念，相信活體組織具有一些特殊的和特別的特性。然後再納入其所含的碳氫氧和所有其他浮誇的說辭，最後推測活細胞應當具有一些神祕的重要成分，使它「活起來」。幾個世紀以來，生機論者早就失勢沒落。一八二八年以人工方式合成尿素這種向來只有生物才會產生的特定物質，這無異是對生機論給予一記痛擊，打破了化學要尋找生機原則的觀念。生機論者又退到物理學，以及之後的量子物理學，在那裡他們再度提有神祕的特殊性質存在的可能。但隨著DNA結構的發現，這觀點也被擊退。當然，就某方面來說，還是可以辯稱雙螺旋結構也等於是證實活組織具有一些特殊和特別的性質，好比說其數位化的訊息中包含有自我複製與利用能源等合成機制的指示。當時沒人料想得到生命的祕密，竟然是以四個字母中挑出三個字母所構成的詞組這樣一種無限組合的數位形式來傳達訊息。這並不是當時的生機論者所預期的，生命來自於訊息，這看起來太過平凡——儘管實際上這可是人類腦中能夠想出的最美麗的一個觀念。於是，一九六六年，在闡明遺傳密碼的意義後，法蘭西斯・克立克很有自信地宣稱生機論已死，可以將其埋葬。

只是它仍然以各種偽科學的形式借屍還魂，流傳下去。順勢療法便是以生機論為基礎發展出來的。它的創始人山繆・哈內曼（Samuel Hahnemann）認為疾病「僅是讓人有活力的某種精神力量（生機原則）出現類似精神（動態）的紊亂所導致」。有機農業也起源於生機論，其創始人魯道夫・史坦納（Rudolf Steiner）認為，為了「透過宇宙和地球的力量來影響地球上的有機生命」，有必要「刺激土壤中活化和協調的過程」，他明察秋毫地洞察到這樣的道理。要實現此一目標的籌備工作包括將各種材料放在牛角裡，舉行儀式，將其埋起來，這樣它們就能夠像天線一樣，接收宇宙的波動。這些「生物動力」的迷信基本上已從主流的有機運動中淡出，但其對特定農業技術的信念基本上還是帶有神祕色彩，好比說可以使用硫酸銅農藥，卻不能使用基因改造作物等其他東西。

氣候之神

工業排放的二氧化碳在未來將造成危險的全球暖化，這理論儘管比上述這些迷信更為科學，但還是納入了宗教的色彩，任何對此表示質疑的人，很快就能體會到這一點。二氧化碳是溫室氣體，這一點是毫無疑問的，在其他條件不變的情況下，二氧化碳濃度升高確實會導致氣候暖化。這樣的暖化，根據理論的說法，其本身並不危險，但其效應會被暖化初期所釋放到大氣中的額外的水蒸汽大幅放大，且規模之大，速度之快，可能會引發威脅全球的災難。它也將壓倒性地蓋過所發生的任何氣候自然變化。就這層意義來說，二氧化碳排放成了氣候的「控制樞鈕」（control knob）。

暖化的議題非常龐大，遠超過本書的範圍，但越來越多的科學家告訴我，他們擔心這當中自上而下的觀點太過強大。二氧化碳的濃度只是許多影響因素的其中一個，還有非外部原因的「內在變因」（internal variability）。這些懷疑者，如喬治亞科技研究所（Georgia Institute of Technology）的朱迪斯・庫里（Judith Curry）認為，這解釋了為何最近這幾十年來氣候暖化的速度不如預測的快。這也解釋了南極冰芯所展現出的溫度和二氧化碳之間的明確關係，地球在歷經多次冰河時期的歷史中，這兩者之間的關係和理論所預測的完全相反。二氧化碳的含量變化是隨著溫度起落而增減，不是先於溫度的變動。效應不可能在原因之前發生，我們現在幾乎肯定冰河時期是地球軌道的變化所引起的，二氧化碳僅扮演次要的角色，若真的有什麼影響，也只是強化冰河時期的發生。簡言之，目前出現過度強調二氧化碳就是造成全球氣溫變化主因的趨勢，而不只是許多影響中的其中一種。

尋求簡單的原因是宗教的典型特色。當然，在懷疑者提出上述的論點時，經常會碰到一系列以宗教性為主的論點的回應，說他們是真理的「否認者」，他們的立場是不道德的，因為這忽略子孫後代的需求，或者說，他們應該接受大多數人的共識。但是，科學的重點，乃至於整場啟蒙運動所推動的，就是拒絕來自於權威的論點。物理學家理查．費曼說科學就是相信專家的無知。觀察和實驗才是王道。聽到一些科學家，至少是在氣候學的領域，堅持認為只有一種權威的真實聲音，只會讓人想起宗教，而不是啟蒙。此外，科學的一致結論只是氣候可能變暖，而不是暖化將會很危險。

另一種宗教式的說法是，沒錯，也許暖化不太可能引發災難，但只要有這樣的可能，即使這樣的機率微乎其微，只要有我們能預防止它發生，不管有多麼麻煩，都值得一試。這是一種帕斯卡賭博論證（Pascal’s wager）：帕斯卡認為就算上帝存在的可能性微乎其微，最好還是要去上教堂，以防萬一，因為如果他真的存在，你所得的好處是無限的，如果他不存在，麻煩也是有限的。在我看來，這是一個非常危險的教條，這合理化此時此刻對弱勢群體造成的真正痛苦，只是基於預先阻止厄運發生的這樣一個薄弱的可能性。優生學的推動者也使用相同一套論點：高貴的目的可以正當化殘忍的手段。此外，這種帕斯卡賭博論證的思考模式也適用於所有其他可能發生的災難，讓目的與手段具有同樣的正當性。要是可再生能源達到大規模時，證明會破壞環境，產生重大危害時，我們該如何是好？旨在防止全球暖化所提出的生物能源政策，因為帶動糧價上揚，每年已造成數十萬人喪生。

各界反對的懷疑論者，從已故的美國暢銷書作家和影視導演還有「科技驚悚小說」之父之稱的麥克·克萊頓（Michael Crichton）、諾貝爾物理獎得主伊瓦爾·賈埃弗（Ivar Giaever）、澳洲前首相約翰·霍華德（John Howard）到英國前總理奈傑爾·勞森（Nigel Lawson）也都曾做過類似的比喻，強調現在關於氣候的論點變得帶有非常強烈的宗教色彩。我們得知，我們正在犯罪（排放二氧化碳），我們有原罪（人類的貪婪），從伊甸園（前工業化世界）中遭到放逐，為此我們必須認錯（譴責不負責任的消費），並為此贖罪（以繳納碳稅的方式），悔改（堅持政治人物要呼籲警示氣候變遷），並尋求救贖（可持續性）。富人可以購買贖罪券（碳補償）好讓他們問心無愧地繼續開私人飛機，但沒有人該放棄信仰（二氧化碳），正如經文（聯合國旗下的政府間氣候變遷專門委員會的報告）中所明示的。所有人都有責任譴責異端（以下簡稱「否認者」），尊崇聖人（高爾），聽取先知（政府間氣候變遷專門委員會）的話。如果我們不這樣做，那肯定審判日（不可逆的臨界點）離我們不遠了，屆時我們將處於地獄烈火（未來的熱浪）之中，感受到神的憤怒（日益惡化的暴風雨）。幸運的是，上帝已經為我們送來必須有所犧牲的徵兆——我有時對風力發電場看起來有多麼像耶穌基督在各各他山上釘在十字架上的場景感到震驚不已。

當拉金德．拉帕喬里（Rajendra Pachauri）在二〇一五年二月辭去理應是中立和科學的政府間氣候變遷專門委員會（Intergovernmental Panel on Climate Change 簡稱ＩＰＣＣ）的主席時，他給聯合國祕書長的辭職信中散發出對某種論調，「對我來說，保護地球，維繫所有物種的生存和我們生態系的可持續發展，不只是一個任務而已。這是我的信仰，我的佛法。」法國左派哲學家帕斯卡．布魯克納（Pascal Bruckner）對氣候政策嚴詞批評，他表示，「環境是新興的世俗宗教，尤其是在歐洲，正在從一個不相信任何事的世界廢墟中茁壯起來。」也寫道，「未來再次變成勒索的一大籌碼，正如同過去基督教和共產主義所做的。」

這裡我講得有點是玩笑話。我當然不認為支持氣候變遷的狂熱份子真的相信高爾具有什麼神聖的特性。而且確實是有一些真正的科學證據支持這樣預警的可能性。但這裡我想要指出的，是一個長久以來的人類傳統，這傳統變得對其所青睞的科學、宗教或迷信對世界的解釋狂熱不已，甚至讓人停止思考，並且厭惡起那些不同意的人。我們對此太過熟悉，已經見怪不怪了，科學家已經證明自己對誘惑的抵抗力沒有比我們其他人好到哪裡去。

天氣之神

二〇一三到二〇一四年冬天，英格蘭南部飽受水災之苦，當地有一位名叫大衛．西爾維斯特（David Silvester）的英國獨立黨政治人物，據說他認為這是由於英國通過同性戀結婚的法案，而遭到上帝的懲罰。他當然因為這番言論被嘲弄了一番。但是，幾天之後，除了少數的人，幾乎每個政治人物，都將這場洪水歸咎於人為造成的氣候變遷，即便過去十五年來，地球根本沒有出現淨暖化的現象，也沒有任何證據支持極端氣候出現或英國冬季濕度改變的顯著趨勢證據，此外，還明明有大量證據支持土地利用和疏浚政策的改變是水災發生的原因。事實上，一項由南安普敦大學（Southampton University）的科學家所進行的研究發現，英國水災的頻率增加是城市擴張和人口增長所致，跟氣候變遷扯不上關係。英國氣象局也同意，「未來恐怕也找不到多少證據，支持近來襲擊英國的暴風雨強度增加和人為造成的氣候變遷有任何關聯。」

在這道科學磚牆前碰壁，活動份子經常語帶含糊地以與理論「一致」這樣的短語帶過。洪水可能不是直接由氣候變遷造成的，但當中的模式一致。這種說辭是宗教的語言。正如奈傑爾．勞森所言：

> 那又怎樣？這也和因為我們的罪而受到全能的神所懲罰（這是在整個人類歷史中對極端天氣事件的普遍解釋）的理論是一致的。事實上，若是氣候學家能告訴我們怎樣的天氣模式與目前的氣候學不一致，還會比較有助益。如果他們無法這樣做，那麼這時我們就會想起卡爾．波普所留給世人的重要啓示：任何無法證偽的理論都不能當成是科學的。

那麼，將近幾年的每一場暴風雨、洪水、颱風、颶風和龍捲風，每一次的乾旱和熱浪，暴風雪和冰雹都歸咎於（這主要是政治人物所為，而不是科學家）人類造成的氣候變化，忽略所有其他的因素——包括其他人類造成的，如植被變化或是變更土地排水和發展——這跟把原因歸咎給同性婚姻的人有什麼不同呢？兩者都是把天氣當成替罪羊。

人類試圖尋求天氣背後的意圖的傾向就和時間一樣古老。正如大衛．休姆所言「每一個自然事件理當是由某些具有智能的行為能力者所掌控。」在我們的內心深處，從來沒有真正接受過一場雷電交加的風暴後面沒有什麼操縱的力量，乾旱就是對某些罪過的處罰。這裡，我們再次看到這樣尋求意圖的立場。在過去，是宙斯、耶和華或雨神，在十六世紀則是女巫。歷史學家沃夫岡．白靈傑（Wolfgang Behringer）和克里斯欽．菲斯特（Christian Pfister）發現歐洲計畫性地追捕女巫，並且將女巫當成替罪羊予以燃燒的年代，都與惡劣天氣或是農作歉收的時期不謀而合，現在我們知道那是小冰河期冷化全球造成的。在當時，因為氣候變遷而遭受損害的農民社區往往會向政府當局施壓，要求展開獵捕女巫的行動。

即便到了十八世紀，大多數人和多數的領導人都還是假設自然災害是神對我們罪行的懲罰：萊布尼茲（Leibniz）的神義論需要有這樣一個神的存在。到了二十世紀，曾有一短暫的平靜時期，那時理性的觀點，普遍認為天氣就是天氣，不是任何人的錯。但隨著將每場風災與水災歸咎到二氧化碳排放量的新趨勢到來，這樣的承平時期已經過去，現在幾乎聽得到對於我們又能回到指責彼此造成天氣不好的時代而鬆一口氣的聲音。近幾年之所以會老是訴諸於「極端天氣」的彌姆或稱模因（meme），正是這種上天報應的心態在作祟。

關於極端天氣最重要的事實是，洪水、乾旱和暴風雨造成的死亡人數，已經從一九二〇年代以來下降了百分之九十三，儘管世界人口在同一時期增加了三倍，這不是因為天氣變得比較和緩，而是因為世界發展得更為富裕，足以讓我們能夠更好地保護自己。

第十五章

錢的演化

開始有金和銀的小河流流出來，
還有鉛的和銅的小河流，
它們很快地聚集到地面的凹地裡。
當人們看見那一塊塊冷卻了的東西
不久都在地面上閃閃發光的時候，
大大地被它們的光滑可愛所迷住，
他們就開始把它們撬出來，並且看見
每一塊都有著像它的土模那樣的形狀。
之後，他們就會想到：
這些東西如過用熱熔化，
就能夠弄成任何東西的式樣。

盧克萊修，《物性論》，第五卷，第一二五五～一二六一行

錢是一種演化現象。是在交易者之間逐漸突現的，不是由統治者所創造的——儘管錢幣上刻著國王的頭：這純粹只是要展現出強權者堅持壟斷造錢的傾向。而且，也絕對沒有理由必須將錢幣的製造交由政府來壟斷。英國工業革命初期的狀況就足以說明這一點。十八世紀時，有越來越多的窮人開始搬移到城鎮，從事有工資給付的工作，不再留在他們的鄉村裡，由半封建的雇主以實物來支付其薪資。這種現象為城鎮的雇主帶來一個新問題：錢幣短缺。當時在富人之間有金幣流通，但沒有很多的銀幣或先令，或是銅便士或是半便士的銅幣。當時在中國，銀幣的價值，以黃金計價的話，比在英國高出許多，所以他們寧願將其熔化，往東運去，而偏偏在十八世紀大多數的時候，皇家鑄幣廠（Royal Mint）都高傲地拒絕鑄造更多硬幣。現有的銀幣先令早已磨損得很嚴重；英國的中央銀行英格蘭銀行（Bank of England）所發行的紙鈔面額又都大於五英鎊。伯明罕的企業家發不出銀幣的工資，又沒有銅質的便士可用，於是改用偽幣，這在當時可是非常充沛，都是以非法管道取得。

伯明罕的商人馬修．博爾頓（Matthew Boulton），在當地的蘇活區擁有一家大型工廠，他向國會請求授權，准許由他來製造新的官方硬幣，來合理解決錢幣短缺的問題，但皇家鑄幣廠對於其壟斷地位，以及解決這問題的自得意滿感到嫉妒，博爾頓於是遭到拒絕。另一位在威爾斯的商人托馬斯．威廉斯（Thomas Williams）想出更好的主意。他在硬幣的邊緣刻上難以變造的文字，並試圖以這個新設計來吸引皇家鑄幣廠的興趣，最後也沒有獲得任何反應。於是在一七八七年，他開始在安格爾西（Anglesey）的帕瑞礦山生產銅幣。他沒有假裝這是錢幣，而僅僅是一種

「代幣」（token），可以合法地兌換成便士。這種銅質的代幣又稱為「德魯伊」（druid）。設計美觀，而且施行得宜，他們在硬幣的一面印上披著頭巾，長有鬍子的傳說人物凱爾特法師德魯伊的淺浮雕，周圍飾以橡樹葉花環，在另一面則印有「ＰＭＣ」三個字母，用以代表帕瑞礦物公司（Parys Mine Company），邊緣則刻上了「我們承諾支付所標示的每一分錢」（WE PROMISE TO PAY THE BEARER ONE PENNY）。由於外側的突起構造上刻有：「應倫敦、利物浦或安格爾西的需求」，這種硬幣變得更加難以偽造或變造。工廠的業主開始以德魯伊支付工人的薪資，當地的店家也開始接受這樣的代幣，可以代替便士來使用。這完全發展成一種私人的貨幣。

史塔福德郡（Staffordshire）的鐵匠約翰．威爾金森（John Wilkinson）當時生意興隆業務不斷增長，還央請威廉姆斯幫他鑄造硬幣，以支付他員工的酬勞。這些硬幣後來稱為「威利斯」（Willeys），用以紀念位於紐威利（New Willey）的威爾金森鐵廠。不過，威爾金森的硬幣，只有威廉姆斯重量的一半，工人很快就發現商人只願把它們視為半便士的銅幣，而沒有一便士的價值。這硬幣上因為印有鐵匠威爾金森的肖像，還在倫敦引起一番嘲諷：

以鐵碰觸時，
「銅」類會受到吸引，
所以，在他看來，
將自己厚顏無恥的臉印在銅幣上

實在是實至名歸。

其他企業家紛紛效仿。不久後——這完全扭轉格雷翰所謂「劣幣驅逐良幣」的規則——這些代幣取代了偽幣，成為一種合法的貨幣，是硬幣的首選，甚至連在遠處的倫敦都可流通。私人鑄幣頓時蔚為風潮。一七九四年，六十四位貿易商首度聯合發行硬幣。到一七九七年，有超過六百噸的代幣在市面上流通。私人鑄幣商完全解決了錢幣短缺的問題。實際上，正如對這個有趣的時代瞭若指掌的傑出歷史學家喬治．賽爾金（George Selgin）在《良幣》（*Good Money*）一書中所指出的，伯明罕商人已然將便士私有化。他們的硬幣使其成為皇家鑄幣廠的一大競爭對手。儘管這種新硬幣是在短短幾年間從無到有設計出來的，也不像鑄幣廠的硬幣那樣具有防偽的法律保護。在沒有壟斷特權的保護下，商業性質的鑄幣商不僅要注意成本效益，還要吸引最優秀的雕刻和鑄幣師傅，並且還得悉心設計自己的硬幣，以免遭到模仿。賽爾金表示，「這樣的擔憂，對於那些待在鑄幣廠古老高塔內雜亂迴廊裡的辦事員而言是完全陌生的。」

皇家鑄幣廠不僅拒絕鑄造足夠的硬幣來服務新的工業經濟，也拒絕採用現代化的方法。正如賽爾金指出，「沒什麼比鑄幣廠堅持古法的事蹟更能說明其抵制創新技術的態度了，超過一個多世紀以來，他們不斷嘗試以更換螺釘或輥壓機來取代剪刀和錘子，以達成造幣的機械化，可說是成功地走向自我毀滅一途」。

這時的私人鑄幣廠已經取得大幅領先。一七九七年馬修．博爾頓終於獲得以蒸汽動力壓制機來鑄造銅幣便士的許可，當中的一項設計是凸起的邊緣，因此讓這種硬幣獲得「車輪」（cartwheels）的綽號。不過，當一八〇四年他開始鑄造銀幣（或者說是重新鑄造相當於是五先令的西班牙銀幣）時，沉睡的皇家鑄幣廠終於醒了過來，還慫恿議會採取行動來捍衛其鑄幣的獨佔地位。後來皇家鑄幣廠採用了博爾頓的方法，在國會進行遊說，贏回造幣合約，並逐漸恢復其壟斷地位。這個古老而又死板的機構終於現代化了，不是在誰的領導之下，而是出於競爭。

在一八〇九至一八一〇年間，農作歉收，必須突破拿破崙的封鎖，以黃金和白銀從歐洲大陸進口糧食，再加上所費不貲的半島戰爭造成英倫三島銀幣嚴重短缺，這引發了最後一次私人鑄造代幣的熱潮。金屬企業家再次鑄造銀幣，還有六便士的代幣以及銅便士，這次連銀行家也開始加入。而政治圈依舊採取一貫的作風，偏愛裙帶的壟斷關係，繼續反對私人鑄幣，並在一八一四年通過法案，禁止鑄造私人代幣。最後，一如預期地出現硬幣短缺的問題，因為皇家鑄幣廠還要花好幾年的時間準備，才能產生足夠的官方硬幣。為了填補這樣的空缺，偽幣和法國的硬幣再度開始流通。在一八一六年，希望支付工資的雇主不得不將老舊的銀行代幣、博爾頓銅幣，或許還有幾個破舊的德魯伊和威利斯，或是一些法國錢幣、西班牙錢幣或偽幣湊合起來使用。賽爾金總結道：「這就是國會在其盲目的躁動下，幫這些商業用錢替代方案所鋪的路。」

蘇格蘭的實驗

在蘇格蘭北部邊境所發生的故事，則是說明貨幣演化更有說服力的例子。在一七一六到一八四四年間，蘇格蘭經歷了空前的貨幣穩定時期，率先嘗試金融創新，經濟快速成長，迎頭趕上英格蘭。那時，它有一個自我調節的貨幣體系，這套系統不論是在哪個時代或哪個地方都可以運作得很好。事實上，它廣受歡迎，讓蘇格蘭急著讚美和捍衛自己的銀行，這種現象在歷史上可說是前所未聞。

根據一七〇七年的《聯合法案》（Act of Union），蘇格蘭放棄了他們自己的貨幣，即蘇格蘭鎊（pound Scots），改用英格蘭鎊。蘇格蘭銀行（Bank of Scotland）是在英格蘭銀行成立後隔年，也就是一六九五年成立，一開始貨幣的發行權完全由其壟斷。但後來，倫敦國會顧慮到一七一五年老僭王（Old Pretender's）的反叛活動，因為蘇格蘭銀行具有其餘黨的勢力，於是將發行貨幣的權力給了其競爭對手皇家銀行（Royal Bank），這是一家私人機構。最初，這兩家銀行之間陷入一場戰爭，紛紛囤積對方的錢幣，然後大量提出，製造發行者的麻煩。不過後來出現和平的契機，兩家對手銀行最終同意接受對方的錢幣，並定期交換。後來還有其他發鈔銀行加入他們，包括克萊茲代爾（Clydesdale）、蘇格蘭聯合銀行（Union Bank of Scotland），蘇格蘭北方銀行（North of Scotland Bank）、蘇格蘭工商銀行（Commercial Bank of Scotland）、英國亞麻銀行（British Linen Bank）和其他許多家。換句話說，一張特定紙鈔的價值取決於私營公司脆弱的聲譽，他們當中沒有一個具有壟斷力量。這看來恐怕會引發一場災難吧？

結果恰恰相反。每家發鈔銀行仍然希望得到對手的鈔票，所以採取謹慎而明智的放款方式。每週交換兩次鈔票，因此若是交換系統出了問題，很快就會顯示出對任何不良貸款決定的疑點。這套系統是透過競爭來自我調節的。鈔票變得更為普遍，毫無減少的跡象，不久後，蘇格蘭人對其愛用的程度甚至超過金幣，因為相比之下，這更加方便，而且同樣值得信賴。就這樣，這個國家開始對紙幣產生依賴，而且依賴程度遠超過任何其他的國家。事實證明蘇格蘭的這套銀行系統具有高效能、創新、穩定和平穩的特點。它僅需要百分之一到二的極低貴金屬差價利率，還引進了許多新功能，如現金信用帳戶、銀行分行和小額存款的利息。跟英格蘭不一樣的是，這裡的銀行為了方便，還發行一英鎊甚至面額更低的紙鈔，甚至還接受將紙鈔撕成兩半，用來代表十先令（即半鎊）的做法。

蘇格蘭的這些銀行輕鬆度過一七四五年的小僭王（Young Pretender）叛亂時局，當時蘇格蘭社會四分五裂，卻沒有出現財務混亂。這套系統蓬勃發展了一個多世紀。在蘇格蘭，銀行關門的比例只有英格蘭的一半，而且還會全額支付他們的損失。在那時期，蘇格蘭所有銀行倒閉造成的總損失只有三萬兩千英鎊，但在英格蘭很可能光是一年就會出現這樣倒帳的金額。一七七二年備受矚目的艾爾銀行（Ayr Bank）倒閉事件便展現出這套系統的自我調節機制是如何運作的。艾爾銀行的放貸過於積極，使其相競爭的同業對它產生不信任感，因此避免與它糾結在一起。最後，艾爾銀行跟包括英格蘭銀行在內的倫敦銀行借款。後來，出現一連串從倫敦開始的銀行跳票，造成二十多間優良的銀行關門，它也隨之破產。因為蘇格蘭主要的銀行都避免與其合作，艾爾銀行的倒閉，只殃及蘇格蘭當地的幾家銀行。主要發鈔銀行在這次的危機期間擔負最後貸款者（lenders of last resort）的角色，放款給規模較小的銀行，這不僅拯救了他們，還賦予整個系統未來的信用。到最後，即使連艾爾銀行都還清其債務，還給債權人總計高達六十六萬三千三百九十七英鎊的大數字。1

瑪拉基．瑪拉格羅瑟的救援

一七七二年的金融危機展現出這時期英格蘭的狀況，銀行破產和信用危機的問題屢見不鮮，儘管貨幣是由英格蘭銀行壟斷發行的，擔負最後貸款者的責任。然而，政治人物非但沒有意圖模仿邊境那一邊的打算，還試圖將蘇格蘭的系統弄得更像是英格蘭的。一七六五年正式下令禁止蘇

1 一七七二年的這場金融危機間接導致了美國的獨立革命，不僅是因爲那時從美國運來大量黃金以償還倫敦的債務，也是因爲這場危機造成東印度公司拖欠英格蘭銀行貸款，爲了要恢復其信用，該公司決定銷售其庫存的茶葉，靠著一七七三年英國政府的《茶法案》（Tea Act）讓這間公司具有銷售茶葉的壟斷地位，在殖民地大舉傾銷。這促成了波士頓傾茶事件（Boston Tea Party）。換句話說美國的自由，和促成其憲法的偉大思想，都是來自於這場金融和商業危機所製造出來的自下而上的機會。

格蘭銀行發行面額低於一英鎊的小額紙鈔，儘管沒有證據顯示這造成任何的麻煩。到了一八二六年，英格蘭在度過另一次嚴重的銀行危機後，僅管蘇格蘭這邊的銀行沒有倒閉，財政大臣羅伯・皮爾（Robert Peel）卻試圖禁止蘇格蘭繼續發行價值低五英鎊的鈔票。他（或者說是滿懷嫉妒心的英格蘭銀行）對於這些紙鈔在英格蘭北部部分地區流傳感到不安。

皮爾最後敗給了一個令人意想不到的對手。偉大的蘇格蘭詩人兼小說家沃爾特・史考特爵士（Sir Walter Scott），他以筆名「瑪拉基・瑪拉格羅瑟」（Malachi Malagrowther）來寫作，猛烈抨擊皮爾試圖將蘇格蘭的貨幣體系國有化。他稱此是「一場針對我們貨幣流通的暴力實驗，根本不是由蘇格蘭提出的要求，不！這是不顧我們的意願，強加在我們身上的，完全不顧所有可以講道理的人的共識，萬一失手，將會讓我們飽受許多嚴重的打擊，而且就算真的成功，也不會帶來任何良好的前景。」由於《聯合法案》（Act of Union）僅允許進行「對蘇格蘭人民實用的」改變，皮爾被迫任命兩名議會調查員，結果發現蘇格蘭的銀行系統毫無缺點。這是一個「精打細算到令人欽佩的系統，節約每一筆資金，用以激發和珍惜有用的企業精神，甚至透過維護產業、誠信和謹慎等直接誘因，提升公民的道德習慣。」

到一八四四年，皮爾當上首相，他又試了一次。這一次他有效地達成目標，籠絡到蘇格蘭幾間主要銀行，以提供他們方便的聯合機構來換取英國央行的監管。這樣的後果幾乎是即時的。在有了一間中央銀行的道德風險保護傘後，不負責任的銀行立即在蘇格蘭出現。到一八四七年，蘇格蘭的銀行確實是「飽受打擊」，因為不良貸款，還需要英國央行的緊急救助。皮爾確實「失手」，這項政策最後被迫喊停。瑪拉格羅瑟的判斷確實是獨具慧眼，正確無誤。

沒有央行的穩定金融

如果蘇格蘭的系統不對你的胃口，還可以試試瑞典的。十九世紀時，瑞典有一套自由的銀行體系，各家銀行競相發行自己的紙幣。這套系統的作用是，「七十年來因為它的存在，沒有一家發鈔的銀行倒閉，沒有一個票據所有者失去一毛錢的瑞典克朗，也沒有銀行必須關閉窗口，連一天都沒出現過這種狀況。」這是約翰．諾伯格（Johan Norberg）引述波爾．霍特蘭德（Per Hortlund）的話。

又或者是一九三〇年代的加拿大。在大蕭條時代，哪個先進的經濟體挺過去了，而且銀行系統出的問題最少？答案是沒有中央銀行的加拿大。就是連美國也有值得借鏡之處。整個十九世紀期間各州的美國國家銀行都在發行貨幣，但到了內戰期間，聯邦政府試圖透過聯邦特許的方式來籌集資金，只要銀行願意支持發行政府債券，都可得到許可。結果沒有幾家願意接受，政府失望之餘，拿國家銀行開刀，徵收百分之十的發鈔稅，徹底毀滅了他們原有的角色。當政府在一八八〇年代償還完其債務，債券安全規定造成國家銀行發行的紙鈔數量下降。答案很明顯，應當要讓銀行根據自己的資產來自行發行鈔票，並且由市場進行規範，如加拿大的情況，但這一切完全為操弄民粹的民主黨人的威廉．詹寧斯．布萊恩（William Jennings Bryan）所阻擋下來。他阻撓一切放任國家銀行自行作為的嘗試，甚至連格羅弗・克利夫蘭（Grover Cleveland）總統企圖廢除對國有銀行徵收百分之十稅金的想法也被他擋了下來。布萊恩繼續他對資產貨幣的討伐，一直到進入的二十世紀的第一個十年，最終改革者轉而思考由中央銀行獨家發行鈔票的想法。所以，布萊恩長年抵制他所謂的銀行的壟斷性反而直接導致一九一三年一家真正壟斷發鈔的銀行的誕生，也就是美國聯邦儲備銀行（Federal Reserve）。納西姆・塔雷伯指出，當自由派的總統候選人榮恩・保羅（Ron Paul），呼籲廢除美國聯邦儲備銀行時，頓時淪為一個笑柄。但若是他呼籲設置一個單位，具有壟斷除了錢之外所有物價的權力，無疑也會被當成是個莫名其妙的怪人。總之，一個國家可以毫無疑問地在沒有金本位、中央銀行、最後貸款者或是種種規範下穩定發行紙幣，不僅能避免災難的發生，還運作得十分良好。就目前所能追溯的紀錄來看，自下而上的貨幣體系，即所謂的自由銀行，遠比自上而下的中央銀行來得好。十九世紀偉大的中央銀行理論家沃爾特・白芝浩（Walter Bagehot）也這樣承認。在他那本極具影響力的書《倫巴底街》（*Lombard Street*）中，他坦承中央銀行需要擔任最後貸款者的唯一理由，是因為中央銀行的存在造成金融的不穩定。

各國中央銀行的歷史證明了這一點。英格蘭銀行是在一六九四年成立的，到一七二〇年時，英國遭逢其歷史上最令人絕望的金融危機「南海泡沫」（South Sea Bubble），這實際上是一起投機詐欺案，主要是說服投資人以政府公債來交換一家貿易公司的股票，但這間公司從來沒有進行過任何交易。英格蘭銀行非但沒有阻止這場騙局，還積極加入，讓競爭對手接管國家債務並且發行股份。

從一七一八年開始，南海公司的主要推動者約翰．布朗特（John Blunt），親自擬定出其經營策略，但說穿了不過就是抬高股價，靠著投資者的錢來過著奢華享樂的生活——類似於在法國發生的一起詐財手法。法國政府壟斷發鈔的皇家銀行（Banque Royale）是由一位蘇格蘭凶手、賭客但具有非常精明的企業家頭腦的約翰．洛（John Law）所創，並且成為法國的國家銀行。當時的攝政王，奧爾良公爵菲利普（Philippe, duc d'Orléans），授予洛全方位的經濟大權，結果他藉此吸金，盡可能地將有錢人吸進一間設立於密西西比的泡沫公司，購買其股票。這間公司是其銀行所有的，並且擁有和北美和西印度群島進行貿易的壟斷地位。在說服路易西安納州的富人加入後，洛便在銀行的股份中創造出一個泡沫，最後終於破裂。

在洛的家鄉蘇格蘭所發生的，與這形成鮮明的對比。這兩個國家都推出紙幣，但是背後有國家撐腰的發鈔壟斷銀行毀了所有的人。而透過競爭的分散、演化系統，則運作完善。中央銀行的運作往往都是順循環（pro-cyclically）。在信用擴張時，壓低借貸的成本，收縮時則砰然將大門關上，就跟在二十一世紀初期發生金融海嘯時那樣。相比之下，分散式的貨幣系統，其歷史紀錄都比較好。

今天甚至還有一個可以和蘇格蘭自由銀行業相提並論的實驗正在進行中。巴拿馬、厄瓜多爾和薩爾瓦多這三個中美洲國家都「美元化」了其本國經濟，決定使用美元作為本國貨幣。當然，這便意味著他們的銀行不能擔負最後貸款者的角色，因為美國聯邦儲備銀行顯然不可能幫助巴拿馬銀行紓困。但沒想到這種做法的後果驚人地好。隨著道德風險消失，這三個美元化國家的銀行行事格外謹慎，巴拿馬的銀行現在甚至被評比為高度穩定，連國際貨幣基金組織（International Monetary Fund, IMF）都表示，正是因為沒有設置最後貸款者，「促成了這套系統的應變能力和穩定性。」在薩爾瓦多，國際貨幣基金組織認為需要某種永久流動性機制，但不建議設立一中央銀行，而向該國建議成立一資金庫，符合所有銀行目前的存款準備金的需求，那些需要使用這項設施的必須支付懲罰利率（penal rate of interest）譯註。這跟蘇格蘭長時間下來成功運作的系統，沒有太大的差別。

中國價格

那麼，二〇〇八年開始的那場金融危機真的是來自於管理規範太少，人心太過貪婪嗎？至少按照普遍看法確實是如此。一九九九年分離銀行和證券交易的《格拉斯史蒂格爾法案》（Glass-Steagall Act）遭到廢除，根據這種觀點來看，這是十年來實施放鬆金融管制的集大成。就跟許多的傳統看法一樣，這幾乎是完全錯誤的。

正如技術趨勢觀察家喬治・吉爾德（George Gilder）所評論的，在運作出現危機時，「每個大型機構中都擠滿檢核員、監督、督察員、檢查員、監控員、合規人員以及其他種種監管人員。」這些人總是千篇一律地給機構一份官方的健康證明書，直到他們宣布需要紓困。於二〇〇八年垮台的全國獨立抵押貸款公司（Independent National Mortgage Corporation 簡稱 Indymac），讓聯邦存款保險公司（ＦＤＩＣ）付出一百一十億美金，並且造成儲戶和債權人的損失，事發當年那裡有多達四十位政府的現場檢查員，而且每個人都給了 Indymac 相當高的評比。同年發生信用違約交換（credit default）的ＡＩＧ幾乎毀掉世界經濟，正如吉爾德所言，「這間公司在全美五十個州和一百多個國家也是受到聯邦、州、地方乃至於全球大量官員在監督與近乎挑剔的控管。」我自己擔任銀行主席的經驗，就是收到無止境來自於種種干擾和詳盡地規範和管理的安撫，直到全部都出錯為止。監管部門非但不會提出危機即將到來的警告，相反地還會給予虛假的安撫，或是強調錯誤的風險評估。

事實上，問題遠比這還嚴重。二〇〇八年的金融危機，在很大的程度上是由於自上而下的干預所引發，因為信用系統理當是套自下而上的系統。當然，貪婪、無能、欺騙和錯誤的狀況層出不窮，但它們本來自古以來就一直存在。是一系列的法規在鼓勵和獎勵它們。

造成這場危機的因素，幾乎就跟歷史上所有發生過的金融危機一樣，直接原因是資產價格過度膨脹所引發的泡沫破裂，特別是房價。一九九七年在東亞，一九八九年在日本還有在一九七〇年代、一九二〇年代和更早幾十年，甚至幾世紀前的種種危機都是如此。了解二〇〇八年金融危機的關鍵在於這些泡沫是如何膨脹起來的。

譯註：係指金融機構在客户使用貸款時所，若違反有關信貸政策和原則，便會改收高於基準利率的利率。

首先是一九九四年中國政府讓人民幣大幅貶值，採取刺激出口的重商主義戰略，並且一直保持幣值處於低點，以維持出口競爭力，創造出東方儲蓄者和西方借款者之間巨大的全球失衡。實際上，中國創造出相當的出口競爭力，並投資在給西方人的廉價貸款上，賺取收益。要是放手讓匯率自行調整，貨幣和利率就會調整得更加順暢，西方借款人將會發現他們的便宜貸款難以為繼。這麼說並不是在挑中國的毛病，而是要提醒你，這是由政治人物，而不是市場，做出關鍵的決定。正如美國前眾議員和預算辦公室主任大衛·史托克曼（David Stockman）所言，「在美國經常帳戶巨額赤字，以及在這樣的『中國價格』的世界中，美國經濟實際上是在進口強大的工資和產品緊縮。而且這將繼續這樣下去，直到中國的稻田耗掉剩餘的勞動力，以及中國人民銀行停止緊盯匯率。」等到這套系統在二〇〇八年崩盤時，中國央行持有數字驚人的美國住宅貸款，總計高達一萬億美元。

其次，是西方經濟體中廉價貸款的洪流必須找到一資產價格膨脹的出口，最後，終於讓它找到了。將近四百年來，借貸便宜時便會出現泡沫，這情況也將繼續發生下去。在一九九〇年代末期起初是「達康」（dot-com）這類網路科技公司的股票開始膨脹，接著是房價。而一如以往，監管單位非但沒有阻擋泡沫形成，還推波助瀾地幫助其膨脹。在網絡公司泡沫破滅後，美國聯邦儲備委員會祭出壓低利率政策，好讓股市繼續保持在膨漲的狀態，以拯救華爾街的交易員（卻不拯救大街上的一般人），這正是下一波房地產泡沫隨之而來的最大原因。他們稱此為「葛林斯潘賣權」（The Greenspan Put）。

但第三點，也是最為關鍵重要的一點，就是官方不負責任地積極鼓勵放貸。美國政治人物不僅允許，還鼓勵銀行推行低利貸款給沒有存款或是償還能力很低，甚至是根本沒有能力的人，並且還主動立法來通過這樣的做法。

有多少是房利美的錯？

這場惡果的種子是在一九三八年播下的，當時美國總統羅斯福成立聯邦國民抵押貸款協會（Federal National Mortgage Association），也就是俗稱的「房利美」（Fannie Mae）專案，提供銀行通常不願放款的中收入戶房貸。其目的是在刺激住房建設，儘管在推出房利美專案時，房地產市場早已恢復得差不多了。其操作方式是國家從銀行購買房貸，獲取現金，如此銀行貸款時不用擔心信用風險。而且，由於房利美的背後是美國政府信用，無論如何是不會虧本的。實際上，房利美說穿了只是由政府擔任貸款的保人，花的都是納稅人的錢——要是能夠申請到，真的是相當走運。

到了一九六〇年代萊頓．強生（Lyndon Johnson）總統將房利美半「私有化」，改為政府贊助企業（government-sponsored enterprise 簡稱GSE）。一九七〇年時又加入了聯邦房屋貸款抵押公司（Federal Home Loan Mortgage Corporation），這個新興單位可說是房利美的小弟，暱稱為「房地美」（Freddie Mac），而其背後都隱含著政府的擔保，因此能夠維持較低的借貸成本。由於這用的是國家財政部的信用額度，大家都知道，必要時這是沒有上限的。也就是說，市場會假設要是房利美或房地美陷入困境，納稅人將會協助紓困（確實是如此）。實際上，好處全都由私人享有，壞處則有大眾買單。難怪大衛·史托克曼（David Stockman）會說：「GSE實際上是個經濟性質危險且不穩定的怪胎，隱藏在支持中產階級得以購屋的新政所認可的使命後面，蓋上欺騙性的好管家印記戳章。」

當史托克曼擔任雷根總統的管理和預算辦公室主任時，他開始對房利美和房地美施壓，逐漸強迫他們要按照市場利率來借貸。此話一出，嚇壞了所有的貸款人、經紀人、建商和供應商，他們紛紛加入一個「強大的聯盟，要求這些民營企業繼續維持廉價的社會信用」。在共和黨的領導下，他們向國會遊說，阻止史托克曼的行動，結果真的做到了。這堪稱是裙帶資本主義反自由市場行動的經典案例。

同時，商業銀行也受到來自「現在改革社居組織協會」（Association of Community Organizers for Reform Now 簡稱ACORN）等組織要求降低貸款標準的壓力。ACORN發現，銀行在合併期間內，當設定併購的完成日期時，這些銀行往往特別脆弱，很容易對其提出法律訴訟的，主張他們違反一九七七年的《社群再投資法案》（Community Reinvestment Act），這項法案禁止放貸的種族歧視。這是因為沒有頭期款或者信用紀錄不良而拒絕貸款申請者的規定，往往對非裔美國人的打擊遠超過白人。眼見合併最後期限到來，在遭到ACORN提出告訴時，這些銀行會讓步，放寬其本身的貸款標準，並提供資金給ACORN，協助達成追求增加貸款給低收入客戶的計畫，通常都是由ACORN發起的抵押貸款。到最後，不僅是小銀行感受到這樣的壓力。當兩千年大通（Chase Manhattan）與摩根（J.P. Morgan）合併時，這兩家銀行也捐款幾十萬美元給ACORN。

然而，即使到了到這個階段，房利美和房地美仍然拒絕承擔他們帳面上的不良貸款。ACORN決定遊說國會，改變這兩家「政府贊助企業」的任務。在一九九二年，老布希政府的時代，他們成功了，國會強加給房利美和房地美新任務，讓他們達成人人買得起的住房目標，要求他們接受五%甚或更低的頭期款，以及具有不到一年信用紀錄不良的客戶。房利美和房地美是利用自己背後有政府擔保的優勢，提升其向資本市場借款的能力。這項法案有許多重要的部分是由ACORN為眾議院銀行委員會主席擬定的。

柯林頓執政時期，有效地將這份任務改成配額制度，堅持房利美和房地美的所有貸款中，要有三成借給低收入和中收入的借款人。但就算是這樣，這項配額僅影響四分之一的貸款業。到一九九四年七月，ACORN會見柯林頓總統，說服他將低收入貸款擴展到非銀行機構，堅持貸款不得產生種族歧視，即便是依據信用風險評估而意外產生的也不行。柯林頓於一九九五年六月宣布這項新政策，ACORN還是這項典禮中的座上賓。

到一九九九年時，政府將低收入配額提高到五十%，極低收入戶佔二十%，並開始認真執行這些目標。也開始提供補助，以降低頭期款，這是「國家協助購屋策略」的一部分，肯定有助於哄抬房價。《紐約時報》報導房利美和房地美，「在柯林頓政府不斷施壓之下，擴大對中低收入人群中的貸款」。這是專門為了「提高少數民族和低收入戶擁有房子」而提供的房屋貸款。

總之，次級貸款的泡沫之所以會破滅，完全導因於一項自上而下的政治工程，是由美國國會授權，由政府支持企業實施，受到法律強化、總統的鼓勵以及壓力團體的監督。當你聽到有人指責次貸泡沫是受到自由市場過度刺激時，請別忘了這一點。說這問題來自於放鬆管制完全是無中生有的鬼話。這段期間有激進和大量的規範調節。例如小布希政府時代，增加美國經濟規範的速率，是以每年七萬八千頁的速率在增加。這提高了二十九%的金融監管的成本。

從兩千年開始，房利美和房地美對次級貸款的脾胃大開，逐年大幅增加，鼓勵抵押貸款的放款公司瘋狂地增加貸款。建商、借款者、抵押貸款經紀人、華爾街的承銷商、律師事務所、住房慈善機構以及ACORN這類壓力團體都從中受益，唯獨納稅人沒有。到二十一世紀初期，房利美和房地美和政治人物往來密切，捐贈高額競選捐款，特別是給國會中的民主黨人，並且提供政治人物高薪工作——柯林頓的前任預算主任富蘭克林・雷恩斯（Franklin Raines）在掌管房利美期間就有一億美元的收入進帳。在一九九八到二〇〇八年之間，房利美和房地美一共花費了一億七千五百萬的經費來遊說國會。

在二〇〇二年，房利美委託三位經濟學家約瑟夫・史提格里茲（Joseph Stiglitz）、彼得・奧斯澤格（Peter Orszag）和強納森・奧斯澤格（Jonathan Orszag）進行一份研究報告，其結論是房利美和房地美進行次級貸款造成政府違約風險的可能性「幾乎為零」——低到難以檢測。眾議員巴尼・法蘭克（Barney Frank），在他二〇〇三年的演講中表示，兩家企業「並沒有面對任何類型的金融危機……越多人誇大這些問題，這些企業便承受越多的壓力，保障經濟住房的機會就越小。」即使到了二〇〇八年七月經濟學家保羅．克魯格曼仍然堅持「房利美和房地和幾年前爆發的高風險借貸毫無關係，」而且也和次級貸款無關。相比之下，眾議員榮恩．保羅（Ron Paul）已經一再提出警告，表示授予這兩個政府贊助企業特權，意味著「損害將遠超過政府或不積極鼓勵過度投資住房的狀況。」

然而，這政策還是持續下去。到二〇〇八年，當一切都變調時，小布希政府還將低收入戶貸款的配額增加到五六％。在此之前，房利美和房地美就已經找不到夠好的貸款來達成之前的配額，所以他們早已放寬承保標準，並開始接受越來越多的次級貸款。這種暴露在次級貸款中的狀況，市場一直不知情，因為那時這些貸款還沒被稱為次貸（sub-prime），政府贊助企業的用語是「等同A級」（Alt-A）貸款，但這其中的差異完全只是語義上的不同。對這樣龐大的次級貸款知情不報，讓這場危機更加惡化。我到現在都還記得很清楚，當時市場大多數人的態度是，「當然，總是有些卑劣的、不負責任的放款，但那只佔市場的一小部分。」若是這樣就好了。銀行家約翰．艾利森（John Allison）在《金融危機和自由市場救治》（*The Financial Crisis and the Free Market Cure*）中寫道，房利美和房地美，不僅資助很多房地產業的不當投資，他們還「提供誤導性的資訊，促成其他市場中的人做出錯誤的決策。」

在二〇〇五到二〇〇七年之間，房利美和房地美購買的貸款中有整整四成都是是次級貸款，或是他們所謂的「等同A級」貸款。雖然當時房價一直看漲，尤其是當購屋者發現，前幾年連利息都不用付，而且當房價上漲時還可以透過融資再將信約違約轉成額外借款時，更是刺激買屋意願。但最終信用違約過期的雪球開始越滾越大。

政府贊助企業的全部次級貸款一直要到二〇〇八年他們破產，由財政部接管後，才全都浮上檯面。當他們無力償債（就在保羅．克魯格曼表示他們毫無問題，也沒有所謂的次級貸款不久後），房利美和房地美手上持有的所有次級貸款超過三分之二，將近兩萬億美金。當年度，有將近四分之三的新貸款都是由他們經手的。

我一直在思索房利美、房地美和柯林頓以及老布希和小布希政府的故事，說到底，雖然創造出房地產泡沫的儲蓄盈餘來自中國，鼓勵借貸的低利率卻是來自美國聯儲，而不負責任借給次貸借款人的做法則是來自於政府和壓力團體的推動，這一切在這場金融危機中的角色遠遠超過大家所指稱的放鬆管制或是所謂新一波的「貪婪」。這正是這麼多銀行和保險業龍頭ＡＩＧ倒閉的主要原因。在這則大蕭條的故事中，若是不提到房利美和房地美，是說不通也講不清的，更不可能忽略掉他們擔負的政治任務。他們從頭到尾，自始自終都是對自下而上的市場進行一場自上而下的干擾。大衛．史托克曼在《大變形》（*The Great Deformation*）中毫不留情地對此作結，「房利美的傳奇故事顯示出，一旦裙帶資本主義抓住了國家的一個部門，就會發揮其癌細胞般的增長潛力，這才是真正的危險。」傑夫．弗里德曼（Jeff Friedman），在他那篇探討金融危機的重量級長篇文章中，也得出類似的結論，「金融危機是由設計來約束和調整現代資本主義的一個複雜的、不斷增長的規範網絡所造成的。」美國政府的金融危機調查委員會（Financial Crisis Inquiry

Commission）成員彼得・沃利森（Peter Wallison）也說過類似的話，「金融危機並不是由微弱或無效的規範所造成的，恰恰相反，二〇〇八年的金融危機是由政府的住房政策造成的。」次貸危機確實是創造出來的，而不是演化出的現象。

行動貨幣的演化

政府對錢的壟斷不僅是壓制了創新和實驗，造成通貨膨脹和貶值，導致金融危機，同時也促成了不平等。正如多米尼克・弗里斯比（Dominic Frisby）在他的著作《無國家的生活》（*Life After the State*）中指出，財務的漣漪是以財政部為中心，往外擴散出去的。國家甚至會在錢還不存在前就把它花掉。特權銀行是第一批可動用新鈔的，還可以在資產的成本有所增加前，就先行投資。等到錢到達普通百姓的手中時，這些錢的價值已經變低許多。這種向外擴散而不斷減弱的情況，稱之為坎蒂隆效應（Cantillon Effect），用以紀念在南海泡沫中注意到越接近紙幣創造源頭的，越能從中受益的理查・坎蒂隆（Richard Cantillon）。弗里斯比認為，在一個由權勢不斷擴張的政府來創造貨幣的過程中，會有效地重新分配資金，將其從窮人處移到富人處。「這不是自由市場的運作，這是強勢政府的干預所造成的大幅的、意想不到的經濟扭曲。」

政治人物堅持要以另一個貨幣的價格來決定其貨幣，而不是讓這樣的價格自然出現，這種怪異的偏執一直讓我很困惑。特別是在英國，因為匯率錯誤定價引發危機的事件屢見不鮮。一九二五年，擔任財政大臣的溫斯頓．邱吉爾，以錯誤的價格讓英國回到金本位，最後釀成經濟衰退。一九七六年，詹姆斯．卡拉漢（James Callaghan）不願放手讓英鎊貶值，時間拉得過長。一九九二年，諾曼．拉蒙特（Norman Lamont）堅持用德國馬克的匯率來固定匯率。當然，還有一九九九年歐盟制定出一套共同貨幣的痛苦陷阱，造成失業、嚴重的經濟衰退以及南歐國家的債務。到底為什麼會有這樣的偏執？為什麼我們就是學不會價格不可能由政治人物正確地設定？我們不會設定牙膏的固定價格，那為什麼我們要設定錢的價格？弗里斯比再度對此提出意見，「目前的貨幣和金融系統並不是不受管制的自由市場，而是受保護的裙帶資本主義。這是不道德的，非常不公平而且具有高度的危險。受到競租者（rent-seekers）的濫用。」

最重要的是要打破政府對印鈔的壟斷。正如美國國會議員榮恩．保羅所言，若是政府非常肯定自己的貨幣是最好的貨幣，就不應該懼怕競爭，「在一個自由市場中，為了美國消費者、儲戶和投資者的利益，政府的法定貨幣（fiat dollar）應該與其他替代貨幣競爭。」英國議員道格拉斯．卡斯韋爾（Douglas Carswell）認為應當讓社會具有結束英格蘭銀行壟斷的權利，「或許能鼓勵它停止任意玩弄我們的貨幣。」

如今，新型態的自我組織資金不斷誕生，諸如航空里程、手機信用以及數位的比特幣（bitcoins）。它們最終將取代官方貨幣嗎？我認為有此可能。肯亞相當出人意料的已經在領導手機幣的開發。在二十一世紀初期，在沒有政府或產業界的領導下，肯亞人開始透過簡訊移轉手機通話時間給他人，以此作為一貨幣形式。電信業者如薩法利通信公司（Safaricom）與沃達豐

（Vodafone）注意到這樣的狀況，還著手發展幫助用戶簡易使用的應用程式。現在，M-Pesa 行動支付系統可以讓人直接付錢到自己的手機中，或是透過代理商取出，並且在手機之間轉移信用。這對於在城市工作，需要將現金匯給農村家人的人來說非常方便，因此大受歡迎。現在有三分之二的肯亞人將 M-Pesa 當作錢在使用，而且該國的GDP中，有超過四〇%是透過這樣的貨幣在流動。目前，透過手機來進行金融儲蓄和付費的肯亞人，遠超過使用傳統銀行賬戶的。

這套系統在肯亞成功的關鍵因素是沒有監管機構在擋路，任這套體系自行演化。這當然也是受到百般阻擾：當地銀行業也遊說政治人物要對 M-Pesa 行動支付服務要多加監管。在世界其他地方，嚴格的規範讓許多行動貨幣胎死腹中。在二〇〇八年肯亞大選後的暴力事件期間，手機幣似乎比現金更安全許多，所以這套系統變得更加普及。不久後，它突破臨界門檻，達到足夠多的人數，吸引更多的人想要加入他們的行列，以便能夠與這些用戶進行交易往來。在肯亞，從工資給付、購買儲蓄產品以及貸款，都可透過 M-Pesa 的貨幣。

錢有三個主要功能：價值儲存、交換媒介和作為記帳單位。這些特點往往是相互衝突的：稀少又不生鏽的黃金具有保值功能，但就是因為它太稀少，而失去作為實際交換的媒介。貝殼曾經在世界上的一些地方用來作為一種錢的形式，因為它們很堅硬，也很罕見。但商品貨幣的問題在於，一旦供應量突然大增，比方說發現新的貝殼來源，或是新的金礦，很容易造成通貨膨脹。相反地，另一種方式是將商品用作貨幣會突然產生錢荒。當英國皇家海軍開始在其船體上鍍銅，銅價不斷上漲，以致於有人開始融化他們的銅質便士，因為當中的銅比錢的面額價值更高。

紙做的官方貨幣，號稱可以避免這些問題，但紙鈔供應的唯一保障來自於國家不亂印鈔票的承諾，這樣的承諾在歷史上卻不只一次地反覆打破，美其名說是為了減少債務，尋找規則不會被打破的貨幣政策仍將繼續下去。正如貨幣經濟學家喬治・賽爾金和他的同僚所主張的，就任何客觀的標準來衡量，成立一個世紀以來的美國聯邦儲備委員算是徹底失敗。不僅是自一九一三年，也就是美聯儲問世以來，出現過難以控制的通貨膨脹，（在之前的一百二十年為八％，之後的一百年則是二三〇〇％），而且還出現毀滅性的通貨緊縮，以及更多的銀行恐慌、金融波動，以及時間更長，規模更深遠的經濟衰退。美聯儲對二〇〇八年的危機因應還遭到嚴厲批評，因為它僅是救助不良資產卻沒有對那些急需流動資金、即將瓦解的機構提供多少幫助，跟沃爾特・白芝浩所建議的「最後貸款人」角色完全相反。有些人認為，美聯儲這樣草率的反應將原先因房價下跌所導致的輕度經濟衰退轉變成整體的大衰退。總而言之，後人對美聯儲的可能結論是，其之於經濟的效用，就像是放血之於十八世紀的醫學，有害而無益，但當時沒有人敢這麼說。明智的人不再確知要如何以中央規畫的方式來設計一套貨幣系統，就像他們不確知要如何打造一集中規畫的工廠、醫院和鐵路系統。

另一種方法是找到一種「人工商品貨幣」（synthetic commodity money）的形式，這本身不會有其他用途，因此不會突然在某處產生需求，但又具有一個不可動搖的罕見稀缺性，可望藉此保值。在前電腦時代曾討論過印鈔之後摧毀樣版的方法，這在一定程度上能達到這個目的。一九八〇年代伊拉克總統薩達姆・海珊（Saddam Hussein）就是基於這樣的思維，發行了在英國印製並且在瑞士刻板的第納爾鈔票（dinar）。第一次波灣戰後，國際制裁打斷了他的貨幣供應。他開始在伊拉克印鈔，但由於品質差，容易仿製，一時之間偽鈔數量過高，造成通貨膨脹。不過，當時瑞士製造的第納爾依然在伊拉克流通，其價值開始與當地紙鈔的價值脫鉤。由於不再發行，人們認為這種鈔票更能保值，而且具有和美元相抗衡的價值。

最後，又出現了全球網路通用的加密貨幣比特幣（bitcoin），近期的演變造成的影響既深且鉅，遠遠超出錢的尺度。為我們帶來瞥見網路未來演化的機會。

第十六章

網際網路的演化

而當一朝我們知道無中不能生有，
我們就將更清楚看到我們尋求的：
那些由之萬物才被創造的原素，
以及萬物之成如何是未藉神助。

盧克萊修，《物性論》，第一卷，第一六四～一六七行

網際網路無所謂的中心，也沒有階級之分。所有使用它的電腦都是平等的，是網絡中的「同行」或「平輩」（peers）。正如史蒂芬．柏林．強生（Steven Berlin Johnson）所下的註解，網路世界甚至沒有一個自下而上的系統，因為有底部就意味著一個頂端。這不是由誰計畫出來的，雖然實際上是許多個體刻意而為的計畫加總出來的結果，整個網路在我的有生之年就這樣突現出來，未經規畫，出乎意料，而且沒有人事先預期得到。沒有人預見到部落格、社群網絡，甚至是搜索引擎的出現，更不用說是其具體形式。沒有人負責。然而在其所有的混亂中，網路並不是一團渾沌。它是有秩序的，有其複雜度和模式。這正是在我們眼前所發生的一個展現出經由演化過程而突現的現象的鮮活例子，其複雜性和秩序是以分散的方式自發形成，背後沒有一個設計師。

現在很值得回想一下，二十世紀大多數人對通訊技術抱持多麼悲觀的態度。作家喬治．歐威爾（George Orwell）認為收音機和電視的未來就是擔任一種洗腦的工具。海耶克在《自由的憲章》（*The Constitution of Liberty*）中，認為我們「只是處於一個時代的臨界點上，即將進入到控制心智的技術快速增長的境地。」

事實上，在二十世紀早期，當唯一的大規模通訊技術僅有廣播和電影時，政權很快地轉向極權主義。這些技術正適合於用於一對多的傳播。哈佛大學的克里斯托夫．肯德齊（Christopher Kedzie）指出，獨裁者喜歡這種發訊端源頭很少，收訊端人數眾多的技術。電話和網路這種多對多的技術，是在削弱而不是加強專制政權。一九八八年的東德，有五二%的家庭擁有一台彩色電視，但只有四%的人擁有一支電話，這絕非偶然。沒有多少人會懷疑網路是促進個人自由的一股力量。

到底應該將發明網際網路的功勞歸功給誰呢？是政府還是私人產業，這一點長久以來都處於徒勞無功的爭論中。歐巴馬在他二〇一二年的演講中，毫不懷疑地指出，「網路不是自己出現的，是政府的研究計畫創造出今日的網路。」他所指的是，即我們今天所知道的分散式網絡始於美國國防部資助的高等研究計畫署網路（Advanced Research Projects Agency Network）計畫，簡稱為「阿帕網」（Arpanet），這是由美國智庫蘭德公司（RAND Corporation）的保羅·巴蘭（Paul Baran）所構想出的「封包交換」或稱「分組交換」（packet switching），當初的發展動機主要是為了打造出某樣能夠撐過蘇聯初次攻擊後，還能發送訊息到導彈基地，以展開報復行動的某樣設備。這就是網際網路分散特性的由來。

其他人則認為這根本是胡說八道。網路可不是只有封包交換，還需要電腦、通訊、各種軟體和其他協定，這當中有許多是承接政府資助的研究計畫的部門，直接從私人企業購買來的。無論如何，若真要把阿帕網當成是網路的起源，還是得解釋一下為什麼三十年來美國政府只是任憑它空擺著，幾乎沒有用來做任何事，直到一九九〇年代真正私有化之後，才出現爆炸性的成效。事實上，政府在其中的角色比這還負面。在一九八九年之前，美國政府實際上嚴格禁止將阿帕網用於私人或商業目的。一九八〇年代在麻省理工學院還有一本使用手冊，提醒阿帕網的使用者，「以阿帕網發送電子資訊來謀取商業利益或從事政治目的，不僅是是反社會的，也是非法。」要是學術界不用靠禁止商業用途的政府網路，網路革命可能提早十年發生。

這樣看來也許我們該忘了那些提供資助的政府單位，但至少該把功勞歸給個人，少了他們，網際網路就不會誕生。保羅・巴蘭是第一個提出封包交換概念的人，文特・瑟夫（Vint Cerf）發明了允許不同程式在網路上運作的TCP／IP協定，還有提姆・伯納斯・李爵士（Sir Tim Berners Lee）開發出全球網絡。然而，這裡還是有一個問題。毫無疑問，這些人都非常優秀聰明，但要是他們沒有誕生在這個世界，在一九九〇年代難道不會有其他人想出這些東西，或是類似的東西嗎？我們已經知道同時發明是個無處不在的現象，而且一旦技術成熟，下一步必然就是創新（見第七章），很難想像二十世紀不會出現一個連結彼此電腦的普遍而開放的方式，讓人能看到在自己硬碟之外，其他節點上發生了什麼事。事實上，封包交換的概念，甚至連我們現在用來稱呼它的名稱，曾經由另一個名叫唐納・戴維斯（Donald Davies）的威爾斯人在巴蘭摸索出之後沒多久，也獨自發明出來。文特・瑟夫也和羅伯・卡恩（Bob Kahn）共享TCP／IP的功勞。所以，儘管我們應該表彰個人的貢獻，但也不該真的認為少了他們，這些東西就不可能出現。也許名字會不同，一些步驟可能也有差異，但不管是誰曾經活在這顆地球上，今天還是會有另一種網路的存在。

網際網路的真正起源並不在於絕頂聰明的個人，也不是私人公司，更不是政府的資助。史蒂芬・柏林・強生對此提出一個強而有力的論點，網路是在一個開放源頭的點對點的網絡中出現的，幾乎就像是六〇年代加州嬉皮的共同宿舍那樣的環境中。「就跟許多奠定這個數位時代基石的技術一樣，網際網路是由科學家、程式設計師和愛好者（遠超過幾位企業家）等各自分散的團體分別創建——並繼續受到到他們的塑造——然後免費分享給整個世界他們勞心費神的成果。」這些都是出於自己的意願而相互合作，並不是因為有人付錢請他們來做，而且在他們的想法中，幾乎沒有智慧財產權的觀念。開放原始碼的合作網絡創造出今天網路所依賴的大部分代碼，而且還不僅僅侷限於網路，這還延伸到智慧型手機、股票市場和飛機系統。我寫這本書所用的電腦操作系統是UNIX系統，這是集眾人之力合作打造出來的，但不是為了盈利。我用來搜尋和研究資料的網路伺服器是由阿帕奇（Apache）軟體所驅動，這是另一種開放軟體。這就是約翰・巴洛（John Barlow）所謂的「達康共產主義」（dot-communism）：這是一種共享，是共同努力不求回報的一群人之間的交流。現在想想，網路的誕生實在充滿諷刺意味，在冷戰期間從奉行資本主義的美國軍火工業中，竟然出現這樣一種「密集、多元和分散的交流」技術，產生出一種共產主義政權迄今都未達成的夢想，一種更貼近馬克思主義理想的東西。

網路的分化

有一段時間，我們都明白這一點。我們的生活充滿各式來源、維基百科與雲端。記者——那些最高唱無政府主義的野獸——發現自己被部落客、推特與業餘攝影師所超越，他們不喜歡這樣的感覺。他們說只有自上而下的新聞專業人士才懂得如何做適當的調查。科學家得習慣自己的想法在論壇上遭受不敬和即時的討論，而不再是經由同行評議和出版這樣莊嚴而不透明的俱樂部。

政治家也得忍受推特的凌虐。

但隨後反擊開始了。專欄作家馬修・帕里斯（Matthew Parris）所謂的窺探者、審查員和網際網路管理員開始大量繁衍。古巴和中國一直在管制網路，但其他國家也不遑多讓，開始侵蝕人民的自由。近年來，我們了解到，美國的維安狀態，絲毫不亞於俄羅斯和中國的，政府密切監控其公民的電子活動，然後試圖掩蓋這一切事實，還私自解釋法律來合理化其行動。資訊革命，套句伊本・莫格林（Eben Moglen）的話，這是用來「民主社會中強化極權主義的方法」。到最後，美國、歐洲和亞洲的政府，都含蓄地表示他們應該自由地傾聽彼此人民的對話，只是沒有一個政府告訴這些人民這項他們達成的新協議。

也許，令人遺憾的是，這一切我們都是從像朱利安・阿桑奇（Julian Assange）和愛德華・史諾登（Edward Snowden）這類多少行為有瑕疵的揭密者那裡得知，他們有時似乎很樂意暴露他們所竊聽的內容，羅織國家的罪狀（然後投身到不自由政權的憐憫中）。但是，你依舊可以不苟同國家的監聽而不用贊成洩露機密這樣的行徑。若是曾經有人認為，一九八九年共產國家垮台會減少西方國家政府的祕密行動與危害自由的行為，他們的希望現在全都殘酷地為事實所打破。那些想要規範我們在網路上作為的各國政府也希望可以自由地侵犯我們的隱私。比方說，史諾登曾揭露出在英國，有超過一百萬的網路相機（webcam）用戶受到政府情報機關英國通訊總部（Government Communications Headquarters 簡稱GCHQ）的窺探，以無不當行為的嫌疑為藉口。

獨裁專制肯定不會贏，但他們成功地將部分的系統轉成他們自上而下所控管的封地。從網路誕生的那一刻起，你所能想到的那些人就一直要求一個框架、一個權威以及一些規定。在這場戰爭中，最關鍵的一戰是二〇一一年因應依賴智慧財產權謀利的好萊塢大製片廠和其他媒體公司的要求所引進國會的《禁止網路盜版法案》（*Stop Online Piracy Act*）。眼見獲得兩黨的支持，再加上受到網路無政府狀態驚嚇的大政府官僚鼓勵，這項法案看來肯定是會通過。但是在二〇一二年一月的最後一分鐘，出現了任誰都想不到的反動叛亂，數以百計的網站變成漆黑一片，以抗議這項法律，在一個星期內，就把它打了下來。

然而，這場戰爭還沒結束。即使像《維基百科》這樣的組織都得屈服於某種專制下，任命具有特殊權限的編輯，在某些議題強加上自己的偏見。其動機是可以理解的，這是為了停止充滿怪異想法的偏執狂不斷加入不當的詞條。不過，實際發生的，就跟法國和俄國革命一樣，這些偏執狂都想盡辦法進入委員會中。要成為一名編輯的方式，就是只要編輯大量的網頁，從而獲得印象分數。一些編輯變成了教條主義者，逐漸破壞掉這份百科全書的群眾來源的普世價值。正如一位評論家所說的那樣，維基百科是「由搞小團體的，挑剔的編輯在運作，開放給熱愛惡作劇與蓄意破壞者」。在任何不具爭議的主題上，這仍然是個很好的入口，但我覺得維基百科上的許多主題是無法信賴的。在網站上，有人發明了一場完全虛構的戰爭，場景設定在印度的果阿邦（Goa），這項詞條不僅在維基百科上存活了五年，還成了最流行的一項條目，還贏得一個獎項。

也許這只是個小例子，但近年來有越來越多的實例顯示出維基百科已經從群眾來源往一種階級分層和中央控制的方向移動。同時，還有許多專業的公關公司做了很多讓維基百科更不公正，純粹只是為了幫助他們的客戶。歐盟法庭在二〇一四年作出的判決，即應當允許人們堅持刪除掉搜索結果中關於他們自身的陳年舊事的，即使這些事情都是真實的，這簡直就是給各種行騙者送上一份大禮。

再來就是那種真正的審查制度，特別是中國所做的。審查網路的國家數量正在穩定增長中，目前已超過四十個。文特．瑟夫所謂的「不需批准的創新」（permissionless innovation）的傳統對網路的成功至關重要，但是這正受到世界各地的政府與好事者明確的攻擊，他們堅持認為，所有的創新都必須獲得批准。國際電信聯盟（International Telecommunications Union 簡稱ITU）是聯合國的一個機構，一共有一百九十三個會員國加入，一直受到幾個政府的遊說，要求擴大其對網路的控制，奪取網域名稱註冊的權利，以及引進國際禁令，例如，禁止使用匿名。雖然我們當中有不少人樂見其成，想要看到肆意在網路上濫用評論欄的人遭到匿名權的剝奪，但是那些專制政權領導人也作如是觀，希望知道抱持不同政見者的真實身份。俄羅斯總統普京已經明確表示，他的目標是透過國際電信聯盟「建立起網路的國際控制」。二〇一一年俄羅斯，再加上中國、塔吉克斯坦和烏茲別克斯坦一同向聯合國大會提出「資訊安全國際行為準則」（International Code of Conduct for Information Security）。

這個提案在二〇一二年十二月於杜拜的國際電聯會員國會議上進行投票，結果以八十九對五十五的票數賦予聯合國機構前所未有的權力來管制網路，由俄羅斯、中國、沙烏地阿拉伯、阿爾及利亞和伊朗領導整項監管工作。儘管許多國家拒絕簽署這份新條約，美國聯邦通信委員會主席表示，世界各地的言論自由早已遭到嚴重損害，因為傾向管制的力量已經成功地改變了重要條約的意義，讓人將其理解為把對網路的控制與政府間控管區分開來。他說，國際電聯對「擴大監管的胃口食髓知味，貪得無厭。」

儘管具有分散性質，網路確實存在有一中央委員會，即「網際網路網域名稱及號碼指配機構」（Internet Corporation for Assigned Names and Numbers）或ＩＣＡＮＮ。這是由美國政府設置的，不過它現在與其他國家的政府和國際機構共同擔負責任。這間機構有閃閃發光的辦公室以及分發網域名稱的權力。

總體來說，我仍然對此抱持樂觀的態度，相信演化的力量將會勝過指揮和控制的力量，網路將繼續為所有人提供一個自由的空間。但，這僅僅是因為人類的聰明才智領先那些政府領導機關一步。或許下一代網路最深層的重要性是獨立於政府的數位貨幣：比特幣，也或者之後會有其他加密的網路貨幣出現。自由主義經濟學者米爾頓．傅立曼（Milton Friedman）說過，「我認為網路將是降低政府作用的主要力量之一。目前僅缺少一項要件，但很快就會開發出來的，那就是一可靠的電子貨幣。」現在還不只是電子貨幣而已，比特幣背後的技術最終不但有可能讓網路去中心化，甚至是擴展到社會中。讓比特幣得以作用的「區塊鍊」（blockchains）技術，其影響力更是深不可測。

區塊鍊的離奇演化

這則故事是從一九九二年開始的，當時網際網路才剛剛開始出現。一位名叫提姆・梅伊（Tim May）的電腦先鋒富商，找來一群人到他位於聖塔克魯斯（Santa Cruz）的家，討論如何使用「密碼學方法」在網絡電腦上破解智慧財產權和政府加密的障礙。他告訴他們：「起身奮戰吧！反正你沒什麼可失去的，了不起就是你的鐵絲網」。他們稱自己為「密碼朋客」（cypherpunks），而且也預見到這項科技既會對自由構成威脅，也會為自由帶來機會，能夠開拓世界，但也會讓國家有機可趁，入侵我們的私生活。他們的宣言是，「我們這群密碼朋克致力於建立匿名系統。我們以加密的匿名郵件轉發系統、數位簽名以及電子貨幣來捍衛我們的隱私。」

就跟多數抱持自由意志論的團體一樣，密碼朋客的網站社群很快就在激烈的爭吵和鬥爭的火爆氣氛中瓦解了。不過在那之前，他們在彼此的腦中已經激發出一些有趣的想法。這團體中的關鍵人物是亞當・貝克（Adam Back）、哈爾・芬尼（Hal Finney）、魏・戴伊（Wei Dai）和尼克・薩博（Nick Szabo）。在處理匿名又能自我組織的貨幣系統上，貝克發明出一種叫做「雜湊現金」（hashcash）的系統，戴伊想出所謂的B錢（b-money），芬尼則開發出一套名為「可重複使用的工作量證明」（reusable proofs of work）的一份重要協定。薩博是當中深入研究這個專題的歷史和哲學的人。他具有電腦科學的背景，又攻讀了法學博士，對錢的歷史十分著迷，還寫了一篇關於這個主題的長篇文章，在當中探討演化生物學家理查·道金斯之前拋出來的一個尚未發展完全想法，表示「錢是一種延遲的互惠利他主義的正式代幣」，換句話說，錢能讓我們能夠在任何時間以間接地方式回報別人的關心。

這篇名為〈脫殼而出：貨幣的起源〉（Shelling Out: The Origins of Money）的文章，深刻體認到錢是逐漸而且以勢不可擋的趨勢演化出來的，並不是來自於設計。錢從種種收藏品開始，如貝殼、骨頭和珠子，因為它們都具有不易腐壞的特性，早期人類就已經在收集，然後逐漸發展出作為交換媒介的功能，使得以物易物的易貨方式變得更加普遍。薩博在他的文章中，特別納入演化心理學的觀點，引用了許多相關主題的研究。等到二十一世紀初期時，他對於一種由軟體虛構的產品比特金（bitgold）大感興趣，這種數位幣模仿黃金的特性，非常稀有而且難以取得，但容易讓他人驗證，所以可以信賴其具有儲存價值。很顯然，他試圖在網路上重新創建真實貨幣演化的關鍵步驟。

幾年過去了。在二〇〇八年八月十八日，金融危機爆發前的一個月，一個新的網域以匿名的方式註冊：bitcoin.org。兩個星期後，有個以「中本聰」（Satoshi Nakamoto）為名的會員在網上發布了一篇九頁的文件，概述一種名為比特幣的對等網絡電子現金系統的想法。比特幣系統在網路上存活了幾個月，中本聰在他宣告比特幣誕生的文章中，還引用了《紐約時報》報導英國政府公布對銀行進行第二波紓困的標題。一個月後，中本聰在點對點網絡基金會（Peer-to-Peer

Foundation）的網站上宣布，「我開發出一個名為比特幣的新的開源P2P電子現金系統。它完全是分散的，沒有中央伺服器或信託單位，因為一切都是基於密碼的驗證，而不是信任。試試看吧，或者看看截圖與設計圖。」他的動機顯而易見。比特幣設計成在沒有任何貴金屬的後援下，保持其價值，沒有一中央發行者，也沒有任何內在價值。中本聰邀請用戶，「逃離集中管理貨幣而造成的人為通膨風險！」

很難說明比特幣究竟是如何運作的。近來我在一個跟進比特幣而創造的企業以太坊（Ethereum）所推出的一項活動中，讀到了對其最棒的解釋，「中本聰提供的這項創新是將非常簡單的分散的共同協定，根據每十分鐘節點上的交易組合成『區塊』（block），創造出一個不斷增長的區塊鍊，用工作量證明（proof of work）當作判斷節點是否可以取得參與該系統權利的機制。」若你覺得這很難理解，這很正常，大多數人都是如此。在英文資料中，我還沒有讀到對區塊鍊科技真正清楚的描述，除非是用數學的語言。概括來說，我知道比特幣是一個有效的公共總帳（ledger），或稱分散式交易紀錄，是遍布世界各地的比特幣用戶的交易存儲總和。要加入這套系統，可以在總帳上創造出你個人的部分，並與他人分享，這全都是以加密的「區塊」存在。這讓比特幣無懈可擊，而且是公開的，沒有銀行或其他機構能證實交易者的身分。

中本聰是個假名。比特幣的創始人，不論是一個人還是一群人，都希望保持匿名，原因相當明顯。過去發明私人貨幣的發明家常常會遭到充滿嫉妒心的政府找麻煩。比方說從一九九八年開始，伯納德．馮．納特豪斯（Bernard von NotHaus）公開以黃金鑄造並出售他所謂的「自由元」

（liberty dollars），絲毫沒有佯裝成美元的企圖。他開始與聯邦儲備局競爭，就像是聯邦快遞與郵局競爭一樣，提供另一種存錢儲蓄的方式。美國聯邦政府經過十一年的容忍，突然之間毫無預警地進行突擊搜查，並且將其逮捕，以製造偽幣、詐欺和陰謀叛國等罪名來起訴他。儘管他的客戶既沒有欺騙，也沒有不滿，他還是遭到判刑，主要是他真的成為聯邦政府的競爭對手。然後又出現一套數位支付系統「電子金」（e-gold），這是由一位在加勒比海名叫道格．傑克遜（Doug Jackson）的腫瘤學家所經營的，在以允許非法資金交易為由而勒令關閉前，其交易額曾經高達十五億美元。政府不會善待在他們控制範圍之外的貨幣。這就是比特幣的創始人不願露面的原因。

神祕的創始人

到底誰是中本聰呢？《新聞周刊》在二〇一四年三月認為已經找到他，確認他的身分，就是住在洛杉磯附近名叫多利安．中本聰（Dorian Satoshi Nakamoto）的六十四歲日裔美籍程式設計師。對此感到困惑不已的多利安，是個失業、身體不好，英語又不夠流利的人，他表示他跟比特幣一點關係都沒有，他不明白那是什麼，還認為那叫做比特康（bitcom）。最後，他一針見血地問道，若是他真的想匿名，為什麼在網路上還會用他真名的一部分呢？真正的中本聰親自跳出來在網站上宣布（依舊保持匿名）說他不是多利安。

「真正的」中本聰使用日本名字、德國網址，許多英式的短語和參考文獻，而且就他發文的時間判斷，是在美國（東海岸）的時區。唯一和他沒有關聯的高科技區域，似乎就是尼克・薩博居住的北美洲西海岸。針對其行事風格、特質、可能年齡以及他的活動模式的鑑識分析，讓作家多明尼克・弗里斯比（Dominic Frisby）和其他人，包括一個英國伯明罕大學的四十位法醫語言學家團隊，都做出中本聰可能是尼克・薩博的結論。最令人感到可疑的一點，通常意見很多的薩博在中本聰變得活躍之時，就會異常地沉默，而中本聰沒什麼發言之際反而活躍起來。不過，薩博在他的推特上一直否認自己是中本聰。（有些人仍認為他是和哈爾・芬尼聯手扮演中本聰，儘管兩邊都不承認。）薩博自己是個低調的人，在網路上連他的照片都找不到。

不管「中本聰」究竟是誰，他確實知道很多關於電腦程式設計和經濟史，這樣的組合算是相當罕見。毫無疑問，比特幣是我們這時代最重要的發明之一（雖然我懷疑要是沒有中本聰，也許它還不會出現，但還是會有其他人，提出某種形式的自我驗證貨幣）。比爾・蓋茲稱這是一種絕技（tour de force）。到目前為止，這套系統還沒遭到駭客入侵，它所具有的特性，使它幾乎成為一理想的貨幣系統，它可自我調節，因此不可能有膨脹的問題，也超出國家控管的範圍。它解決了過去困擾所有形式的電子貨幣的問題：必須要一個第三方確保發送給你的錢不會在同一時間發送到其他人那裡。這正是銀行在匯款上扮演的角色，而政府則是以鑄造一定數量的硬幣和紙鈔來做到這一點。比特幣確保當同樣的錢送到兩個地方時，只有第一個確認的會完成交易，以此來防止重複花費。

比特幣的鑄造模仿採礦（mining），一開始很容易，但難度會逐漸變得增加，所以現在大型銀行的電腦需要挖掘每個硬幣。每個硬幣含有先前開採的代碼鏈，稱作區塊鍊，外加一個新的區塊，這是通過電腦網格解決困難的難題時所創造出來的。在我寫作之際，約有一千三百萬比特幣在流通，而且數字絕不會超過兩千一百萬。每四年生產速率減半，直到二十二世紀中葉到達頂端。

你可以像處理英鎊或美元那樣購買或出售比特幣。在二〇一三年塞浦路斯爆發金融危機之後，比特幣的價格攀升，那時個人儲戶理解到，他們放在銀行的傳統貨幣是不安全的，因為塞浦路斯政府宣布將沒收積蓄超過十萬美元的存戶的百分之四十的存款。當世界各地的投資者逐漸瓦解政府的專斷權力，比特幣的價格從二〇一三年九月的一百二十美元，在當年度的十二月就上漲到將近一千兩百美元。之後，又開始緩慢下跌。

在寫這篇文章時，約有市值六十億美元的資金是以比特幣的形式保存。但它要接管世界儲備貨幣的地位仍有很長一段路要走。它現在還沒有有記帳單位的功能。比特幣的波動性和泡沫特徵也讓人對它成為世界儲備貨幣的前途不抱樂觀，而且其供應量也相對較小。也還不容易找到夠多的交易商，甚至連在網路上都不夠，來接受比特幣。第一家比特幣交易所「購可斯山」（Mt. Gox）在一堆詐騙案中倒閉。此外，比特幣在毒販之間非常受歡迎，尤其是在一個稱為「絲路」（Silk Road）的線上交易網上。有關當局滲透到絲路內，抓到一批不法分子，包括二十九歲的馮米塞斯（von-Mises），他自稱「恐怖海盜羅伯茨」（Dread Pirate Roberts），在舊金山的一家咖啡店進行這些不法交易。所有這些因素都損害這項電子交易系統的聲譽。

所以，目前尚不用屏息以待，或是輕易得出比特幣是未來最終貨幣的結論。它更像是某個開始。而且毫無疑問，加密貨幣將會演化。杜漢大學的財金教授凱文．多德（Kevin Dowd）就「絲路」一案指出，「每一次的失敗都可作為一種演化的壓力，淘汰掉弱的網站，成為他人不致重蹈覆轍的教訓。去除掉一個，新的問題馬上取而代之：絲路2.0早已啟動，並且正在運作中。」

正如多明尼克．弗里斯比所指出的，比特幣演變至今，不僅其本身具有混亂無章、有機演變的特徵，就連周圍的人都「龍蛇雜處，從電腦高手、詐騙集團到經濟學家，從機會主義者、利他主義到活動分子，各路人馬都來共襄盛舉。」儘管如此，還是值得注意，一個完全沒有內在價值的小小比特幣，竟然能達到如此的成就，預示著網路上加密貨幣的未來。目前，有三百多個競爭對手在與比特幣競爭線上加密貨幣的市場，有人稱它們為「山寨幣」（altcoins），儘管截至目前為止，沒有一個超越比特幣的市占率，但這很可能只是時間的問題。

試想一下，要是分散式的加密貨幣真的蓬勃發展起來，可能會出現怎樣的情況。若是大家開始把自己的積蓄存在其中，而金融公司開始提供有趣的加密貨幣產品，政府將發現他們能干預的空間大幅減少。他們不能任意借款，或是貪婪地收稅，或是在任意揮霍時不去注意自己的貨幣對上其他的貨幣，好比說是比特幣的匯率。弗里斯比認為，這將迫使國家向消費端收稅，而不是生產端，這能夠將通貨膨脹驅逐出整個系統。首先，這將排除掉大銀行，終結世界上大多數財富集中在一個產業中的失序狀態。中本聰說，若是「我們能夠恰當地解釋比特幣，以自由主義的觀點來看待它，這是非常具有吸引力的」。納西姆・塔雷伯表示：「比特幣是一件偉大事情的開端，這是一個無政府貨幣，是勢在必行的趨勢。」凱文・多德則認為，「這帶來一個新興的自發社會秩序的深層問題……一個加密無政府主義的社會，在當中，政府不再具有影響貨幣體系的角色。」一位比特幣的開發者傑夫・卡爾吉克（Jeff Garzik）稱這是「網路誕生以來最重大的突破，是全方位改變我們生活的催化劑」。

給所有人的區塊鍊

這些人為何會對比特幣如此狂熱？比特幣背後的「區塊鍊」技術可能會成為整個技術新世界的主要成份，如網路本身一樣大，是一股將中間商逐出多數交易的創新浪潮，讓我們有更多自由和世界各地的人交換商品和服務，而無需通過中介公司。這可以從根本上讓社會去中心化，擺脫銀行、政府，甚至是公司和政治家。

就拿推特的競爭對手「推士特」或暱稱為「推死他」（Twister）來說，這是以區塊鍊為基礎的網絡，完全是構建在一個分散式的點對點網絡上。若是你住在一個專制制度下，在推特上發表批評你的政府的訊息，很容易導致你的政府脅迫推特交出你的詳細資料。用推士特的話，就不會發生這種事。再來就是域名幣（Namecoin），其目的是以一個分散的，以點對點的對等網絡的方式來核發網域名稱；Storj公司則計畫讓雲端儲存的文件隱藏在區塊鍊中；以太坊（Ethereum）則是分散的，點對點的對等網絡，正如馬修·史帕克斯（Matthew Sparkes）所言，其「宗旨是在取代所有可以用代碼所描述的一切」。數位專家普利馬維拉·德·菲利皮（Primavera De Filippi）認為以太坊及其同類公司，提出非常精明的合約，允許那些一旦在區塊鍊上部署好的「分布式自主組織」，「不再需要（也不用理會）其創造者」。

換句話說，這不只是無人駕駛汽車，還是沒有老闆的。想像在未來叫一台計程車，不僅沒有司機，還是歸屬於一個電腦網絡，而不是一個人類個體。這網絡會募集資金，簽訂合約，派車，即便其「總部」是遍布在整個網路當中。這將代表一個去中心化、演化以及自治系統的勝利。用區塊鍊資訊公司（Blockchain.info.）安德烈斯·安東諾普洛斯（Andreas Antonopoulos）的話來說，這意味著，「軟體做到了靠規範管理所做不到的。」他認為，有別於集中式系統，分散式的機構有彈性，而且是廉潔的。「沒有中心，就不會有貪腐的機會。我認為這是人類的一種自然進步。」

你可能會認為我講的話聽來太過荒誕不羈，像是激進的自由主義夢想家，或許我真的是吧！我對未來將有什麼大事發生的信心來自於我在這本書中一再的強調的要點，演化的系統是人類行為的結果，而不是人類的設計。網路上正突現出如語言或政府一樣激烈的事物。官員、律師、政治人物和商人可能會合力阻止這一切，因為他們已從中瞥見自己的多餘性，也許他們可能會成功一陣子。但無休無止勢不可擋的演化最終將打敗他們。別忘了技術的演化過程，無論我們是否想要，它都演化了出來。

政治的再演化

再看看政治。即使到了今天，這場網路革命仍在瓦解利維坦這隻國家巨獸。網路讓每個人都成為記者和政治人，使消費者成為終極的負責人，降低了平凡人做非凡事的成本，無論是在慈善事業、商業或政治方面。大企業在其具有創造性破壞力的面前顫抖，大型的國家官僚機構無法長久抵抗。正如特立獨行的英國國會議員道格拉斯．卡斯威爾（Douglas Carswell）所言，「網路所觸及到的一切都在轉型。進入的門檻正在崩解。已有根基的營運商得面臨來自後起之秀的靈活競爭。政治界也是如此。」卡斯威爾認為「i民主」以勢不可擋之姿正在快速地改變從政的舊有手法，取代政黨控制與官僚作業的傳統，帶來種種激烈的浮現可能性，從公開初選到即時公民投票，從地方政府的參與式預算決定到線上召回。「這在我們的民主中喚醒了類似克倫威爾的輝煌成就。」瀕臨破產又欺凌人民的大政府模式不僅讓人難以承受，也日益變得不切實際。在個人和企業可以輕鬆跳過各種司法管轄的世界，不會等在那裡被忍受查稅員的壓榨，公共財政的恣意揮霍變得越來越站不住腳。而且要是廣泛使用起加密貨幣，這一點更將是千真萬確。

卡斯威爾設想出一個世界，在當中是由你，也就是每個公民在掌理。制定一體適用政策的官員得做你所交辦的事項，當選的政治人物也是如此，在過去，他們只有每隔四、五年才會聽一次你們的指令。卡斯威爾表示「數位革命是對抗這種菁英專制的政變。徹底顛覆了這些在其他人想法中的二手交易員。」二〇〇九年保守黨的丹尼爾．漢南（Daniel Hannan）在歐洲議會起身把倒楣的英國首相高登．布朗罵得狗血淋頭，整整三分鐘，主流媒體一開始都忽略此事。但是，當幾分鐘之內，這個的片段上傳到 YouTube 之後，點閱次數瞬間超過一百萬次，主流媒體不得不迎頭趕上。《新政治家》（*New Statesman*）的總編彼得．威爾比（Peter Wilby）說，這事件說明網路有多麼缺乏品質控管，這話的的意思是，沒有像他這樣的人來把關，過濾新聞。現在是由集體智慧來過濾。

卡斯威爾指出，近幾十年來政治逐步變得越來越中心化，但他認為他感受到這股趨勢開始逆轉。政府掌握住越來越多國家所產生的錢，將其花費在如何設計出由中央機關來執行的解決方案上，這是一種政治創造論。將權力轉移給非民選官員，架空了民選的代表。在英國，現在有五分之四的立法，是由非民選的終身制公務員所制定的，他們的工作已經從執行政策轉變為制定政策。有影響力的當選官員組成一小群圍繞在政府首長身邊的朝臣，到了一九九〇年代，他們將這套集中控制的政策和政治系統完善體現在政治化妝師的手中。而偏向維持現狀，對一切新事物都採取防範、不信任態度的政治系統，以及其精英的假設，幾乎可說是設計來阻撓所有創新嘗試的完美手段。

不過，這一點正在迅速改變中。傳統的政黨不再能滿足人民的政治需求。國家對待人民的方式遠比業務差。當公民的經驗越來越豐富，能夠改變其供應商，要求體面的服務，當在網路上可獲得即時信息，當買雙鞋子只需一次點擊就可以的時候，人民對於政府竟然以這麼差的方式來對待他們感到越來越沮喪。為什麼查詢要花費數週的時間才能得到回應？為什麼網站一定要這樣？為什麼表格設計的如此糟糕？為什麼服務費用如此不透明？為什麼法律這麼沒有彈性？數位革命為公共服務帶來「超個人化」（hyper-personalise）的機會，讓為人父母者掌控其子女的個人教育預算，讓病患負責自己的健康衛生預算，移除中間的官僚體系。

數位民主劇烈地動搖政府，就如同冷戰的結束動搖共產主義一樣。到目前為止，數位技術對政府的施政和生產力的影響幾乎不存在。若真要說有的話，公共服務的效率不升反降。這樣的統計結果，仔細思考起來，確實是讓人非常驚訝。電腦和智慧型手機以及非常便宜的通信和網路上的無限資源都已經進入他們的辦公室，官僚體系究竟是用什麼方法來避免所有的變動，毫不增加其生產力？他們是如何做到這一點的？總之，一場地震即將到來。讓政治演化吧。

結語
未來的演化

有兩種方法來講二十世紀的故事。你可以描述一系列的戰爭、革命、危機、流行病、金融災難。或者你也可以說，在這顆星球上，幾乎每個人的生活品質都在溫和但無止境地提升：收入成長、疾病控制、寄生蟲的消失，物慾減少，日益持久性和平、壽命延長、技術進步。我寫了這整本書來講述後者的故事，不知道為什麼，這樣的做法似乎相當具有原創性，而且是個令人驚訝的計畫。無庸置疑，現在的世界比以前任何一個時候都來得好，這顯然是值得慶賀的。然而，翻開報紙，你會認為我們不斷在從一場災難進入另一場災難，而且不可避免地面臨更多災難的未來。看一眼學校的歷史課程，你會發現當中充滿過去的災難，還有未來的危機。我無法在腦海中調和這種怪異的樂觀和悲觀的並置狀態。這個世界提供源源不絕的壞消息，與此同時人們的生活越來越好。現在，我想我明白了，我寫這本書的其中一個目的，就是要去理解這個問題。若是以驚世駭俗的形式來表達我對此的解釋：壞消息是人造的，是自上而下的，是有意的填塞，是強加於歷史的。好消息是偶然的，毫無規畫的，是突現出來而且逐漸在演化的事物。順利進展的事情在很大程度上都不是有意而為，但搞砸的事情往往都是刻意要去做的。讓我給你兩份名單。第一份是第一次世界大戰，俄國革命、凡爾賽條約、大蕭條、納粹政權、第二次世界大戰、中國的文化大革命、二〇〇八年的金融危機，這當中每一個都是自上而下的決策結果，是由相對少數的政治人物、中央銀行以及革命者等人試圖實施某項計畫而產生的。至於第二份則是全球收入增長、傳染病消失、養活七十億人、河流和空氣的整治淨化、多數富裕國家的造林計畫、網路、手機銀行、利用基因指紋來把罪犯定罪以及釋放無辜者。這當中每一項都是數以百萬不打算做什麼大改革的人所造成的偶然的、意外的現象。選舉學家大衛・巴特勒（Sir David Butler）表示一切有趣的事情都在增加，而且統計數據顯示過去五十年來人類生活水準的重大變化很少是來自政府的作為。

當然，你可以找到許多反例：個人或是單一機構根據計畫而達成一件特別的任務（好比說登月計畫？），或是一種突現的現象卻帶來災難性的破壞（過敏和自體免疫疾病的比例因為過度衛生而上升？）但我認為這些例子不會太多。讓良好的演化，但還是一邊做不好的事，這一直就是歷史的主題。這就是為什麼新聞中只充滿我們所做的壞消息，但我們發現當他這些過去之後，好事早已默默地發生。好東西是漸進的，壞東西則是突現的。總之，美好的事物會演化下去。

當然，我聽得到你的吶喊，這樣講確實是荒謬得誇張。這個世界充滿了設計好、規畫好而且執行得宜的事情。然而，不能僅為一件事是井然有序的，就代表它是精心設計的。經常它是透過偶然的試誤學習而出現的，將秩序與掌控畫上等號是為了呼應我們強大的直覺，正如布林克・

林德賽（Brink Lindsey）指出，「儘管未加規畫的市場明顯獲得成功，儘管網路的分散化秩序壯觀的興起，儘管『複雜』的新科學以及其相關的自我組織系統研究，早已普及，世人仍然普遍認為，唯一能夠替代集中式權威的就只有一片混亂而已。」

就是連美麗設計的範例，好比說我用來寫下這一切文字的這台美妙的 Macbook Air 筆記型電腦，實際上也是來自於一個演化的過程，它不僅結合了數幾千位發明者的作品，在推到市場接受消費者的選擇或淘汰之前，還要通過無數可能的設計的測試，才選擇出目前的版本。當然，強納森·伊夫爵士（Sir Jonathan Ive）居功厥偉，也是實至名歸，他做出很多蘋果電腦的優秀設計，包括這一個在內，但是當中的成分和組件，從矽晶片、軟體、陽極氧化的鋁外殼，這些都來自於其他的發明家。組合和選擇它們的過程是自下而上的。這台筆記型電腦能夠存在，這當中演化的作用至少不亞創造的作用。

正如我在前言中所強調的，達爾文在一八五九年所概述的天擇造成的演化論實際上應該稱之為「狹義」演化論，以便和「廣義」演化論區分開來。這個概念我是受到演化和創新領域專家理查·韋伯（Richard Webb）的激發。我試圖在本書中發展他所提出的一個要點，即歷史的飛輪是透過試誤學習不斷增加其變化量，透過重組推動創新，而這當中所牽扯到的，其實是各式各樣的事情，不僅僅是限於基因而已。這也是道德、經濟、文化、語言、科技、城市、企業、教育、歷史、法律、政府、宗教、金錢和社會變化的主要途徑。長久以來，我們一直低估來自於底層的自發的、有機的和建設性的變革力量，而只是執著於來自上方的設計變化。讓我們擁抱廣義演化論吧！承認這一切都是演化而來的。

二十一世紀很可能將飽受壞消息的衝擊，但在無形之中，會經歷許多好事進展。漸增的、無止盡的，不可避免的變化將會給我們帶來物質和精神上的改善，會讓我們的子孫享有更為富裕、健康、快樂、聰明、清潔、親切、自由、和平、平等的生活，這幾乎完全是文化演化過程中偶發的副產物。不過那些心懷壯志的人則會在一路上為我們帶來痛苦和折磨。

讓我們少表揚幾分創造者，多鼓勵與慶賀一下萬物的演化。

謝辭

醞釀寫這本書的時間花了我好多年，甚或有好幾十年，所以實在是不可能感謝所有在這段期間提供我靈感和精神食糧的人。一如我十分執著地不斷指出人類思想的全部意義在於這是一個分布式的現象，存在於人類大腦之間，而不是在其之內。我不過就是在一個巨大知識網絡上的一個節點，試圖用幾句不足以表達這一切的文字來捕捉這樣空靈又不斷演化的實體。這並不意味著任何人除了我自己之外，得為書中的任何錯誤負責。

儘管如此，還是應該特別感謝許多慷慨提供想法、建議、警告與他們自己時間的人如此大方。下列名單，還不是全部的人：布萊恩・亞瑟（Brian Arthur）、艾瑞克・拜因霍克（Eric Beinhocker）、唐恩・布德侯（Don Boudreaux）、卡羅爾・布德侯（Karol Boudreaux）、喬凡尼・卡哈達（Giovanni Carrada）、道格拉斯・卡斯威爾（Douglas Carswell）、莫妮卡・錢尼（Monika Cheney）、格雷戈里・克拉克（Gregory Clark）、斯蒂芬・戈拉荷立（Stephen

Colarelli）、約翰・康斯特布爾（John Constable）、帕特里克・克拉默（Patrick Cramer）、魯伯特・達爾沃（Rupert Darwall）、理查・道金斯（Richard Dawkins）、丹尼爾・丹尼特（Daniel Dennett）、Megnad德賽（Megnad Desai）、凱特・迪斯汀（Kate Distin）、伯納・唐努格（Bernard Donoughue）、馬丁・德金（Martin Durkin）、

丹尼・芬克爾斯坦（Danny Finkelstein）、大衛・弗萊徹（David Fletcher）、鮑伯・法蘭克（Bob Frank）、路易・文生・蓋夫（Louis Vincent Gave）、赫伯・金提斯（Herb Gintis）、漢納斯・吉思蘇哈生（Hannes Gissurarson）、迪恩・卡德生（Dean Godson）、奧利弗・古德諾夫（Oliver Goodenough）、安東尼・戈特利布（Anthony Gottlieb）、布莉吉特・格和威爾（Brigitte Granville）、強納森・海特（Jonathan Haidt）、丹尼爾・漢南（Daniel Hannan）、提姆・哈福德（Tim Harford）、茱蒂・瑞奇・哈里斯（Judith Rich Harris）、喬伊・亨立奇（Joe Henrich）、多明尼克・霍布森（Dominic Hobson）、湯姆・荷蘭（Tom Holland）、莉迪亞・霍普（Lydia Hopper）、亞努拉・賈亞蘇里亞（Anula Jayasuriya）、特倫斯・基立（Terence Kealey）、海波瑞恩・奈特（Hyperion Knight）、誇西・柯沃譚（Kwasi Kwarteng）、諾曼・拉蒙特（Norman Lamont）、奈傑爾・勞森（Nigel Lawson）、津偉・李（Kui Wai Li）、馬克・李特伍德（Mark Littlewood）、尼克拉斯・拉布拉德（Niklaas Lundblad）、迪爾德麗・麥克洛斯基（Deirdre McCloskey）、傑佛瑞・米勒（Geoffrey Miller）、阿爾貝托・明嘉蒂（Alberto

Mingardi）、菅田・米特拉（Sugata Mitra）、安德魯。蒙特福特（Andrew Montford）、提姆・蒙哥馬利（Tim Montgomerie）、喬恩・莫伊尼漢（Jon Moynihan）、傑西・諾曼（Jesse Norman）、賽琳娜・歐格雷迪（Selina O'Grady）、格雷・歐爾史東（Gerry Ohrstrom）、吉姆・歐特森（Jim Otteson）、歐文・派特森（Owen Paterson）、羅絲・帕特森（Rose Paterson）、班尼・派瑟（Benny Peiser）、文基・萊瑪克里斯南（Venki Ramakrishnan）、尼爾・瑞克德（Neil Record）、皮特・理查森（Pete Richerson）、亞當・雷德利（Adam Ridley）、拉斯・羅伯茲（Russ Roberts）、保羅・羅默（Paul Romer）、保羅・羅桑（Paul Roossin）、大衛・羅斯（David Rose）、喬治・賽爾金（George Selgin）、安德魯・熊（Andrew Shuen）、艾米莉・史卡爾貝克（Emily Skarbek）、比爾・史黛西（Bill Stacey）、約翰・蒂爾尼（John Tierney）、理查・托爾（Richard Tol）、詹姆斯・托雷（James Tooley）、安德魯・托蘭斯（Andrew Torrance）、奈傑爾・文森（Nigel Vinson）、安德烈亞斯・華格納（Andreas Wagner）、理查・韋伯（Richard Webb）、琳達・惠特史東（Linda Whetstone）、大衛・斯隆・威爾森（David Sloan Wilson）、約翰・偉斯洛（John Witherow）、安德魯・沃克（Andrew Work）、提姆・沃爾史托（Tim Worstall）、克里斯・賴特，以及其他許多人。

在研究和寫作這本書時，蓋伊・賓利（Guy Bentley）和安德烈・布拉德福特（Andrea Bradford）提供了許多有用的實質幫助，我衷心感謝他們。我的經紀人菲利西提・布萊恩

（Felicity Bryan）和彼得・金斯伯格（Peter Ginsberg）和我的編輯路易絲・海恩斯（Louise Haines）和泰瑞・卡爾頓（Terry Karten），從頭到尾都非常有耐心，予以鼓勵和精明的想法。我最要感謝我的家人，安雅、馬修和艾瑞絲，不僅提供我許多想法和見解，也讓我有個身心安頓的所在。

參考書目

〈序〉廣義演化論

On energy evolution, Bryce, Robert 2014. *Smaller Faster Lighter Denser Cheaper*. PublicAffairs.
On antifragility, Taleb, Nassim Nicholas 2012. *Antifragile*. Random House.
On Adam Smith, *The Theory of Moral Sentiments*. 1759.
On Adam Ferguson, *Essay on the History of Civil Society*. 1767.
On the lack of a name for objects that are the result of human action but not human design, Roberts, R. 2005. The reality of markets. At Econlib.org 5 September 2005.
Richard Webb's notion of a special and a general theory of evolution was enunciated during a Gruter Institute conference in London in July 2014.

第一章　宇宙的演化

On Lucretius, the translation I use here is a very lyrical one by the poet Alicia Stallings: Stallings, A.E. (translated and with notes) 2007. Lucretius. *The Nature of Things*. Penguin.
On skyhooks, Dennett, Daniel C. 1995. *Darwin's Dangerous Idea*. Simon & Schuster. The first use of the word is here: 'A naval aeroplane, with an officer pilot and a warrant or petty officer telegraphist, was cooperating with artillery in a new system of signalling. The day was cold and the wind was bumpy, and the aeroplane crew were frankly bored. Presently the battery signaller sent a message, "Battery out of action for an hour; remain aloft awaiting orders." Back came the reply

with remarkable promptitude: "This machine is not fitted with sky-hooks." ' From the *Feilding Star* (New Zealand) 15 June 1915.

On the implications of Darwinism, Arnhart, Larry 2013. The Evolution of Darwinian Liberalism. Paper to the Mont Pelerin Society June 2013.

On Lucretius, Greenblatt, Stephen 2012. *The Swerve*. Vintage Books.

On Dawkins and Lucretius, Gottlieb, Anthony 2000. *The Dream of Reason*. Allen Lane/The Penguin Press.

On Lucretius's influence on Western thought, Wilson, Catherine 2008. *Epicureanism at the Origin of Modernity*. Oxford University Press.

On Newton and Lucretius, Jensen, W. 2011. Newton and Lucretius: some overlooked parallels. In T.J. Madigan, D.B. Suits (eds), *Lucretius: His Continuing Influence and Contemporary Relevance*. Graphic Arts Press; and Johnson, M. and Wilson, C. 2007. Lucretius and the History of Science. *The Cambridge Companion to Lucretius*, 131–148, ed. S. Gillespie and P. Hardie. Cambridge University Press.

On Newton's religious swerve, Shults, F.L. 2005. *Reforming the Doctrine of God*. Eerdmans Publishing.

On the swerve, Cashmore, Anthony R. 2010. The Lucretian Swerve: The biological basis of human behavior and the criminal justice system. *PNAS* 107:4499–4504.

On Voltaire and Lucretius, Baker, E. 2007. In *The Cambridge Companion to Lucretius*, 131–148, ed. S. Gillespie and P. Hardie. Cambridge University Press.

On Erasmus Darwin, Jackson, Noel 2009. Rhyme and Reason: Erasmus Darwin's romanticism. *Modern Language Quarterly* 70:2.

On Hutton, Dean, D.R. 1992. *James Hutton and the History of Geology*. Cornell University Press; and Gillispie, C.C. 1996. *Genesis and Geology*. Harvard University Press.

On determinism, Laplace, Pierre-Simon. 1814. *A Philosophical Essay on Probabilities*; what Laplace meant is discussed in Hawking, S. 1999. Does God Play Dice?. Public lecture, archived at archive.org; and Faye, Hervé 1884. *Sur l'origine du monde: théories cosmogoniques des anciens et des modernes*. Paris: Gauthier-Villars.

On the anthropic principle, Waltham, D. 2014. *Lucky Planet: Why the Earth is Exceptional and What That Means for Life in the Universe*. Icon Books.

Douglas Adams's puddle metaphor was in a speech in 1998. Quoted at biota.org/people/douglasadams/index.html.

On Voltaire and Emilie du Châtelet, Bodanis, David 2006. *Passionate Minds: The Great Enlightenment Love Affair*. Little, Brown.

第二章　道德的演化

On Smith's moral philosophy, Macfarlane, Alan 2000. *The Riddle of the Modern World*. Palgrave; Otteson, James 2013. Adam Smith. In Roger Crisp (ed.), *Oxford Handbook of the History of Ethics*, 421–442. New York: Oxford University Press; Otteson, James 2013. *Adam Smith*. New York: Bloomsbury Academic; Otteson, James 1998. *Adam Smith's Marketplace of Life*. Cambridge University Press; Roberts, Russ 2005. The reality of markets. econlib.org/library/Columns/y2005/Robertsmarkets.html; and Roberts, Russ 2014. *How Adam Smith Can Change Your Life*. Penguin. Also Kennedy, G. 2013. Adam Smith on religion, in the *Oxford Handbook on Adam Smith*. Oxford University Press. And Foster, Peter 2014. *Why We Bite the Invisible Hand*. Pleasaunce Press. And Butler, Eamonn 2013. *Foundations of a Free Society*. IEA

On liberalism and evolution, Arnhart, Larry 2013. The Evolution of Darwinian Liberalism. Paper to the Mont Pelerin Society June 2013.

On the decline of violence, Pinker, Steven 2011. *The Better Angels of Our Nature*. Penguin.

On medieval violence, Tuchman, Barbara 1978. *A Distant Mirror*. Knopf.

On Lao Tzu, Blacksburg, A. 2013. Taoism and Libertarianism – From Lao Tzu to Murray Rothbard. Thehumanecondition.com.

On bourgeois values, McCloskey, Deirdre N. 2006. *The Bourgeois Virtues*. University of Chicago Press.

On Pope Francis, Tupy, Marion 2013. Is the Pope Right About the World?. *Atlantic Monthly* 11 December 2013.

On the common law, Hutchinson, Allan C. 2005. *Evolution and the Common Law*. Cambridge University Press; Williamson, Kevin D. 2013. *The End is Near and it's Going to be Awesome*. HarperCollins; Lee, Timothy B. 2009. The Common Law as a Bottom–Up System. Timothyblee.com 16 September 2009. And Hogue, Arthur R. 1966. *The Origins of the Common Law*. Indiana University Press. Also Hannan, Daniel 2012. Common Law, not EU Law. Xanthippas.com 20 March 2012. Also Boudreaux, Don 2014. Quotation of the Day 18 June 2014. At cafehayek.com.

On the evolution of law, Goodenough, Oliver 2011. When stuff happens isn't enough: how an evolutionary theory of doctrinal and legal system development can enrich comparative legal studies. *Review of Law and Economics* 7:805–820.

第三章　生命的演化

On Darwin and Adam Smith, Gould, Stephen Jay 1980. *The Panda's Thumb*. Norton; and Shermer, Michael 2007. *The Mind of the Market*. Times Books.

On natural theology, Paley, William 1809. *Natural theology; Or, evidences of the existence and attributes of the deity, collected from the appearances of nature*. London. Also Shapiro, A.R. 2009. William Paley's Lost 'Intelligent Design'. *Hist. Phil. Life Sci.* 31:55–78.

On the philosophy of Darwinism, Dennett, Daniel C. 1995. *Darwin's Dangerous Idea*. Simon & Schuster. And Cosmides, Leda and Tooby, John 2011. Origins of specificity. commonsenseatheism.com.

On Beverley's critique, Beverley, Robert Mackenzie 1867. *The Darwinian Theory of the Transmutation of Species*. James Nisbet & Co.

On pencils, 'I, Pencil' is by Leonard Reed (1958) and is easily accessed on the internet.

On Mount Improbable, Dawkins, Richard 1996. *Climbing Mount Improbable*. Norton.

On opsins, Feuda, R., Hamilton, S.C., McInerney, J.O. and Pisani, D. 2012. Metazoan opsin evolution reveals a simple route to animal vision. *Proceedings of the National Academy of Sciences*.

On redundancy in metabolic networks, Wagner, Andreas 2014. *Arrival of the Fittest*. Current Books.

On Kitzmiller vs Dover Area School District, 'Decision of the Court' is at talkorigins.org/faqs/dover/kitzmiller_v_dover_decision2.htm.

On Empedocles, Gottlieb, Anthony 2000. *The Dream of Reason*. Allen Lane/The Penguin Press.

On Harun Yahya, Tremblay, F. in 'An Invitation to Dogmatism'. At strongatheism.net.

On Gould's swerve, Dennett, Daniel C. 1995. *Darwin's Dangerous Idea*. Simon & Schuster.

On Wallace, Wallace, Alfred Russel 1889. *Darwinism*. Macmillan & Co.

On Lamarckism, Weismann, August 1889. *Essays Upon Heredity and Kindred Biological Problems*.

On epigenetics, Jablonka, Eva and Lamb, M. 2005. *Evolution in Four Dimensions: Genetic, Epigenetic and Symbolic Variation in the History of Life*. MIT Press. And Haig, D. 2007. Weismann Rules! OK? Epigenetics and the Lamarckian temptation. *Biology and Philosophy* 22:415–428.

第四章　基因的演化

On the origin of life, Horgan, J. 2011. Psst! Don't tell the creationists, but scientists don't have a clue how life began. *Scientific American* 28 February 2011; and Lane, N. and Martin, W.F. 2012. The origin of membrane bioenergetics. *Cell* 151:1406–1416.

On energy and genes, Lane, Nick 2015. *The Vital Question*. Profile; and Constable, John 2014. Thermo-economics: energy, entropy and wealth. B&O Economics Research Council 44.

The calculations as to the numbers of events happening inside the human body at any one time are mine but based on information supplied by Patrick Cramer and Venki Ramakrishnan.

On selfish DNA, Dawkins, R. 1976. *The Selfish Gene*. Oxford University Press; Doolittle, W.F. and Sapienza, C. 1980. Selfish genes, the phenotype paradigm and genome evolution. *Nature* 284:601–603; and Crick, F.H.C. and Orgel, L. 1980. Selfish DNA: the ultimate parasite. *Nature* 284:604–607.

On 'junk DNA', Brosius, J. and Gould, S.J. 1992. On 'genomenclature': A comprehensive (and respectful) taxonomy for pseudogenes and other 'junk DNA'. *PNAS* 89:10706–10710. And Rains, C. 2012. No more junk DNA. *Science* 337:1581.

On defence of junk DNA, Graur, D., Zheng, Y., Price, N., Azevedo, R.B., Zufall, R.A., Elhaik, E. 2013. On the immortality of television sets: 'function' in the human genome according to the evolution-free gospel of ENCODE. *Genome Biol. Evol.* 5(3):578–590. Also Palazzo, Alexander F. and Gregory, T. Ryan 2014. The case for junk DNA. *PLOS Genetics* 10.

On the Red Queen effect, Ridley, M. 1993. *The Red Queen*. Viking.

第五章　文化的演化

On embryology, Dawkins, R. 2009. *The Greatest Show on Earth*. Bantam.

On emergent order in nature, Johnson, Steven 2001. *Emergence*. Penguin.

On cultural evolution, Richerson, Peter J. and Boyd, Robert 2006. *Not by Genes Alone: How Culture Transformed Human Evolution*. University of Chicago Press; Henrich, Joe, Boyd, Robert and Richerson, Peter 2008. Five misunderstandings about cultural evolution. *Human Nature* 19:119–137; Richerson, Peter and Christiansen, Morten (eds) 2013. *Cultural Evolution: Society, Technology, Language and Religion*. MIT Press. Distin, Kate 2010. *Cultural Evolution*. Cambridge University Press.

On language, Darwin, C.R. 1871. *The Descent of Man*. Macmillan; Pagel, M. 2012. *Wired for Culture: Origins of the Human Social Mind*. Norton. Also Nettle, Daniel 1998. Explaining global patterns of language diversity. *Journal of Anthropological Archaeology* 17:354–374.

On the gradual nature of the human revolution in Africa, McBrearty, S. and Brooks, A.S. 2000. The revolution that wasn't: a new interpretation of the origin of modern human behavior. *Journal of Human Evolution* 39:453–563. Svante Pääbo's quote is from Pääbo, S. 2014. *Neanderthal Man: In Search of Lost Genomes*. Basic Books.

On cultural change driving genetic change during the human revolution, Fisher, S.E. and Ridley, M.W. 2013. Culture, genes and the human revolution. *Science* 340:929–930.

On the sexual appetite of Maurice de Saxe, see Thomas R. Philips's introduction to 'Reveries on the art of war' by Maurice de Saxe.

On human polygamy and the spread of monogamous marriage, Tucker, W. 2014. *Marriage and Civilization*. Regnery. And Henrich, J., Boyd, R. and Richerson, P. 2012. The puzzle of monogamous marriage. *Phil. Trans. Roy. Soc.* B 1589:657–669.

On cities, the lectures of Stephen Davies of the Institute of Economic Affairs, John Kay's article on 'New York's wonder shows planners' limits' in the *Financial Times* 27 March 2013; Glaeser, Edward 2011. *Triumph of the City. How Our Greatest Invention Makes Us Richer, Smarter, Greener, Healthier and Happier*. Macmillan; Geoffrey West's 2011 TED Global talk: The surprising math of cities and corporations. And Hollis, Leo 2013. *Cities are Good for You*. Bloomsbury.

On the slow pace of governmental evolution, Runciman, W.G. 2014. *Very Different, But Much the Same*. Oxford University Press.

第六章　經濟的演化

On economic growth in the twenty-first century, Long-term growth scenarios. OECD Economics Department Working Papers. OECD 2012.

On the great enrichment, McCloskey, D. 2014. Equality lacks relevance if the poor are growing richer. *Financial Times* 11 August 2014. Also Phelps, Edmund 2013. *Mass Flourishing*. Princeton University Press.

On institutions, Acemoglu, D. and Robinson, J. 2011. *Why Nations Fail.* Crown Business.

On the market, Smith, Adam 1776. *The Wealth of Nations.*

William Easterly's quote is from Easterly, William 2013. *The Tyranny of Experts.* Basic Books.

On Swedish economic performance, Sanandaji, N. 2012. The Surprising ingredients of Swedish success: free markets and social cohesion. Institute of Economic Affairs.

On extravagance and conspicuous consumption, Miller, Geoffrey 2012. Sex, mutations and marketing: how the Cambrian Explosion set the stage for runaway consumerism. EMBO Reports 13:880–884. And Miller, Geoffrey 2009. *Spent: Sex, Evolution and Consumer Behavior.* Viking.

On feeding Paris, Bastiat, Frédéric 1850. *Economic Harmonies.*

On Schumpeter, McCraw, Thomas K. 2007. *Prophet of Innovation.* The Belknap Press of Harvard University Press.

McCloskey's second volume on bourgeois virtues is McCloskey, D. 2010. *Bourgeois Dignity: Why Economics Can't Explain the Modern World.* University of Chicago Press.

On economics as an evolutionary system, Hanauer, N. and Beinhocker, E. 2014. Capitalism redefined. *Democracy: A Journal of Ideas.* Winter 2014; and Beinhocker, E. 2006. *The Origin of Wealth: Evolution, Complexity, and the Radical Remaking of Economics.* Random House.

Ecological equilibrium is discussed in Marris, E. 2013. *The Rambunctious Garden: Saving Nature in a Post-Wild World.* Bloomsbury. And Botkin, Daniel 2012. *The Moon in the Nautilus Shell.* Oxford University Press. Also: Botkin, Daniel 2013. Is there a balance of nature? Danielbotkin.com 23 May 2013.

On the great enrichment, McCloskey, D. 2014. The Great Enrichment Came and Comes from Ethics and Rhetoric. Lecture, New Delhi, reprinted at deirdremccloskey.org. Also Baumol, William J., Litan, Robert E. and Schramm, Carl J. 2004. *Good Capitalism, Bad Capitalism*. Yale University Press.

On increasing returns and the search for an explanation of innovation, Warsh, David 2006. *Knowledge and the Wealth of Nations: A Story of Economic Discovery*. Norton.

Larry Summers is quoted in Easterly, William 2013. *The Tyranny of Experts*. Basic Books.

On the exchange of ideas, Ridley, Matt 2010. *The Rational Optimist*. HarperCollins.

On economic creationism, Boudreaux, Don 2013. If They Don't Get This Point, Much of What We Say Sounds Like Gibberish to Them. Blog post 5 October 2013, cafehayek.com. See also Boudreaux, Donald 2012. *Hypocrites & Half-Wits*. Free To Choose Network.

On consumers as bosses, Mises, L. von 1944. *Bureaucracy*. Available at mises.org.

Figures on healthcare and family budgets come from Conover, C.J. 2011. The Family Healthcare Budget Squeeze. *The American* November 2011. American.com.

On friendly societies, Green, D. 1985. *Working Class Patients and the Medical Establishment*. Maurice Temple Smith. And Frisby, Dominic 2013. *Life After the State*. Unbound.

第七章　技術的演化

On the history of the electric light, Friedel, R. 1986. *Edison's Electric Light*. Rutgers University Press.

On simultaneous invention, Wagner, A. 2014. *Arrival of the Fittest*. Current Books; Kelly, Kevin 2010. *What Technology Wants*. Penguin (Viking); and Armstrong, Sue 2014. *The Gene that Cracked the Cancer Code*. Bloomsbury Sigma p53.

On the inevitability of the discovery of the double helix, Ridley, Matt 2006. *Francis Crick*. HarperCollins. On the four-factor formula, Spencer Weart cited in Kelly, Kevin 2010. *What Technology Wants*. Penguin (Viking).

On Moore's Law used to predict Pixar's moment, Smith, Alvy Ray 2013. How Pixar used Moore's Law to predict the future. *Wired* 17 April 2013. On Moore's Law and its cousins, Ridley, Matt 2012. Why can't things get better faster (or slower)?. *Wall Street Journal* 19 October

2012. On Moore's Law extended, Kurzweil, Ray 2006. *The Singularity is Near*. Penguin.

On evolution in technology, Arthur, W. Brian 2009. *The Nature of Technology*. Free Press; Johnson, Steven 2010. *Where Good Ideas Come From*. Penguin (Riverhead Books); Harford, Tim 2011. *Adapt*. Little, Brown; and Ridley, Matt 2010. *The Rational Optimist*. HarperCollins. George Basalla's earlier book is Basalla, George 1988. *The Evolution of Technology*. Cambridge University Press.

Alain's quip about boats is cited in Dennett, Daniel C. 2013. *Intuition Pumps and Other Tools for Thinking*. W.W. Norton & Co.

On innovation in business, Drucker, P. 1954. *The Practice of Management*. Harper Business. And Brokaw, L. 2014. How Procter & Gamble Uses External Ideas For Internal Innovation. *MIT Sloan Management Review* 16 June 2014.

On intellectual property, Tabarrok, A. 2011. *Launching the Innovation Renaissance*. TED Books.

On knowledge, Hayek, F.A. 1945. The uses of knowledge in society. *American Economic Review* 4:519–530. And Hayek, Friedrich A. *The Road to Serfdom* (Condensed Version). Reader's Digest.

On the relationship between science and technology, Kealey, Terence 2013. The Case Against Public Science. Cato-unbound.org 5 August 2013. Also Kealey, T. and Ricketts, M. 2014. Modelling science as a contribution good. *Research Policy* 43:1014–1024. Also Pielke, R. Jr 2013. Faith-based science policy. Essay at rogerpielkejr.blogspot.co.uk February 2013.

On fracking, Jenkins, Jesse, Shellenberger, Michael, Nordhaus, Ted and Trembarth, Alex 2010. US government role in shale gas fracking history: an overview and response to our critics. Breakthrough.org website, accessed 1 October 2014, and Chris Wright, personal communication.

第八章　心智的演化

Spinoza's quote about the 'thinking substance' is from the Scholium to Prop 7 of Part 2, E. Curley (trans.) 1996. Spinoza, *Ethics*. Penguin. His rolling-stone analogy and drunken man story come from Letter 62 (1674) in his *Correspondence*.

On Spinoza, Damasio, Anthony 2003. *Looking for Spinoza*. Houghton Mifflin.

On materialism and mind, Gazzaniga, Michael S. 2011. *Who's in*

Charge?. HarperCollins. Also Humphrey, Nicholas 2011. *Soul Dust: The Magic of Consciousness*. Quercus. Crick, Francis 1994. *The Astonishing Hypothesis: The Scientific Search for the Soul*. Scribner.

On experiments finding delays between action and thought, Soon, C.S., Brass, M., Heinze, H.-J., Haynes, J.D. 2008. Unconscious determinants of free decisions in the human brain. *Nature Neuroscience* 11:543–545.

On the Libet experiments, Harris, Sam 2012. *Free Will*. Free Press.

On responsibility, Cashmore, A.R. 2010. The Lucretian swerve: The biological basis of human behavior and the criminal justice system. *PNAS* 107:4499–4504.

Daniel Dennett's response to Sam Harris is Dennett, D. 2014. Reflections on free will. Review published at naturalism.org and also reprinted at samharris.org.

Robert Sapolsky is quoted in Satel, S. 2013. Distinguishing brain from mind. *The Atlantic* 13 May 2013.

On the tumour-induced paedophilia, Harris, Sam 2012. *Free Will*. Free Press.

Also Burns, J.M. and Swerdlow, R.H. 2003. Right orbitofrontal tumor with pedophilia symptom and constructional apraxia sign. *Archives of Neurology* 60:437–440.

On free will, Dennett, Daniel C. 2003. *Freedom Evolves*. Penguin.

第九章　人格的演化

Judith Rich Harris's two books on nature and nurture are Harris, Judith Rich 1998. *The Nurture Assumption*. Bloomsbury; and Harris, Judith Rich 2006. *No Two Alike*. W.W. Norton.

On nature–nurture, Pinker, S. 2002. *The Blank Slate: The Modern Denial of Human Nature*. Allen Lane. And Ridley, Matt 2003. *Nature via Nurture*. HarperCollins.

On genes that influence behaviour, Weiner, J. 1999. *Time, Love, Memory: A Great Biologist and his Quest for Human Behavior*. Knopf.

On 'not in our genes', Lewontin, R., Rose, S. and Kamin, L. 1984. *Not in Our Genes: Ideology and Human Behavior*. Pantheon.

On genes and intelligence, Plomin, R., Haworth, C.M.A., Meaburn, E.L., Price, T.S. and Davis, O.S.P. 2013. Common DNA markers can account for more than half of the genetic influence on cognitive abilities. *Psychological Science* 24:562–568. Plomin, Robert, Shakeshaft, Nicholas G., McMillan, Andrew and Trzaskowski, Maciej 2014.

Nature, nurture, and expertise. *Intelligence* 45:46–59. Also Plomin, R., DeFries, J.C., Knopik, V.S. and Neiderhiser, J.M. 2013. *Behavioral Genetics* (6th edition). Worth Publishers.

On intelligence heritability increasing with age, Briley, D.A. and Tucker-Drob, E.M. 2013. Explaining the increasing heritability of cognitive ability over development: A meta-analysis of longitudinal twin and adoption studies. *Psychological Science* 24:1704–1713; and Briley, D.A. and Tucker-Drob, E.M. 2014. Genetic and environmental continuity in personality development: A meta-analysis. *Psychological Bulletin* 140:1303–1331.

On regression to the mean, Clark, Gregory 2014. *The Son Also Rises*. Princeton University Press.

On monkeys and toys, Hines, M. and Alexander, G.M. 2008. Monkeys, girls, boys and toys: A confirmation letter regarding 'Sex differences in toy preferences: Striking parallels between monkeys and humans'. *Horm. Behav.* 54:478–479.

On universal similarity of homicide patterns, Daly, M. and Wilson, M. 1988. *Homicide*. Aldine.

On age preferences of men and women, Buunk, P.P., Dujkstra, P., Kenrick, D.T. and Warntjes, A. 2001. Age preferences for mates as related to gender, own age, and involvement level. *Evolution and Human Behavior* 22:241–250.

第十章　教育的演化

On Prussian schools, Rothbard, M. 1973. *For a New Liberty*. Collier Macmillan.

On literacy rates, Clark, G. 2007. *A Farewell to Alms: A Brief Economic History of the World*. Princeton University Press.

On Edwin West, West, Edwin G. 1970. Forster and after: 100 years of state education. *Economic Age* 2.

On low-cost private education, Tooley, James 2009. *The Beautiful Tree: A Personal Journey into How the World's Poorest People are Educating Themselves*. Cato Institute. And Tooley, James 2012. *From Village School to Global Brand*. Profile Books.

On the public purpose of public education and on the starfish and spider models, Pritchett, Lant 2013. *The Rebirth of Education: Schooling Ain't Learning*. Brookings Institution Press.

On markets in education, Coulson, A. 2008. Monopolies vs. markets in education: a global review of the evidence. Cato Institute, Policy Paper no 620.

Other sources: Frisby, D. 2013. *Life After the State*. Unbound. Stephen Davies, Institute of Economic Affairs lectures.

Einstein quote from Einstein, A. 1991. *Autobiographical Notes*. Open Court.

Albert Shanker quote from Kahlenberg, R.D. 2007. *Tough Liberal: Albert Shanker and the Battles Over Schools, Unions, Race and Democracy*. Columbia University Press.

On Swedish schools, Stanfield, James B. 2012. *The Profit Motive in Education: Continuing the Revolution*. Institute of Economic Affairs.

On MOOCs, Brynjolfsson, E. and McAfee, A. 2014. *The Second Machine Age*. Norton.

On Minerva College, Wood, Graeme. The future of college?. *The Atlantic* September 2014.

Sugata Mitra's TED talks are available at TED.com. His short book is *Beyond the Hole in the Wall: Discover the Power of Self-Organized Learning*. TED Books 2012.

On environmental indoctrination, Montford, A. and Shade, J. 2014. Climate Control: brainwashing in schools. Global Warming Policy Foundation.

On Montessori schools, Sims, P. 2011. The Montessori Mafia. *Wall Street Journal* 5 April 2011.

Alison Wolf's studies are described in Wolf, A. 2002. *Does Education Matter?*. Penguin; and Wolf, Alison 2004. The education myth. Project-syndicate.org. Also Wolf, A. 2011. Review of Vocational Education: The Wolf Report. UK Government.

第十一章　人口的演化

On the connection between nineteenth-century Malthusian ideas and twentieth-century eugenics and population controls, Zubrin, Robert 2012. *Merchants of Despair*. Encounter Books (New Atlantis Books); Desrochers, P. and Hoffbauer, C. 2009. The Post War Intellectual Roots of the Population Bomb. Fairfield Osborn's 'Our Plundered Planet' and William Vogt's 'Road to Survival'. *Retrospect. The Electronic Journal of Sustainable Development* 1:37–51.

On the Irish famine, Pearce, F. 2010. *The Coming Population Crash*. Beacon.

On Darwin's eugenics brush, Darwin, C.R. 1871. *The Descent of Man*. Macmillan. On Galton's eugenics, Pearson, Karl 1914. *Galton's Life and Letters*. Cambridge University Press.

Ernst Haeckel's Altenburg lecture is 'Monism as connecting science and faith' (1892).

On Malthusian and eugenic enthusiasms before the First World War, Macmillan, Margaret 2013. *The War that Ended Peace*. Profile.

On liberal fascism, Goldberg, Jonah 2007. *Liberal Fascism*. Doubleday.

On Madison Grant's role, Wade, N. 2014. *A Troublesome Inheritance*. Penguin.

On the environmental enthusiasm of the Nazis, Durkin, M. 2013. Nazi Greens – an inconvenient history. At Martindurkin.com.

On the post-war population movement, Mosher, S.W. 2003. The Malthusian Delusion and the Origins of Population Control. *PRI Review* 13.

On 1960s population books, Paddock, W. and Paddock, P. 1967. *Famine 1975!*. Little, Brown. And Ehrlich, P. 1968. *The Population Bomb*. Ballantine. Also Ehrlich, P., Ehrlich, A. and Holdren, J. 1978. *Ecoscience*. Freeman.

On the demographic transition, Hanson, Earl Parker 1949. *New Worlds Emerging*. Duell, Sloan & Pearce. And Castro, J. de. 1952. *The Geopolitics of Hunger*. Monthly Review Press.

On resources, Simon, Julian 1995. Earth Day: Spiritually uplifting, intellectually debased. Essay available at juliansimon.org.

On the Club of Rome, Delingpole, J. 2012. *Watermelons: How Environmentalists are Killing the Planet, Destroying the Economy and Stealing Your Children's Future*. Biteback. The Club's 1974 manifesto is at 'Mankind at the Turning Point'. Also Goldsmith, E. 1972. *A Blueprint for Survival*. Penguin.

On China's one-child policy, Greenhalgh, S. 2005. Missile Science, Population Science: The Origins of China's One-Child Policy. *China Quarterly* 182:253–276; Greenhalgh, S. 2008. *Just One Child: Science and Policy in Deng's China*. University of California Press. Also: Ted Turner urges global one-child policy to save planet. *Globe and Mail* 5 December 2010.

The video of Jacob Bronowski's remarks at the end of *The Ascent of Man* is available on the internet.

第十二章　領導的演化

On Montesquieu and great men, Macfarlane, Alan 2000. *The Riddle of the Modern World*. Palgrave. Mingardi, Alberto 2011. *Herbert Spencer*. Bloomsbury Academic.

On Churchill, Johnson, B. 2014. *The Churchill Factor: How One Man Made History*. Hodder & Stoughton.

On Chinese reform: The secret document that transformed China. National Public Radio report on Chinese land reform 14 May 2014.

On the American presidency, Bacevich, A. 2013. The Iran deal just shows how badly Obama has failed. *Spectator* 30 November 2013.

On the impact of Gutenberg, Johnson, S. 2014. *How We Got to Now*. Particular Books.

On mosquitoes and wars, Mann, Charles C. 2011. *1493*. Granta Books. And McNeill, J.R. 2010. Malarial mosquitoes helped defeat British in battle that ended Revolutionary War. *Washington Post* 18 October 2010.

On imperial chief executives, Johnson, Steven 2012. *Future Perfect*. Penguin. And Hamel, G. 2011. First Let's Fire All the Managers. *Harvard Business Review* December 2011.

On Morning Star Tomatoes, I, Tomato: Morning Star's Radical Approach to Management. Available on YouTube. And Green, P. 2010. The Colleague Letter of Understanding: Replacing Jobs with Commitments. Managementexchange.com.

On self-management, Wartzman, R. 2012. If Self-Management is Such a Great Idea, Why Aren't More Companies Doing It?. *Forbes* 25 September 2012.

On economic development, Rodrik, D. 2013.The Past, Present, and Future of Economic Growth. Global Citizen Foundation. And Easterly, William 2013. *The Tyranny of Experts*. Basic Books. Also McCloskey, D. 2012. Factual Free-Market Fairness. Bleedingheartlibertarians.com. And Lal, Deepak 2013. *Poverty and Progress*. Cato Institute. And: Villagers losing their land to Malawi's sugar growers. BBC News 16 December 2014.

第十三章　政府的演化

On the wild west, Anderson, Terry and Hill, P.J. 2004. *The Not So Wild, Wild West*. Stanford Economics and Finance.

On prisons, Skarbek, D. 2014. *The Social Order of the Underworld: How Prison Gangs Govern the American Penal System*. Oxford University Press.

On governments as organised crime, Williamson, Kevin D. 2013. *The End is Near and it's Going to be Awesome*. HarperCollins; Nock, A.J. 1939. The criminality of the state. *The American Mercury* March 1939; and Morris, Ian 2014. *War: What is it Good For?*. Farrar, Straus & Giroux. Also Robert Higgs, Some basics of state domination and public submission. Blog.independent.org 27 April 2104.

On Ferguson, Missouri, Paul, Rand. We must demilitarize the police. *Time* 14 August 2014. Balko, Radley 2013. *Rise of the Warrior Cop*. PublicAffairs.

On Lao Tzu, Blacksburg, A. 2013. Taoism and Libertarianism – From Lao Tzu to Murray Rothbard. Thehumanecondition.com.

Lord Acton's letter to Mary Gladstone (24 April 1881), published in *Letters of Lord Acton to Mary Gladstone* (1913) p. 73. Michael Cloud quoted in Frisby, Dominic 2013. *Life After the State*. Unbound.

On the Levellers, see 'An arrow against all tyrants' by Richard Overton, 12 October 1646, available at constitution.org. And Hannan, Daniel 2013. *How We Invented Freedom and Why it Matters*. Head of Zeus Ltd.

On eighteenth-century liberalism, the lectures of Stephen Davies, online at IEA.com are especially good.

On the history of government, Micklethwait, John and Wooldridge, Adrian 2014. *The Fourth Revolution*. Allen Lane.

On the politics of Adam Smith, see Rothschild, Emma 2001. *Economic Sentiments: Adam Smith, Condorcet and the Enlightenment*. Harvard University Press.

On Hamilton and Jefferson, see Will, George 2014. Progressives take lessons from 'Downton Abbey'. *Washington Post* 12 February 2014.

On British liberal thinking, Martineau, Harriet 1832–1834. *Illustrations of political economy*. Also Micklethwait, John and Wooldridge, Adrian 2014. *The Fourth Revolution*. Allen Lane.

On free trade, Bernstein, William 2008. *A Splendid Exchange: How Trade Shaped the World*. Atlantic Monthly Press. Also Lampe, Markus 2009. Effects of bilateralism and the MFN clause on international trade – Evidence for the Cobden-Chevalier Network (1860–1875). dev3.cepr.org. And Trentman, Frank 2008. *Free Trade Nation*. Oxford University Press.

On the industrial counter-revolution, Lindsey, Brink 2002. *Against the Dead Hand*. John Wiley & Sons; Dicey, A. V. [1905] 2002. Lectures on the Relation between Law and Public Opinion in England during the Nineteenth Century.

On twentieth-century liberalism, Goldberg, Jonah 2007. *Liberal Fascism*. Doubleday. Brogan, Colm 1943. *Who are 'the People'?*. Hollis & Carter. Agar, Herbert 1943. *A Time for Greatness*. Eyre & Spottiswoode.

On the growth of government, Micklethwait, John and Wooldridge, Adrian 2014. *The Fourth Revolution*. Allen Lane.

Christiana Figueres, interview with Yale Environment 360. Printed in the *Guardian* 21 November 2012.

On the future evolution of politics, Carswell, Douglas 2012. *The End of Politics and the Birth of iDemocracy*. Biteback.

第十四章　宗教的演化

On religion, O'Grady, Selina 2012. *And Man Created God*. Atlantic Books; Armstrong, Karen 1993. *A History of God*. Knopf; Wright, Robert 2009. *The Evolution of God*. Little, Brown; Baumard, N. and Boyer, P. 2013. Explaining moral religions. *Trends in Cognitive Sciences* 17:272–280; Holland, T. 2012. *In the Shadow of the Sword*. Little, Brown; Birth of a religion. Interview with Tom Holland, *New Statesman* 3 April 2012.

On crop circles, the television programme referred to is *Equinox: The Strange Case of Crop Circles* (Channel 4, UK 1991); the book that thinks the CIA and the Vatican are out to debunk them is Silva, Freddy 2013. *Secrets in the Fields*. Invisible Temple.

On the yearning to believe, Steiner, George 1997. Nostalgia for the Absolute (CBC Massey Lecture). House of Anansi.

On pigeons, Skinner, B.F. 1947 'Superstition' in the Pigeon. *Journal of Experimental Psychology* 38:168–172.

On pseudoscience, Popper, K. 1963. *Conjectures and Refutations*. Routledge & Keegan Paul; Shermer, Michael 2012. *The Believing Brain: From Ghosts and Gods to Politics and Conspiracies – How We Construct Beliefs and Reinforce Them as Truths*. St Martin's Griffin.

On vitalism, Crick, Francis 1966. *Of Molecules and Men*. University of Washington Press.

On biodynamic farming, Chalker-Scott, Linda 2004. The myth of biodynamic agriculture. Puyallup.wsu.edu.

On climate, Curry, Judith 2013. CO_2 'control knob' theory. judithcurry.com 20 September 2013. On CO_2 and ice ages, Petit, J.R. et al. 1999. Climate and atmospheric history of the past 420,000 years from the Vostok ice core, Antarctica. *Nature* 399:429–436; and Eschenbach, Willis 2012. Shakun Redux: Master tricksed us! I told you he was tricksy! Wattsupwiththat.com 7 April 2012. Goklany, I. 2011. Could biofuel policies increase death and disease in developing countries?. *Journal of American Physicians and Surgeons* 16:9–13. Bell, Larry. Climate Change as Religion: The Gospel According to Gore. *Forbes* 26 April 2011. Lilley, Peter 2013. Global Warming as a 21st Century Religion. *Huffington Post* 21 August 2013. Bruckner, Pascal 2013. Against environmental panic. *Chronicle Review* 27 June 2013. Bruckner, Pascal 2013. *The Fanaticism of the Apocalypse: Save the Earth, Punish Human Beings*. Polity Press. Lawson, Nigel 2014. *The Trouble With Climate Change*. Global Warming Policy Foundation.

On floods, O'Neill, Brendan 2014. The eco-hysteria of blaming mankind for the floods. *Spiked* 20 February 2014.

On weather, Pfister, Christian, Brazdil, Rudolf and Glaser, Rudiger 1999. *Climatic Variability in Sixteenth-Century Europe and its Social Dimension: A Synthesis*. Springer.

On deaths caused by weather, Goklany, I. 2009. Deaths and Death Rates from Extreme Weather Events: 1900–2008. *Journal of American Physicians and Surgeons* 14:102–109.

第十五章　錢的演化

On Birmingham tokens, Selgin, George 2008. *Good Money*. University of Michigan Press.

On central banks, Ahamed, Liaquat 2009. *Lords of Finance*. Windmill Books. Norberg, Johan 2009. *Financial Fiasco*. Cato Institute. And Selgin, George 2014. William Jennings Bryan and the Founding of the Fed. Freebanking.org 20 April 2014. Also Taleb, N.N. 2012. *Antifragile*. Random House.

On dollarisation, Allister Heath. The Scottish nationalists aren't credible on keeping sterling. *City AM* 14 February 2014.

On regulation, Gilder, George 2013. *Knowledge and Power*. Regnery.

On Fannie and Freddie, Stockman, David A. 2013. *The Great Deformation*. PublicAffairs; Woods, Thomas E. Jr 2009. *Meltdown*. Regnery; Kurtz, Stanley 2010. *Radical in Chief*. Threshold Editions;

Krugman, Paul 2008. Fannie, Freddie and you. *New York Times* 14 July 2008.

On the financial crisis, Norberg, Johan 2009. *Financial Fiasco*. Cato Institute; Atlas, John 2010. *Seeds of Change*. Vanderbilt University Press; Allison, John A. 2013. *The Financial Crisis and the Free Market Cure*. McGraw-Hill. Friedman, Jeffrey (ed.) 2010. *What Caused the Financial Crisis*. University of Pennsylvania Press. Wallison, Peter 2011. The true story of the financial crisis. *American Spectator* May 2011. And Booth, Philip (ed.) 2009. Verdict on the Crash. IEA.

On the Cantillon Effect, Frisby, Dominic 2013. *Life After the State*. Unbound.

On mobile money, Why does Kenya lead the world in mobile money?. economist.com 27 May 2013.

On the Federal Reserve, Selgin, G., Lastrapes, W.D. and White, L.H. 2010. Has the Fed been a Failure? Cato Working Paper, Cato.org. Hsieh, Chang-Tai and Romer, Christina D. 2006. Was the Federal Reserve Constrained by the Gold Standard During the Great Depression? Evidence from the 1932 Open Market Purchase Program.*Journal of Economic History* 66(1) (March):140–176. And Selgin, George 2014. William Jennings Bryan and the Founding of the Fed. Freebanking.org 20 April 2014.

第十六章　網際網路的演化

Hayek quote from Hayek, F. 1978. *The Constitution of Liberty*. University of Chicago Press.

On East German televisions, and telephones, Kupferberg, Feiwel 2002. *The Rise and Fall of the German Democratic Republic*. Transaction Publishers.

On the Arpanet, Crovitz, Gordon 2012. Who really invented the internet?. *Wall Street Journal* 22 July 2012.

On peer-to-peer networks, Johnson, Steven 2012. *Future Perfect*. Penguin.

On the balkanisation of the web, Sparkes, Matthew 2014. The Coming Digital Anarchy. *Daily Telegraph* 9 June 2014.

On Wikipedia editing, Scott, Nigel 2014. Wikipedia: where truth dies online. *Spiked* 29 April 2014. Filipachi, Amanda 2013. Sexism on Wikipedia is Not the Work of 'a Single Misguided Editor'. *The Atlantic* 13 April 2013. Solomon, Lawrence 2009. Wikipedia's climate doctor. Nationalpost.com (no date). Also: Global warming propagandist slapped down by Wikipedia. sppiblog.org.

On permissionless innovation, Cerf, Vinton 2012. Keep the Internet Open. *New York Times* 23 May 2012. And Thierer, A. 2014. *Permissionless Innovation: The Continuing Case for Comprehensive Technological Freedom*. Mercatus Center, George Mason University.

On the ITU, Blue, Violet 2013. FCC to Congress: U.N.'s ITU Internet plans 'must be stopped'. zdnet.com 5 February 2013.

On net censorship, MacKinnon, Rebecca 2012. *Consent of the Networked*. Basic Books.

On blockchains, Frisby, Dominic 2014. *Bitcoin: The Future of Money?*. Unbound.

On Nick Szabo's 'shelling out', nakamotoinstitute.org/shelling-out/.

On Ethereum's white paper, A Next-Generation Smart Contract and Decentralized Application Platform. https://github.com/ethereum.

On private money, Dowd, K. 2014. *New Private Monies*. IEA.

On smart contracts, De Filippi, P. 2014. Ethereum: freenet or skynet?. At cyber.law.harvard.edu/events 14 April 2014.

On digital politics, Carswell, Douglas 2014. iDemocracy will change Westminster for the Better. Govknow.com 20 April 2014. And Carswell, Douglas 2012. *The End of Politics and the Birth of iDemocracy*. Biteback. Also Mair, Peter 2013. *Ruling the Void*. Verso.

〈結語〉未來的演化

On Sir David Butler's point about incremental changes having little to do with government action, interview with Sir Andrew Dilnot on BBC Radio 4, 27 February 2015.

On unordered phenomena, Lindsey, Brink 2002. *Against the Dead Hand*. John Wiley & Sons.

國家圖書館出版品預行編目資料

無所不在的演化／馬特・瑞德利（Matt Ridley）著；王惟芬譯. --初版. --臺北市：商周出版：家庭傳媒城邦分公司發行,105.11
面；　公分.
譯自：The Evolution of Everything: How Small Changes Transform Our World
ISBN　978-986-477-130-1（平裝）

541.4　　105019324

無所不在的演化：如何以廣義的演化論建立真正科學的世界觀

原文書名／The Evolution of Everything: How Small Changes Transform Our World
作　　者／馬特・瑞德利（Matt Ridley）
譯　　者／王惟芬
企畫選書人／林宏濤
責任編輯／林宏濤、陳思帆

版　　權／林心紅
行銷業務／李衍逸、黃崇華
總 編 輯／楊如玉
總 經 理／彭之琬
發 行 人／何飛鵬
法律顧問／台英國際商務法律事務所　羅明通律師
出　　版／商周出版　城邦文化事業股份有限公司
台北市104民生東路二段141號9樓
電話：(02) 25007008　傳真：(02)25007759
E-mail:bwp.service@cite.com.tw
發　　行／英屬蓋曼群島商家庭傳媒股份有限公司 城邦分公司
台北市中山區民生東路二段141號2樓
書虫客服服務專線：02-25007718；25007719
服務時間：週一至週五上午09:30-12:00；下午13:30-17:00
24小時傳真專線：02-25001990；25001991
劃撥帳號：19863813；戶名：書虫股份有限公司
讀者服務信箱：service@readingclub.com.tw
城邦讀書花園：www.cite.com.tw
香港發行所／城邦（香港）出版集團有限公司
香港灣仔駱克道193號東超商業中心1樓
電話：(852) 25086231　傳真：(852) 25789337
E-mail：hkcite@biznetvigator.com
馬新發行所／城邦（馬新）出版集團 Cité (M) Sdn. Bhd.
41, Jalan Radin Anum, Badar Baru Sri Petaling,
57000 Kuala Lumpur, Malaysia.
電話：(603) 90578822　傳真：(603) 90576622
E-mail：Cite@cite.com.my

封面設計／黃聖文
版型設計／鍾瑩芳
排　　版／游淑萍
印　　刷／高典印刷有限公司
總 經 銷／聯合發行股份有限公司
公司：新北市231新店區寶橋路235巷6弄6號2樓
電話：(02)2917-8022　傳真：(02)2911-0053

城邦讀書花園
www.cite.com.tw

■2016年（民105）11月10日初版
■2022年（民111）3月18日初版2.6刷
定價／450元

Printed in Taiwan

 ISBN 978-986-477-130-1

廣	告	回	函
北區郵政管理登記證			
台北廣字第000791號			
郵資已付，免貼郵票			

104台北市民生東路二段 141 號 2 樓

英屬蓋曼群島商家庭傳媒股份有限公司　城邦分公司

請沿虛線對摺，謝謝！

商周出版

書號: BU0128　　書名: 無所不在的演化　　編碼:

請於此處用膠水黏貼

商周出版

讀者回函卡

謝謝您購買我們出版的書籍！請費心填寫此回函卡，我們將不定期寄上城邦集團最新的出版訊息。

不定期好禮相贈！
立即加入：商周出版
Facebook 粉絲團

姓名：＿＿＿＿＿＿＿＿＿＿＿＿＿＿＿＿　性別：☐男　☐女

生日：西元＿＿＿＿＿＿年＿＿＿＿＿＿月＿＿＿＿＿＿日

地址：＿＿＿＿＿＿＿＿＿＿＿＿＿＿＿＿＿＿＿＿＿＿＿＿

聯絡電話：＿＿＿＿＿＿＿＿＿＿＿＿　傳真：＿＿＿＿＿＿＿＿＿＿

E-mail：＿＿＿＿＿＿＿＿＿＿＿＿＿＿＿＿＿＿＿＿＿＿＿＿

學歷：☐1.小學　☐2.國中　☐3.高中　☐4.大專　☐5.研究所以上

職業：☐1.學生　☐2.軍公教　☐3.服務　☐4.金融　☐5.製造　☐6.資訊
☐7.傳播　☐8.自由業　☐9.農漁牧　☐10.家管　☐11.退休
☐12.其他＿＿＿＿＿＿＿＿＿＿＿＿＿＿＿＿＿＿＿＿

您從何種方式得知本書消息？
☐1.書店　☐2.網路　☐3.報紙　☐4.雜誌　☐5.廣播　☐6.電視
☐7.親友推薦　☐8.其他＿＿＿＿＿＿＿＿＿＿＿＿＿＿＿＿

您通常以何種方式購書？
☐1.書店　☐2.網路　☐3.傳真訂購　☐4.郵局劃撥　☐5.其他＿＿＿＿

您喜歡閱讀哪些類別的書籍？
☐1.財經商業　☐2.自然科學　☐3.歷史　☐4.法律　☐5.文學
☐6.休閒旅遊　☐7.小說　☐8.人物傳記　☐9.生活、勵志　☐10.其他

對我們的建議：＿＿＿＿＿＿＿＿＿＿＿＿＿＿＿＿＿＿＿＿＿＿＿

請於此處用膠水黏貼